레전드
스페인어
첫걸음

레전드
스페인어 첫걸음

초판 2쇄 발행 2022년 6월 20일
초판 1쇄 발행 2020년 8월 20일

저자 문지영
감수 Elena Pereda Muñoz
기획 김은경
편집 이지영
삽화 김도사
디자인 IndigoBlue
동영상 강의 한지영
동영상 조은스튜디오
성우 Verónica López Medina · Alejandro Sánchez Sanabria
녹음 BRIDGE CODE

발행인 조경아
발행처 랭귀지북스
주소 서울시 마포구 포은로2나길 31 벨라비스타 208호
전화 02.406.0047 **팩스** 02.406.0042
이메일 languagebooks@hanmail.net
등록번호 101-90-85278 **등록일자** 2008년 7월 10일
블로그 blog.naver.com/languagebook

ISBN 979-11-5635-142-9 (13770)
값 17,000원

레전드
스페인어
첫걸음

랭귀지북스

El preámbulo

스페인어라고는 '¡Hola! 올라' 밖에 몰랐던 만 27살에 스페인에 와서, 이곳에 살고 있길 어느덧 10년 넘는 시간이 흘렀습니다. 어떻게 시간을 보냈나 싶을 때도 있지만, 이렇게 세 번째 책을 출간하는 걸 보면, 의미 없이 지낸 시간은 아니었음에 감사하고 또 위안받습니다.

성인이 되어 배우는 제2외국어는 쉽지 않습니다. 스페인어처럼 '생소한' 언어는 더욱더 그러합니다. 이 책은 스페인어를 처음 공부하며 느꼈던 '한국인들이 이해하기 어려운 부분'에 초점을 맞추어 집필하였습니다.
스페인어를 원서로 익히며 필기했던 내용을 바탕으로 자세하고 쉽게 설명하려 노력했습니다. 내가 학습자라면 무엇이 궁금하고 어려운가를 계속 생각하며 그 내용을 책에 담았습니다.

언어를 배운다는 것은 지금까지 알지 못했던 또 다른 세계의 문을 여는 것과 같다고 생각합니다. 그림처럼 보이던 길거리 간판, 대명사처럼 쓰던 단어 뜻을 알게 되는 즐거움을 독자 여러분도 느낄 수 있기 바랍니다.

오랜 시간 동안 변함없이 믿고 지지해 준 랭귀지북스와 스페인어를 향한 열정 혹은 호기심으로 이 책을 펼친 독자 여러분께 진심으로 감사를 전합니다.

스페인 마드리드에서

저자 문지영

Las características de este libro

회화

Diálogo 01-1. MP3 01-1

¡Hola! Me llamo Sujin.

Sujin 수진 [1] ¡Hola! [2-1] Me llamo Sujin.
올라! 메 야모 수진.
[3] ¿Cómo [2-2] te llamas[3]?
꼬모 떼 야마쓰?

Daniel 다니엘 Hola, Sujin.
올라, 수진.
[2-3] Soy Daniel.
쏘이 다니엘.

Sujin [4-1] Encantada, Daniel.
엥깐따다, 다니엘.

Daniel [4-2] Encantado.
엥깐따도.

유익한 정보

Información útil

스페인 인사 '볼키스'

스페인에서는 처음 보거나 알았던 사이 혹은 친하지만 오랜만에 보는 경우, 양볼에 키스를 하며 인사합니다. 남–녀, 여–여 사이에만 하며, 남–남은 간단하게 악수를 합니다.

회화 Diálogo

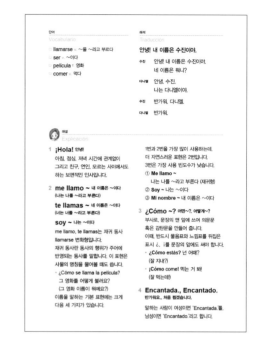

Capítulo마다 2개의 대화문을 수록했습니다. 일상에서 겪는 다양한 생활 밀착형 스페인어 표현을 익힐 수 있습니다. 원어민 전문 성우가 표준어 발음으로 녹음한 MP3 파일을 제공하니, 자주 듣고 따라 해 보세요. 스페인어 발음은 한글로 표기된 발음을 참고하세요.

유익한 정보 Información útil

스페인 문화와 현지 생활 등 다양한 정보를 통해 스페인과 가까워지세요.

유튜브, 블로그에서
〈레전드 스페인어 첫걸음〉을 검색하세요.

blog.naver.com/**languagebook**
www.youtube.com
www.podbbang.com

단어

Vocabulario

- llamarse v. ~을 ~라고 부르다
- ser v. ~이다
- película f. 영화
- comer v. 먹다

해석

Traducción

안녕! 내 이름은 수진이야.

수진 안녕! 내 이름은 수진이야.
네 이름은 뭐니?

다니엘 안녕, 수진.
나는 다니엘이야.

수진 반가워, 다니엘.

다니엘 반가워.

해설

Explicación

1 **¡Hola!** 안녕!
아침, 점심, 저녁 시간에 관계없이 그리고 친구, 연인, 모르는 사이에서도 하는 보편적인 인사입니다.

2 **me llamo ~** 내 이름은 ~이다 (나는 나를 ~라고 부른다)
te llamas ~ 네 이름은 ~이다 (너는 너를 ~라고 부른다)
soy ~ 나는 ~이다
me llamo, te llamas는 재귀 동사 llamarse 변화형입니다.
재귀 동사란 동사의 행위가 주어에 반영되는 동사를 말합니다. 이 표현은 사물의 명칭을 물어볼 때도 씁니다.
- ¿Cómo se llama la película?
그 영화를 어떻게 불러요?
(그 영화 이름이 뭐예요?)

이름을 말하는 기본 표현에는 크게 다음 세 가지가 있습니다.
1번과 2번을 가장 많이 사용하는데, 더 자연스러운 표현은 2번입니다.
3번은 가장 사용 빈도수가 낮습니다.
① **Me llamo ~**
나는 나를 ~라고 부른다 (재귀형)
② **Soy ~** 나는 ~이다
③ **Mi nombre ~** 내 이름은 ~이다

3 **¿Cómo ~?** 어떤~?, 어떻게~?
부사로, 문장의 맨 앞에 쓰여 의문문 혹은 감탄문을 만들어 줍니다.
이때, 반드시 물음표와 느낌표를 뒤집은 표시 ¿, ¡를 문장의 앞에도 써야 합니다.
- ¿Cómo estás? 넌 어때?
(잘 지내?)
- ¡Cómo come! 먹는 거 봐!
(잘 먹는데!)

4 **Encantada., Encantado.**
반가워요., 처음 뵙겠습니다.
말하는 사람이 여성이면 'Encantada.'를, 남성이면 'Encantado.'라고 합니다.

단어 Vocabulario

회화와 해설에서 모르는 단어를 바로 찾아보세요.

해석 Traducción

학습자의 해석을 확인하세요.

해설 Explicación

회화 속 핵심 표현과 기초 문법에 대해 꼼꼼히 짚어 줍니다. 독학 학습자를 위한 동영상 강의도 제공합니다.

동영상 강의 : **한지영** 강사

유튜브

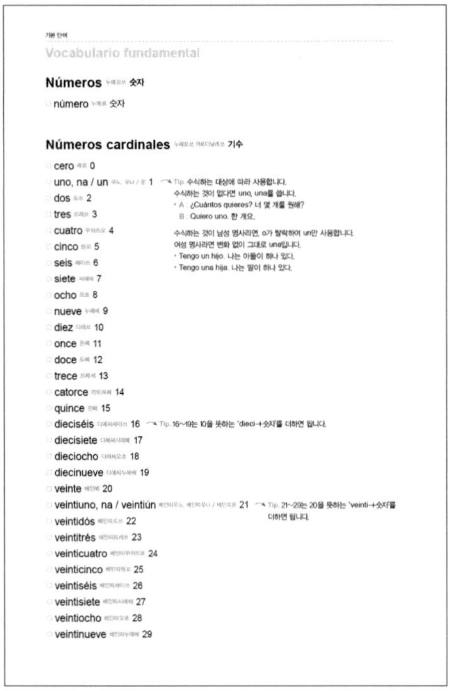

기본 단어
Vocabulary fundamental

Números 숫자

número 숫자

Números cardinales 기수

cero 0
uno, na / un 1 — Tip. 수식하는 대상에 따라 사용합니다. 수식하는 것이 없다면 uno, una를 씁니다. • A : ¿Cuántos quieres? 너 몇 개를 원해? B : Quiero uno. 한 개요. 수식하는 것이 남성 명사라면, o가 탈락하여 un만 사용합니다. 여성 명사라면 변화 없이 그대로 una입니다. • Tengo un hijo. 나는 아들이 하나 있다. • Tengo una hija. 나는 딸이 하나 있다.
dos 2
tres 3
cuatro 4
cinco 5
seis 6
siete 7
ocho 8
nueve 9
diez 10
once 11
doce 12
trece 13
catorce 14
quince 15
dieciséis 16 — Tip. 16~19는 10을 뜻하는 'dieci-+숫자'를 더하면 됩니다.
diecisiete 17
dieciocho 18
diecinueve 19
veinte 20
veintiuno, na / veintiún 21 — Tip. 21~29는 20을 뜻하는 'veinti-+숫자'를 더하면 됩니다.
veintidós 22
veintitrés 23
veinticuatro 24
veinticinco 25
veintiséis 26
veintisiete 27
veintiocho 28
veintinueve 29

기본 단어 Vocabulario fundamental

각 Capítulo 주제와 관련한
필수 단어를 살펴봅니다.

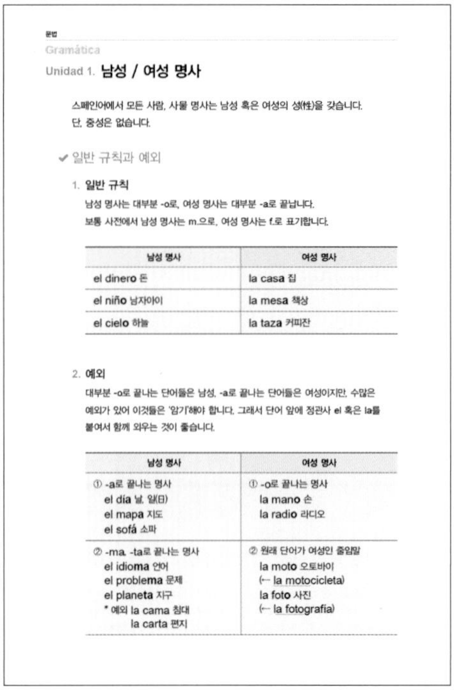

문법
Gramática

Unidad 1. **남성 / 여성 명사**

스페인어에서 모든 사람, 사물 명사는 남성 혹은 여성의 성(性)을 갖습니다.
단, 중성은 없습니다.

✔ 일반 규칙과 예외

1. **일반 규칙**
남성 명사는 대부분 -o로, 여성 명사는 대부분 -a로 끝납니다.
보통 사전에서 남성 명사는 m.으로, 여성 명사는 f.로 표기합니다.

남성 명사	여성 명사
el dinero 돈	la casa 집
el niño 남자아이	la mesa 책상
el cielo 하늘	la taza 커피잔

2. **예외**
대부분 -o로 끝나는 단어들은 남성, -a로 끝나는 단어들은 여성이지만, 수많은 예외가 있어 이것들은 '암기'해야 합니다. 그래서 단어 앞에 정관사 el 혹은 la를 붙여서 함께 외우는 것이 좋습니다.

남성 명사	여성 명사
① -a로 끝나는 명사 el día 날, 일(日) el mapa 지도 el sofá 소파	① -o로 끝나는 명사 la mano 손 la radio 라디오
② -ma, -ta로 끝나는 명사 el idioma 언어 el problema 문제 el planeta 지구 * 예외 la cama 침대 la carta 편지	② 원래 단어가 여성인 줄임말 la moto 오토바이 (← la motocicleta) la foto 사진 (← la fotografía)

문법 Gramática

꼭 알아야 할 기본 문법을 한눈에 들어오는
표와 다양한 예문을 통해 쉽게 설명했습니다.

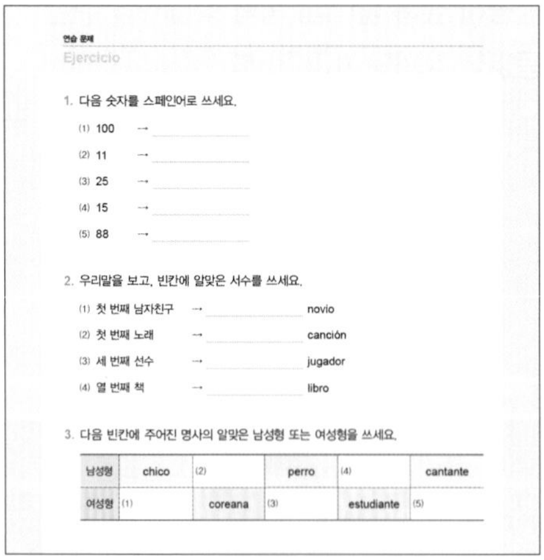

연습 문제
Ejercicio

1. 다음 숫자를 스페인어로 쓰세요.
(1) 100 →
(2) 11 →
(3) 25 →
(4) 15 →
(5) 88 →

2. 우리말을 보고, 빈칸에 알맞은 서수를 쓰세요.
(1) 첫 번째 남자친구 → novio
(2) 첫 번째 노래 → canción
(3) 세 번째 선수 → jugador
(4) 열 번째 책 → libro

3. 다음 빈칸에 주어진 명사의 알맞은 남성형 또는 여성형을 쓰세요.

남성형	chico	(2)	perro	(4)	cantante
여성형	(1) coreana	(3)	estudiante	(5)	

연습 문제 Ejercicios

회화, 단어, 문법 등을 얼마나 이해했는지
연습 문제를 통해 점검하세요.

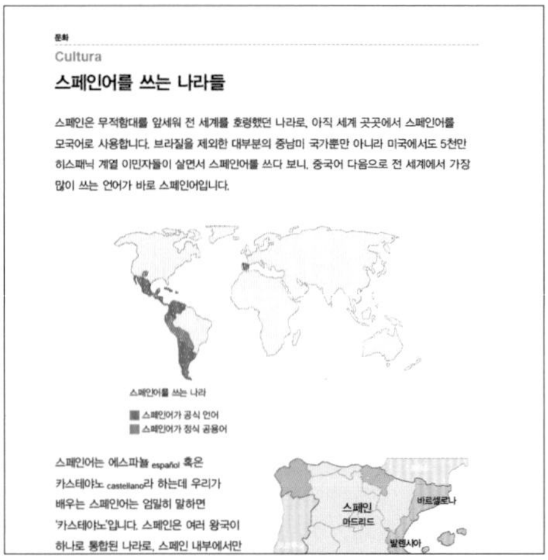

문화
Cultura

스페인어를 쓰는 나라들

스페인은 무적함대를 앞세워 전 세계를 호령했던 나라로, 아직 세계 곳곳에서 스페인어를 모국어로 사용합니다. 브라질을 제외한 대부분의 중남미 국가뿐만 아니라 미국에서도 5천만 히스패닉 계열 이민자들이 살면서 스페인어를 쓰다 보니, 중국어 다음으로 전 세계에서 가장 많이 쓰는 언어가 바로 스페인어입니다.

스페인어는 에스파뇰 español 혹은 카스테야노 castellano라 하는데 우리가 배우는 스페인어는 엄밀히 말하면 '카스테야노'입니다. 스페인은 여러 왕국이 하나로 통합된 나라로, 스페인 내부에서만

문화 Cultura

스페인의 음식, 관광지, 축제, 주거 환경,
교육 등 다양한 문화 정보를 만나 보세요.

Índice

Contenido

Capítulo	Diálogo 1	Diálogo 2
01. 소개 & 인사	¡Hola! Me llamo Sujin. 안녕! 내 이름은 수진이야.	¿Cómo estás? 어떻게 지내?
02. 출신 & 장소	¿De dónde eres? 너는 어디에서 왔어?	¿Dónde vives? 너는 어디 살아?
03. 직업 & 나이	¿A qué te dedicas? 너는 무슨 일 해?	¿Cuántos años tienes? 너는 몇 살이야?
04. 인간관계	¿Quién es él? 이 사람은 누구야?	¿Tienes novio? 너는 남자친구 있어?
05. 날씨 & 계절	Hoy hace mucho calor. 오늘 정말 덥다.	¿Cuál es tu estación del año favorita? 좋아하는 계절이 뭐야?
06. 날짜 & 시간	¿Qué día es hoy? 오늘이 무슨 요일이야?	¿A qué hora te levantas? 몇 시에 일어나?
07. 여가 활동	¿Qué hiciste ayer? 어제 뭐 했어?	¿Tienes algún hobby? 너는 어떤 취미가 있어?
08. 약속 잡기	¿Qué vas a hacer este fin de semana? 이번 주말에 뭐 할 거야?	¿Quieres venir a la fiesta? 너도 파티에 올래?
09. 집 구하기	Estoy buscando nuevo piso. 새집을 찾고 있어.	¿Cómo está tu nuevo piso? 새집은 어때?
10. 학교생활	¿Has hecho los deberes? 너 숙제는 했어?	¿Cómo te fue el examen final? 기말고사 어땠어?

Vocabulario fundamental	Gramática	Cultura
Números 숫자	1. 남성 / 여성 명사 2. ser / estar 동사	스페인어를 쓰는 나라들
Los países 국가	1. 단수 / 복수 명사 2. haber 동사	스페인에 대해
Profesión 직업	1. 부정관사 & 정관사Ⅰ 2. tener 동사	스페인 이색 직업, 투우사
Familia y matrimonio 가족 & 결혼	1. 부정관사 & 정관사Ⅱ 2. 직설법 현재형 & 부정문	스페인 이름, 짓는 것이 아닌 '선택'
Tiempo 날씨	1. 형용사 2. 직설법 불규칙 현재형	순례자길, 카미노
Fecha 날짜	1. 주격 인칭 대명사 2. 직설법 현재완료	스페인 명절, 부활절
Vida cotidiana 일상생활	1. 지시어 2. 단순 과거	스페인 마드리드 축제, 산 이시드로
Animal 동물	1. 소유격 2. 불완료 과거	스페인 결혼식
Casa 집	1. 부정어Ⅰ 2. 과거 시제 비교 & 대과거	스페인에서 집 구하기
Escuela 학교	1. 부정어Ⅱ 2. 단순 미래 & ir a + 동사원형	스페인 교육제도

Capítulo	Diálogo 1	Diálogo 2
11. **여행 계획**	¿Qué vas a hacer estas vacaciones? 이번 방학에 뭐 할 거야?	¿Con quién te vas de viaje? 누구랑 여행 가는데?
12. **길 찾기**	¿Cómo voy hasta allí? 저기까지 어떻게 가나요?	¿Dónde hay un cajero automático? ATM이 어디 있어요?
13. **가격**	¿Cuánto vale un kilo de fresas? 딸기 1킬로에 얼마예요?	Son cinco euros. 5유로예요.
14. **쇼핑**	¿Puedo probarme esta camiseta? 이 티셔츠 입어 봐도 되나요?	¿Puedo pagar con tarjeta? 카드로 결제되나요?
15. **병원**	¿Qué te pasa? 무슨 일이야?	Te llevo a la farmacia. 내가 약국에 데려다줄게.
16. **음식점**	Me gustaría reservar una mesa. 식사 예약을 하고 싶어요.	¿Han decidido qué pedir? 주문하시겠어요?
17. **감정**	Estoy nerviosa. 긴장된다.	¡Estoy contentísima! 나 너무 행복해!
18. **SNS & 사진**	¿Cuál es tu usuario? 계정이 뭐야?	Vamos a hacernos una foto. 우리 같이 사진 찍자.
19. **직장**	¡Por fin he encontrado trabajo! 나 드디어 취직했어!	Estoy pensando en cambiar de trabajo. 나는 이직을 생각 중이야.
20. **연휴**	¿Qué vas a hacer estas navidades? 크리스마스에 뭐 해?	¡Feliz Año Nuevo! 새해 복 많이 받아!

Vocabulario fundamental	Gramática	Cultura
Viaje 여행	1. 직접 / 간접 목적 대명사 2. 현재 진행형	바르셀로나 가우디 투어
Transporte y ciudad 대중교통 & 도시	1. 재귀 대명사 2. 재귀 동사	이슬람 분위기 도시, 그라나다
Comida 음식	1. 전치사 + 인칭 대명사 2. 역구조 동사	마드리드 산미겔 시장
Ropa 옷	1. 관계 대명사 2. 동사원형 & 과거분사 & 현재분사 & 동사구	스페인 쇼핑 리스트
Cuerpo humano 신체	1. 관계 부사 2. 긍정 명령형	세계 3대 미술관, 프라도
Restaurante 음식점	1. 의문문 2. 부정 명령형	스페인 음식
Sentimiento y carácter 감정 & 성격	1. 감탄문 2. 명령형의 불규칙 변화	스페인식 볶음밥, 파에야
Ordenador y móvil 컴퓨터 & 휴대 전화	1. 비교급 & 최상급 2. 접속법	축구 전쟁, 마드리드 vs 바르셀로나
Trabajo 직장	1. 동사 + 전치사 2. 조건형	크리스마스 복권, 엘 고르도
Día festivo 공휴일	1. 무인칭 2. 조건절	동방박사 오신 날, 주현절

Aprender las bases

스페인어 알파벳 Abecedario 아베쎄다리오

MP3. 00

스페인어 알파벳은 5개의 모음과 22개의 자음을 합쳐 총 27개로 구성되어 있으며, 추가로 2개의 복합 문자(ch, ll)가 있습니다. 스페인어의 가장 큰 특징은 알파벳을 '소리 나는 대로' 읽으면 된다는 것, 된소리가 가능한 발음들은 된소리를 강하게 살려 발음해야 한다는 것입니다.

1. 모음

A / a 아	E / e 에	I / i 이	O / o 오	U / u 우
el **a**mor 엘 아모르 사랑	la **e**stación 라 에스따씨온 역	la **i**dea 라 이데아 아이디어	el **o**rden 엘 오르덴 순서	la **u**va 라 우바 포도

이 5가지의 모음을 기본으로 모음 2개가 만나 한 음절을 구성하는 이중모음도 존재합니다.

예 la p**au**sa 라 빠우사 잠깐 멈춤, suc**io**(a) 쑤씨오(아) 더러운, el p**ei**ne 엘 뻬이네 빗

2. 자음

A / a 아	B / b 베	C / c 쎄	D / d 데	E / e 에
	el **b**año 엘 바뇨 화장실	la **c**ereza 라 쎄레싸 체리	el **d**ado 엘 다도 주사위	
F / f **에페**	**G / g** **헤**	**H / h** **아체**	I / i 이	**J / j** **호따**
la **f**lor 라 플로르 꽃	la **g**ente 라 헨떼 사람들(집합 명사)	la **h**oja 라 오하 잎사귀		la **j**oya 라 호야 보석

K / k **까** el **k**iwi 엘 끼위 키위	**L / l** **엘레** el **l**ibro 엘 리브로 책	**M / m** **에메** la **m**ano 라 마노 손	**N / n** **에네** la **n**ariz 라 나리쓰 코	**Ñ / ñ** **에녜** el ni**ñ**o 엘 니뇨 남자아이
O / o 오	**P / p** **뻬** el **p**adre 엘 빠드레 아버지	**Q / q** **꾸** la **q**ueja 라 꼐하 불평	**R / r** **에레** el **r**atón 엘 라똔 쥐	**S / s** **에세** el **s**alón 엘 쌀론 거실
T / t **떼** la **t**elevisión 라 뗄레비시온 텔레비전	U / u 우	**V / v** **우베** la **v**aca 라 바까 암소	**W / w** **우베 도블레** el **w**hisky 엘 위스끼 위스키	**X / x** **에끼스** el ta**x**i 엘 딱씨 택시
Y / y **예** el **y**ate 엘 야떼 요트	**Z / z** **쎄따** el **z**apato 엘 싸빠또 신발		**CH / ch** **체** el **ch**ico 엘 치꼬 남자	**LL / ll** **에예** la **ll**uvia 라 유비아 비

tip. 복합 문자 **CH**와 **LL**는 스페인어 알파벳에는 포함되나 독립된 문자로는 인정하지 않다가 2010년 개정 철자법 시행으로 알파벳에 포함시키지 않습니다.

3. 발음

(1) **A** 아는 '아'로 'ㅏ' 소리입니다.

(2) **B** 베는 '베'로 'ㅂ' 소리입니다.

(3) **C** 쎄는 '쎄'로 'ㅆ' 소리를 기본으로 하며, 결합하는 모음에 따라 'ㅆ', 'ㄲ' 혹은 'ㄱ' 받침소리도 냅니다.

① 다음과 같이 **c**가 모음 '아 a, 오 o, 우 u'를 만나면 '까 **ca**, 꼬 **co**, 꾸 **cu**' 소리를, 모음 '에 e, 이 i'를 만나면 '쎄 **ce**, 씨 **ci**' 소리를 냅니다.

모음	a	e	i	o	u
c	**ca** 까	**ce** 쎄	**ci** 씨	**co** 꼬	**cu** 꾸

② **c**가 반복되는 경우 앞 **c**는 'ㄱ' 받침으로 발음됩니다.

예 la dire**cc**ión 라 디렉씨온 방향, la a**cc**ión 라 악씨온 움직임

③ **c**가 음절의 첫소리로 쓰이면 만나는 모음에 따라 'ㅆ', 'ㄲ' 소리로, 음절의 받침으로 쓰이면 'ㄱ'으로 발음됩니다.

예 el te**c**lado 엘 떼끌라도 키보드(음절의 첫소리로 쓰인 예),
la a**c**triz 라 악뜨리쓰 여배우('ㄱ'과 같이 쓰인 예)

(4) **D** 데는 '데'로 'ㄷ' 소리입니다. 단어의 맨 끝에 오면 모음에 붙여 'ㄷ' 받침으로 읽습니다.

예 Madri**d** 마드릳 마드리드, verda**d** 베르닫 진실

(5) **E** 에는 '에'로 'ㅔ' 소리입니다.

(6) **F** 에페는 'ㅍ'와 'ㅎ'의 중간 소리로, la **f**lor은 '라 플로르'이지만 'ㅎ' 소리도 나게 발음해야 합니다. 앞 윗니로 아랫입술을 깨물고 이 사이의 틈으로 공기를 불어 내는 듯한 입모양이 됩니다. 한국어로 정확히 표기하기 어려운 발음이니 이 책에선 'ㅍ'로 표기하되, 많이 듣고 따라 하여 정확한 발음으로 말할 수 있길 바랍니다.

(7) **G** 헤는 '헤'로 'ㅎ' 소리를 기본으로 하며, 만나는 모음에 따라 'ㄱ' 혹은 'ㅎ' 소리를 냅니다.

① 다음과 같이 **g**가 모음 '아 a, 오 o, 우 u'를 만나면 '가 **ga**, 고 **go**, 구 **gu**' 소리를 내고, 모음 '에 e, 이 i'를 만나면 '헤 **ge**, 히 **gi**' 소리를 냅니다.

모음	a	e	i	o	u
g	**ga** 가	**ge** 헤	**gi** 히	**go** 고	**gu** 구

② '게'와 '기' 소리는 각각 '**gue**'와 '**gui**'를 사용합니다. 이는 ge와 gi의 발음과 구분하기 위해 중간에 u를 첨가한 것이기에 u는 단독 음가를 갖지 않아 따로 발음되지 않습니다.

예 la **gue**rra 라 게라 전쟁, el **gui**sante 엘 기산떼 완두콩

③ 하지만 ü는 güe, güi처럼 그대로 읽어 줍니다.

예 la ver**güe**nza 라 베르구엔싸 수치, ar**güi**r 아르구이르 추론하다

④ 'ㅎ' 소리를 낼 때는 목구멍 안쪽에서부터 공기를 거세게 밀어내듯 소리를 내야 합니다. '헤'와 '케'의 중간 발음으로, 가슴 안쪽에서부터 공기를 밖으로 밀어낸다고 생각하고 발음합니다.

(8) **H** 아체는 알파벳 이름은 '아체'이지만 실제로는 묵음으로 소리를 가지고 있지 않습니다.

(9) **I** 이는 '이'로 'ㅣ' 소리입니다.

(10) **J** 호따는 알파벳 이름 '호따'이며 발음은 영어의 H 발음, 즉 'ㅎ' 소리를 냅니다. 'ja, je, ji, jo, ju'는 '하, 헤, 히, 호, 후' 발음입니다.

(11) **K** 까는 'ㄲ' 소리로 '**ki** 끼' 발음만 사용하며, 주로 외래어를 표기할 때 쓰입니다. 외래어가 아닌 'ㄲ' 발음은 'qui 끼'로 표기합니다.

예 el **ki**wi 엘 끼위 키위, el **ki**lómetro 엘 낄로메뜨로 킬로미터

(12) **L** 엘레는 'ㄹ' 소리이며, 모음 사이에 오는 경우 'ㄹㄹ' 발음해 줍니다.

예 mo**l**esto(a) 몰레스또(따) 성가신, ma**l**o(a) 말로(라) 나쁜

(13) **M** 에메는 'ㅁ' 소리입니다.

⒁ **N** 에네는 'ㄴ', 'ㅇ', 'ㅁ' 소리입니다.

① 기본적으로 'ㄴ' 소리입니다.

② 뒤에 자음 c, g, j, q가 오면 'ㅇ' 받침소리가 됩니다. 단, c가 'ㅆ' 발음일 때는 제외합니다. 숫자 15를 뜻하는 qui**nc**e의 경우 n과 c가 만났지만 바로 이어 c가 e를 만나 '쎄' 발음이 나기 때문에 '낑쎄'가 아닌 '낀쎄'로 읽습니다.

예 nu**nc**a 눙까 결코, el i**ng**enio 엘 잉헤니오 독창성, el extra**nj**ero 엘 엑쓰뜨랑헤로 외국인, i**nq**uieto(a) 잉끼에또(따) 불안한

③ n 뒤에 자음이 b, f, m, p, v이면 'ㅁ' 발음이 됩니다.

예 u**n** **b**arco 움 바르꼬 배 한척, e**nf**ermo(a) 엠페르모(마) 아픈, i**nm**enso(a) 임멘소(사) 매우 큰, u**n** **p**uente 움 뿌엔떼 다리 하나, i**nv**itar 임비따르 초대하다

tip. 스페인어에서 알파벳 n과 b, n과 p가 함께 나오는 단어들은 발음 그대로 mb 혹은 mp로 쓰입니다. 예를 들어 el ca**mb**io, e**mp**leado, 이렇게 말이죠. 즉, 고유명사나 외래어를 제외하고 n과 b, n과 p가 함께 나오는 단어는 없습니다. **un** **b**arco나 **un** **p**uente는 단어 앞에 개수를 뜻하는 '하나의'라는 관사가 붙어 nb, np 발음된 경우입니다. 스페인어는 음절별로 발음하는 것이 아니라 의미 단위를 우선시하여 발음하기 때문에 여러 단어를 연음으로 발음할 경우에 **un** **b**arco는 '움-바르-꼬'로, **un** **p**uente는 '움-뿌엔-떼'로 읽는 것이 맞습니다. ('puen 뿌엔'은 약모음 u와 강모음 e가 만난 이중모음으로 하나의 음절로 취급합니다.)

⒂ **Ñ** 에녜는 뒤에 오는 모음 'a 아, e 에, i 이, o 오, u 우'에 'ㅣ' 소리를 추가하여 'ña 냐, ñe 녜, ñi 니, ño 뇨, ñu 뉴'로 만들어 줍니다.

⒃ **O** 오는 '오'로 'ㅗ' 소리입니다.

⒄ **P** 뻬는 '뻬'로 'ㅃ' 소리입니다.

⒅ **Q** 꾸는 'ㄲ' 소리로, '**que** 께'와 '**qui** 끼' 소리로만 사용합니다. 표기상으로는 'que 꾸에'와 'qui 꾸이'로 보이지만, u는 발음하지 않습니다.

예 el **que**so 엘 께소 치즈, **qui**tar 끼따르 제거하다

⒆ **R** 에레는 한국어에는 없는 발음으로 표기는 'ㄹ'이지만 'ㄹ-ㄹ' 발음으로 R는 혀를 둥글게 말아 목청 가까운 곳에서 '드르르르르르' 굴리는 소리로 '부릉부릉'할 때 발음하는 'ㄹ' 소리와 비슷합니다. 이 책에는 **r**가 단어의 제일 처음에 오면 'ㄹ'로, 받침으로 오면 '르'로 단독 표기했고, **rr** 역시 혀를 여러 번 진동하여 발음하지만 'ㄹ'로 표기했습니다.

예 **r**osa 로사 장미, c**r**isis 끄리시쓰 위기, á**r**bol 아르볼 나무, el pe**rr**o 엘 뻬로 강아지

(20) **S** 에세는 '에세'로 'ㅆ'과 'ㅅ'의 중간 소리입니다. 이 책에는 s가 단어 중간에 위치할 때 된소리 발음을 하면 힘이 더 들어가기 때문에 'ㅅ'으로 표기, 단어의 처음과 끝에 위치한 경우에는 'ㅆ'으로 표기했습니다.

예 el **s**alón 엘 쌀론 거실, el va**s**o 엘 바소 컵, lo**s** debere**s** 로쓰 데베레쓰 숙제(항상 복수형)

(21) **T** 떼는 '떼'로 'ㄸ' 소리입니다.

(22) **U** 우는 '우'로 'ㅜ' 소리입니다.

(23) **V** 우베는 B와 마찬가지로 'ㅂ' 소리입니다.

(24) **W** 우베 도블레는 모음 'a 아, e 에, i 이, o 오, u 우'와 만나면 'wa 와, we 웨, wi 위, wo 워, wu 우' 소리를 내며 K와 마찬가지로 주로 외래어에 사용됩니다.

(25) **X** 에끼스는 'ㅆ', 'ㄱ' 받침+'ㅆ' 소리이지만 고유 명사를 제외하고 단어의 제일 처음에 쓰이는 경우는 거의 없으며, 대부분 단어 중간에 위치하여 앞 모음에 'ㄱ' 받침을 더한 후 다음 음절에서 'ㅆ' 첫소리를 내는 발음이 됩니다.

예 el e**x**amen 엘 엑싸멘 시험, la ta**x**ista 라 딱씨스타 택시 기사

tip. 'Mé**x**ico 메히꼬(멕시코)', 'Te**x**as 떼하쓰(텍사스)' 등은 고유 명사이기 때문에 X로 표기하지만 실제로는 J 발음입니다. 이는 과거에 J가 X 소리를 가졌기 때문인데요, 발음 그대로 Méjico, Tejas로 표기해도 틀린 건 아니지만, RAE(Real Academia Española, 왕립 스페인어 아카데미)에서는 X 표기를 추천합니다.

(26) **Y** 예는 항상 모음과 같이 쓰이며, Y 뒤에 오는 모음 'a 아, e 에, i 이, o 오, u 우'를 'ya 야, ye 예, yi 이, yo 요, yu 유' 발음으로 만들어 줍니다. 중남미에서는 Y를 'ㅈ' 소리로 'ya 쟈, ye 졔, yo 죠, yu 쥬'라고 하는데(아르헨티나에서는 'ㅅ'에 가까운 발음) 스페인에서 이 발음은 올바른 발음이 아닙니다. Y의 본 명칭은 'i griega 이 그리에가'이었으나, 공식적으로 'ye 예'로 바뀌었습니다.

(27) **Z** 쎄따는 'ㅆ' 소리로 모음 'a 아, e 에, i 이, o 오, u 우'와 만나면 'za 싸, ze 쎄, zi 씨, zo 쏘, zu 쑤' 발음이 됩니다.

예 el **z**apato 엘 싸빠또 신발(주로 복수형)

(28) **CH** 체는 'ㅊ' 소리로 모음 'a 아, e 에, i 이, o 오, u 우'와 만나면 'cha 차, che 체, chi 치, cho 초, chu 추' 발음이 됩니다.

(29) **LL** 에예는 'ㅖ' 소리로 모음 'a 아, e 에, i 이, o 오, u 우'와 만나면 'lla 야, lle 예, lli 이(지), llo 요, llu 유' 발음으로 만들어주나 '이'는 i와 lli 소리를 구분하기 위해 '이'와 '지'의 중간 발음을 내야 합니다. 실제 소리는 '지' 소리와 더 가깝기 때문에 'lli'의 경우 책에서는 '지'로 표현했습니다.

4. 개정 철자법

2010년 La Real Academia Española(왕립 스페인어 아카데미)에서는 몇 가지 철자법을 개정했습니다.

(1) CH 체와 LL 에예 : 오랫동안 개정 논의가 있었던 CH와 LL는 더 이상 알파벳에 속하지 않으며 복합문자로 구분됩니다. 사용에는 변함이 없습니다.

(2) 알파벳은 한 가지 이름만: B베는 'be 베', 'be alta 베 알따', 'be larga 베 라르가', V우베는 'uve 우베', 've baja 베 바하', 've corta 베 꼬르따', W 우베 도블레는 'uve doble 우베 도블레', 've doble 베 도블레', 'doble ve 도블레 베', Z 쎄따는 'ceta 쎄따', 'ceda 쎄다', 'zeta 쎄따', 'zeda 쎄다' 등 여러 명칭이 있었으나 한 가지 명칭만 갖도록 통일하였습니다. 왕립 스페인어 아카데미에서 권장하는 각각의 알파벳 이름은 B는 'be 베', V는 'uve 우베', W는 'uve doble 우베 도블레', Z는 'zeta 쎄따'입니다.

(3) Y예는 ye 예로: 'i griega 이 그리에가'로 불리던 Y는 'ye 예'로 명칭이 변경됩니다.

(4) Tildes(강세 표시) : '오직, 유일한' 등의 뜻을 가진 단어 'solo 쏠로'는 강세 표시를 붙이지 않습니다. 또한 'guión 기온, huír 우이르, truhán 뜨루안' 이 세 단어는 단음절 맞춤법 법칙(monosílabas a efectos ortográficos)에 따라 강세 표시가 없어집니다.

(5) Ó : 영어 or와 같은 '또는'이란 뜻을 가진 'o 오'는 그동안 숫자 사이에 쓰일 때는 강세 표시를 붙였으나 이 강세 역시 사라집니다.

예 4 ó 5 (×) → 4 o 5 꾸아뜨로 오 씽꼬 (○)

(6) Cuórum와 Catar : 몇몇 단어에서 'q'로 사용되던 알파벳이 'c' 혹은 'k'로 바뀝니다. 'Iraq 이라크'는 'Irak'로, 'Qatar 카타르'는 'Catar'로 바뀌며, 'quásar 퀘이사르'는 'cuásar'로, 'quórum(의결에 필요한 정족수)'은 'cuórum 꾸오룸'으로 각각 변합니다. 이는 q가 이중모음 que와 qui로만 결합되기 때문입니다.

(7) EX : 전(前)을 뜻하는 접두사 ex는 기존에는 띄어서 표기하였으나, 개정에 따라 붙여 써야 합니다. 하지만 두 개 이상의 단어가 결합된 복합어의 경우 여전히 띄어서 표기합니다.

예 ex novio 엑쓰 노비오 (×) → exnovio 엑쓰노비오 전 남자친구 (○),
ex marido 엑쓰 마리도 (×) → exmarido 엑쓰마리도 전 남편 (○),
ex director general 엑쓰 디렉또르 헤네랄 전 총괄 담당자 (○)

스페인에 관하여

Sobre España

- **국가명** España 에스파냐 (영문 명칭: Spain 스페인)
- **수도** Madrid 마드리드
- **공용어** español 에스빠뇰 스페인어(castellano 까스떼야노 라고도 불림, Castellano 지역을 중심으로 사용하는 표준어)
- **면적** 505,990㎢(세계 52위)
- **인구** 약 4,740만 명(세계 30위, 2022년 기준)
- **GDP** 1조 2,050억$(세계 14위, 2021년 기준)
- **화폐 단위** 유로(Euro)

*출처: 스페인 통계청 http://www.ine.es/

Reparto

Sujin 수진
한국
스페인어 전공,
교환학생

Daniel 다니엘
스페인
수진의 스페인 친구,
직장인

Diego 디에고
멕시코
수진의 학교 친구,
대학생

Rodrigo 로드리고
스페인
수진의 여행 친구,
호스텔 아르바이트생

Sara 사라
스페인
다니엘의 여자친구

Peatón
행인

Dependiente
점원

Médico
의사

Camarero
웨이터

Capítulo **01.**
소개 & 인사

¡Hola! Me llamo Sujin.
안녕! 내 이름은 수진이야.

학습 목표

Diálogo	**01-1. ¡Hola! Me llamo Sujin.** 안녕! 내 이름은 수진이야.
	01-2. ¿Cómo estás? 어떻게 지내?
Gramática	**1. 남성 / 여성 명사**
	2. ser / estar 동사

Diálogo 01-1. MP3. 01-1

¡Hola! Me llamo Sujin.

Sujin 수진
[1] ¡Hola! [2-1] Me llamo Sujin.
올라! 메 야모 수진.
[3] ¿Cómo [2-2] te llamas[3] ?
꼬모 떼 야마쓰?

Daniel 다니엘
Hola, Sujin.
올라, 수진.
[2-3] Soy Daniel.
쏘이 다니엘.

Sujin
[4-1] Encantada, Daniel.
엥깐따다, 다니엘.

Daniel
[4-2] Encantado.
엥깐따도.

유익한 정보

Información útil

스페인 인사 '볼키스'

스페인에서는 처음 보거나 알았던 사이 혹은 친하지만 오랜만에 보는 경우, 양볼에 키스를 하며 인사합니다. 남–녀, 여–여 사이에만 하며, 남–남은 간단하게 악수를 합니다.

단어

Vocabulario

- □ llamarse v. ~을 ~라고 부르다
- □ ser v. ~이다
- □ película f. 영화
- □ comer v. 먹다

해석

Traducción

안녕! 내 이름은 수진이야.

수진 안녕! 내 이름은 수진이야.
네 이름은 뭐니?

다니엘 안녕, 수진.
나는 다니엘이야.

수진 반가워, 다니엘.

다니엘 반가워.

해설

Explicación

1 ¡Hola! 안녕!

아침, 점심, 저녁 시간에 관계없이 그리고 친구, 연인, 모르는 사이에서도 하는 보편적인 인사입니다.

2 me llamo ~ 내 이름은 ~이다
(나는 나를 ~라고 부른다)

te llamas ~ 네 이름은 ~이다
(너는 너를 ~라고 부른다)

soy ~ 나는 ~이다

me llamo, te llamas는 재귀 동사 llamarse 변화형입니다.
재귀 동사란 동사의 행위가 주어에 반영되는 동사를 말합니다. 이 표현은 사람의 이름뿐만 아니라 사물의 명칭을 물어볼 때도 씁니다.

- ¿Cómo se llama la película?
  그 영화를 어떻게 불러요?
  (그 영화 이름이 뭐예요?)

이름을 말하는 기본 표현에는 크게 다음 세 가지가 있습니다.
1번과 2번을 가장 많이 사용하는데, 더 자연스러운 표현은 2번입니다.
3번은 가장 사용 빈도수가 낮습니다.

① **Me llamo ~**
나는 나를 ~라고 부른다 (재귀형)
② **Soy ~** 나는 ~이다
③ **Mi nombre es ~** 내 이름은 ~이다

3 ¿Cómo ~? 어떤~?, 어떻게~?

부사로, 문장의 맨 앞에 쓰여 의문문 혹은 감탄문을 만들어 줍니다.
이때, 반드시 물음표와 느낌표를 뒤집은 표시 ¿, ¡를 문장의 앞에도 써야 합니다.

- **¿Cómo** estás**?** 넌 어때?
  (잘 지내?)
- **¡Cómo** come**!** 먹는 거 봐!
  (잘 먹는데!)

4 Encantada., Encantado.
반가워요., 처음 뵙겠습니다.

말하는 사람이 여성이면 'Encantada.'를, 남성이면 'Encantado.'라고 합니다.

Diálogo 01-2.

MP3. 01-2

¿Cómo estás?

Daniel Hola, Sujin.
다니엘 올라, 수진.

[1] ¿Cómo estás?
꼬모 에스따쓰?

Sujin Hola, Daniel.
수진 올라, 다니엘.

Estoy bien. [2] ¿Y tú?
에스또이 비엔. 이 뚜?

Daniel Yo [3] también estoy [4] muy bien.
요 땀비엔 에스또이 무이 비엔.

유익한 정보

Información útil

부사

부사는 동사, 형용사 혹은 다른 부사의 뜻을 더 자세하게 합니다. 아래 예문을 보면, muy가 형용사 cansado 의미를 보충하고 있습니다. 스페인어 부사는 '여성 형용사 + -mente' 형태가 많습니다.

- **Estoy cansado.** 나는 피곤하다.
  → **Estoy muy cansado.** 나는 정말 피곤하다.
- **lenta** adj. 느린 → **lentamente** adv. 느리게
- **práctica** adj. 실용적인 → **prácticamente** adv. 실용적으로

단어

Vocabulario

- □ estar v. ~이다
- □ bien adv. 잘
- □ y conj. 그리고
- □ desayunar v. 아침을 먹다
- □ alto, ta adj. 큰

해석

Traducción

어떻게 지내?

다니엘 안녕, 수진.
어떻게 지내?

수진 안녕, 다니엘.
난 잘 지내. 너는?

다니엘 나도 역시 매우 잘 지내.

해설

Explicación

1 ¿Cómo estás?

어떻게 지내(요)?

같은 표현으로 '¿Qué tal?'도 있습니다. 상대적으로 가벼운 뉘앙스로, 답변을 바라고 하는 질문이 아닌 '안녕'처럼 인사로 사용할 수 있습니다. 일반적인 상황에서도 사용하며, 음식을 먹을 때 쓰면 '음식 맛이 어때?', 옷을 입어 볼 때 쓰면 '옷이 어때?' 등이 됩니다.

- ¿Qué tal?
  어떻게 지내?, 어때?

2 ¿Y tú?

그리고 너는?, 그러면 너는?

상대가 나에게 한 질문 그대로 상대에게 되묻는 표현입니다.

3 también 역시, 또한

부사로 '긍정문'에 사용합니다.
'부정문'에는 tampoco를 씁니다.

- A: He desayunado.
  나는 아침을 먹었어.
  B: Yo **también**.
  나도. (먹었어)
- A: No he desayunado.
  나는 아침을 안 먹었어.
  B: Yo **tampoco**.
  나도. (안 먹었어)

4 muy 많이, 매우

부사로 다음과 같은 특징이 있습니다.

① 수와 성에 따른 형태 변화가 없습니다.
② 항상 형용사 혹은 부사의 '앞'에 위치합니다.
③ 단독으로 사용 못 하며, 반드시 수식하는 형용사 혹은 부사가 필요합니다.

- Jose es **muy** alto.
  호세는 키가 아주 크다.

Vocabulario fundamental

Números 누메로쓰 숫자

□ número 누메로 숫자

Números cardinales 누메로쓰 까르디날레쓰 기수

□ cero 쎄로 0

□ uno, na / un 우노, 우나 / 운 1

Tip. 수식하는 대상에 따라 사용합니다.
수식하는 것이 없다면 uno, una를 씁니다.
- A : ¿Cuántos quieres? 너 몇 개를 원해?
  B : Quiero uno. 한 개요.

수식하는 것이 남성 명사라면, o가 탈락하여 un만 사용합니다.
여성 명사라면 변화 없이 그대로 una입니다.
- Tengo un hijo. 나는 아들이 하나 있다.
- Tengo una hija. 나는 딸이 하나 있다.

□ dos 도쓰 2

□ tres 뜨레쓰 3

□ cuatro 꾸아뜨로 4

□ cinco 씽꼬 5

□ seis 쎄이쓰 6

□ siete 씨에떼 7

□ ocho 오초 8

□ nueve 누에베 9

□ diez 디에쓰 10

□ once 온쎄 11

□ doce 도쎄 12

□ trece 뜨레세 13

□ catorce 까또르쎄 14

□ quince 낀쎄 15

□ dieciséis 디에씨세이쓰 16

Tip. 16~19는 10을 뜻하는 'dieci-+숫자'를 더하면 됩니다.

□ diecisiete 디에씨시에떼 17

□ dieciocho 디에씨오초 18

□ diecinueve 디에씨누에베 19

□ veinte 베인떼 20

□ veintiuno, na / veintiún 베인띠우노, 베인띠우나 / 베인띠운 21

Tip. 21~29는 20을 뜻하는 'veinti-+숫자'를 더하면 됩니다.

□ veintidós 베인띠도쓰 22

□ veintitrés 베인띠뜨레쓰 23

□ veinticuatro 베인띠꾸아뜨로 24

□ veinticinco 베인띠씽꼬 25

□ veintiséis 베인띠세이쓰 26

□ veintisiete 베인띠시에떼 27

□ veintiocho 베인띠오초 28

□ veintinueve 베인띠누에베 29

□ treinta 뜨레인따 30 ↷ Tip. 30~99는 각 숫자 사이에 y(그리고)만 추가하면 됩니다.
• 55(cincuenta y cinco) = 50(cincuenta) + y + 5(cinco)

□ cuarenta 꾸아렌따 40

□ cincuenta 씽꾸엔따 50

□ sesenta 쎄센따 60

□ setenta 쎄뗀따 70

□ ochenta 오첸따 80

□ noventa 노벤따 90

□ cien 씨엔 100 ↷ Tip. 100 이상은 3자릿수로 끊어 읽습니다. 933 456은 novecientos treinta y tres mil cuatrocientos cincuenta y seis입니다.

□ ciento uno, na / un 씨엔또 우노, 씨엔또 우나 / 씨엔또 운 101

□ doscientos, tas 도스씨엔또쓰, 도스씨엔따쓰 200

□ trescientos, tas 뜨레스씨엔또쓰, 뜨레스씨엔따쓰 300

□ cuatrocientos, tas 꾸아뜨로씨엔또쓰, 꾸아뜨로씨엔따쓰 400

□ quinientos, tas 끼니엔또쓰, 끼니엔따쓰 500

□ seiscientos, tas 쎄이스씨엔또쓰, 쎄이스씨엔따쓰 600

□ setecientos, tas 쎄떼씨엔또쓰, 쎄떼씨엔따쓰 700

□ ochocientos, tas 오초씨엔또쓰, 오초씨엔따쓰 800

□ novecientos, tas 노베씨엔또쓰, 노베씨엔따쓰 900

□ mil 밀 1 000 ↷ Tip. 4자리 이상은 3자리마다 띄어쓰기 합니다.

□ dos mil 도쓰 밀 2 000

□ diez mil 디에쓰 밀 10 000

□ cien mil 씨엔 밀 100 000

□ un millón 운 미욘 1 000 000

□ dos millones 도쓰 미요네쓰 2 000 000

Números ordinales 누메로쓰 오르디날레쓰 서수

□ primero, ra / primer 쁘리메로, 쁘리메라 / 쁘리메르 첫 번째, 1°(1ª) ↷ Tip. primer, tercer는 수식하는 명사가 남성 단수일 때 사용합니다.
• primer plato 첫 번째 음식(전식)
• tercer regalo 세 번째 선물

□ segundo, da 쎄군도, 쎄군다 두 번째, 2°(2ª)

□ tercero, ra / tercer 떼르쎄로, 떼르쎄라 / 떼르쎄르 세 번째, 3°(3ª)

□ cuarto, ta 꾸아르또, 꾸아르따 네 번째, 4°(4ª)

□ quinto, ta 낀또, 낀따 다섯 번째, 5°(5ª)

□ sexto, ta 쎅쓰또, 쎅쓰따 여섯 번째, 6°(6ª)

□ séptimo, ma 쎕띠모, 쎕띠마 일곱 번째, 7°(7ª)

□ octavo, va 옥따보, 옥따바 여덟 번째, 8°(8ª)

□ noveno, na 노베노, 노베나 아홉 번째, 9°(9ª)

□ décimo, ma 데씨모, 데씨마 열 번째, 10°(10ª)

Tip. 열 번째 이상도 서수 표현이 있지만, 많은 사람들이 서수가 아닌 기수로 말합니다.

Gramática

Unidad 1. 남성 / 여성 명사

스페인어에서 모든 사람, 사물 명사는 남성 혹은 여성의 성(性)을 갖습니다.
단, 중성은 없습니다.

✔ 일반 규칙과 예외

1. 일반 규칙

남성 명사는 대부분 -o로, 여성 명사는 대부분 -a로 끝납니다.
보통 사전에서 남성 명사는 m.으로, 여성 명사는 f.로 표기합니다.

남성 명사	여성 명사
el diner**o** 돈	la cas**a** 집
el niñ**o** 남자아이	la mes**a** 책상
el ciel**o** 하늘	la taz**a** 커피잔

2. 예외

대부분 -o로 끝나는 단어들은 남성, -a로 끝나는 단어들은 여성이지만, 수많은 예외가 있어 이것들은 '암기'해야 합니다. 그래서 단어 앞에 정관사 el 혹은 la를 붙여서 함께 외우는 것이 좋습니다.

남성 명사	여성 명사
① -a로 끝나는 명사 el dí**a** 날, 일(日) el map**a** 지도 el sof**á** 소파	① -o로 끝나는 명사 la man**o** 손 la radi**o** 라디오
② -ma, -ta로 끝나는 명사 el idio**ma** 언어 el proble**ma** 문제 el plane**ta** 지구 * 예외 la cama 침대 la carta 편지	② 원래 단어가 여성인 줄임말 la mot**o** 오토바이 (← la moto cicleta) la fot**o** 사진 (← la foto grafía)

③ -aje, -or로 끝나는 명사 el pais**aje** 풍경 el gar**aje** 차고 el am**or** 사랑 el err**or** 실수	③ -ción, -sión, -dad, -tad로 끝나는 명사 la can**ción** 노래 la pri**sión** 교도소 la ciu**dad** 도시 la amis**tad** 우정
④ 요일, 달, 숫자, 동서남북, 복수형 단어들 el lunes 월요일 el martes 화요일 el uno 1 el norte 북 el paraguas 우산	④ 알파벳 이름 la a 아 la be 베 la ce 쎄 la de 데

✔ 구분

1. 어미 변형으로 남성과 여성 구별

일부 사람과 동물 명사는 맨 끝 알파벳만 바꾸어 성을 구분합니다. 보통 남성형 마지막 알파벳 -o를 -a로만 바꾸거나, 자음으로 끝나는 남성형일 경우 맨 뒤에 -a를 붙입니다.

- el chico 남자 - la chic**a** 여자
- el coreano 남성 한국인 - la corean**a** 여성 한국인
- el gato 수컷 고양이 - la gat**a** 암컷 고양이
- el doctor 남성 박사 - la doctor**a** 여성 박사

2. 남성과 여성의 단어가 전혀 다른 경우

- el papa 아빠 - la mama 엄마
- el actor 남자 배우 - la actriz 여자 배우
- el toro 수소 - la vaca 암소
- el gallo 수탉 - la gallina 암탉

3. 양성 모두 가능한 단어

형태 변화 없이 한 단어로 남성과 여성 모두 사용 가능한 경우입니다.

- el estudiante 남학생 - la estudiante 여학생
- el artista 남성 예술가 - la artista 여성 예술가
- el cantante 남성 가수 - la cantante 여성 가수
- el testigo 남성 목격자 - la testigo 여성 목격자

4. 한 가지 성만 갖는 단어

사람 혹은 사물이 실제 가지는 성과 상관없이 한 가지 성만 쓰는 경우입니다. 대부분 동물 명사가 한 가지 성만 갖습니다.

- el bebé 아기 / el personaje 인물
- la persona 사람 / la víctima 희생자
- el canguro 캥거루 / la foca 바다표범 / la ardilla 다람쥐 / la ballena 고래

5. 성에 따라 뜻이 달라지는 단어

- el naranjo 오렌지 나무 - la naranja 오렌지
- el frente 정면 - la frente 이마
- el orden 순서 - la orden 명령

Unidad 2. ser / estar 동사

둘 다 기본 동사로 '~이다'입니다.

✔ ser 동사

1. 형태

주어			직설법 현재형 ser
1인칭	단수	yo 나	soy
2인칭		tú 너	eres
3인칭		él, ella, usted(= ud.) 그, 그녀, 당신	es
1인칭	복수	nosotros, nosotras 우리들	somos
2인칭		vosotros, vosotras 너희들	sois
3인칭		ellos, ellas, ustedes(= uds.) 그들, 그녀들, 당신들	son

2. 쓰임

① 사물에 관한 정의를 내릴 때

- Coco **es** un gato.
  코코는 고양이다.
- La cama **es** un mueble para dormir.
  침대는 잠을 자기 위한 가구이다.

② 어떤 사물이 가지는 고유의 특징을 표현할 때

(사람 혹은 동물의 성격, 국적, 출신지, 직업, 사물의 색상, 모양, 메이커 등)

- **Soy** de Corea. 나는 한국 출신이다.
- Manolo **es** médico. 마놀로는 의사이다.
- La Tierra **es** redonda. 지구는 둥글다.

③ 혈연관계, 사람 사이의 관계를 말할 때

- Pedro y Julia **son** hermanos. 페드로와 훌리아는 남매이다.

④ 날짜, 시간을 말할 때

- Hoy es miércoles. 오늘은 수요일이다.
- A: ¿Qué hora es? 몇 시예요?
  B: **Son** las siete. 일곱 시요.

⑤ 양, 가격 등을 말할 때

- A: ¿Cuánto es? 얼마예요?
  B: **Son** veinte euros. 20유로요.

✔ estar 동사

1. 형태

주어			직설법 현재형 estar
1인칭	단수	yo 나	estoy
2인칭		tú 너	estás
3인칭		él, ella, usted(= ud.) 그, 그녀, 당신	está
1인칭	복수	nosotros, nosotras 우리들	estamos
2인칭		vosotros, vosotras 너희들	estáis
3인칭		ellos, ellas, ustedes(= uds.) 그들, 그녀들, 당신들	están

2. 쓰임

① 사물의 위치를 설명할 때

- **Está** lejos.
  그곳은 멀다.
- Madrid **está** en el centro de España.
  마드리드는 스페인의 중심에 있다.

② 사물의 변화 가능한 상태를 설명할 때

- **Estoy** cansado. 나는 피곤하다. (항상 피곤한 게 아닌)
- La puerta **está** abierta. 문이 열려 있다. (문이 닫히고 열리는)

✔ 차이

두 동사의 차이는 **'변화 가능한지 아닌지'**를 보면 됩니다. 사람이 가지는 고유의 특징, 직업, 성별, 성격 등은 안 변하는 것으로 ser 동사를 씁니다. 변하는 상태, 위치 등은 estar 동사와 사용합니다.

✔ 동사에 따라 뜻이 다른 형용사

어떤 형용사는 ser, estar 동사 모두와 사용하지만, 그 의미가 다릅니다.

남성, 여성 형용사	ser와 쓰는 경우	estar와 쓰는 경우
alto, ta	(키가) 큰	매우 화가 난
bueno, na	착한, 좋은	맛있는
delicado, da	깨지기 쉬운	병약한
listo, ta	똑똑한	준비된
maduro, ra	경험이 많은	(과일 등) 덜 익은
malo, la	나쁜, 못된	아픈
rico, ra	부유한	맛있는

- Pablo **es** malo. 파블로는 나쁘다.
- Pablo **está** malo. 파블로가 아프다.

Ejercicios

1. 다음 숫자를 스페인어로 쓰세요.

(1) 100 → ________

(2) 11 → ________

(3) 25 → ________

(4) 15 → ________

(5) 88 → ________

2. 우리말을 보고, 빈칸에 알맞은 서수를 쓰세요.

(1) 첫 번째 남자친구 → ________ novio

(2) 첫 번째 노래 → ________ canción

(3) 세 번째 선수 → ________ jugador

(4) 열 번째 책 → ________ libro

3. 다음 빈칸에 주어진 명사의 알맞은 남성형 또는 여성형을 쓰세요.

남성형	chico	(2)	perro	(4)	cantante
여성형	(1)	coreana	(3)	estudiante	(5)

4. 다음 빈칸에 알맞은 ser 또는 estar 동사를 쓰세요.

(1) Laura ________ alta. 라우라는 키가 크다.

(2) ________ profesor. 나는 선생님이다.

(3) Juan ________ en Barcelona. 후안은 바르셀로나에 있다.

(4) ________ cansado. 그는 피곤하다.

정답 1. (1) cien (2) once (3) veinticinco (4) quince (5) ochenta y ocho 2. (1) primer (2) primera (3) tercer (4) décimo
3. (1) chica (2) coreano (3) perra (4) estudiante (5) cantante 4. (1) es (2) Soy (3) está (4) Está

Cultura

스페인어를 쓰는 나라들

스페인은 무적함대를 앞세워 전 세계를 호령했던 나라로, 아직 세계 곳곳에서 스페인어를 모국어로 사용합니다. 브라질을 제외한 대부분의 중남미 국가뿐만 아니라 미국에서도 5천만 히스패닉 계열 이민자들이 살면서 스페인어를 쓰다 보니, 중국어 다음으로 전 세계에서 가장 많이 쓰는 언어가 바로 스페인어입니다.

스페인어를 쓰는 나라

- 스페인어가 공식 언어
- 스페인어가 정식 공용어

스페인어는 에스파뇰 español 혹은 카스테야노 castellano라 하는데 우리가 배우는 스페인어는 엄밀히 말하면 '카스테야노'입니다. 스페인은 여러 왕국이 하나로 통합된 나라로, 스페인 내부에서만 크게 4개의 언어가 있습니다. 카스테야 지역을 중심으로 쓰이는 카스테야노, 카탈루냐 지역의 카탈란 catalán, 바스크 지역의 에우스케라 euskera, 갈리시아 지역의 가예고 gallego가 그것입니다. 이 중 카스테야노가 공식 언어이며 우리가 흔히 말하는 '스페인어'입니다.

스페인 내에서 사용되는 언어 구분

- 카스테야노(castellano) – 스페인 전역의 공식 언어
- 카탈란(catalán) – 카탈루냐와 발렌시아 지역
- 에우스케라(euskera) – 바스크 지역
- 가예고(gallego) – 갈리시아 지역

스페인어는 쓰는 나라마다 단어 뜻 혹은 문법 사용이 약간씩 다르지만, 의사소통에는 문제가 없습니다. 언어 하나로 약 22개 나라에서 의사소통이 가능하며, 점차 늘어나는 한국과 중남미 국가 간의 경제 교류 등으로 그 매력이 날로 높아지고 있습니다.

Capítulo **02.**
출신 & 장소

¿De dónde eres?
너는 어디에서 왔어?

학습 목표

Diálogo
02-1. ¿De dónde eres?
너는 어디에서 왔어?
02-2. ¿Dónde vives?
너는 어디 살아?

Gramática
1. 단수 / 복수 명사
2. haber 동사

Diálogo 02-1. MP3. 02-1

¿De dónde eres?

Diego 디에고
[1-1] Soy mexicano.
쏘이 메히까노.
¿De dónde eres?
데 돈데 에레쓰?

Sujin 수진
[1-2] Soy de Corea.
쏘이 데 꼬레아.

Diego
¿[2] Del Sur o del Norte?
델 쑤르 오 델 노르떼?

Sujin
Del Sur. Soy de Seúl.
델 쑤르. 쏘이 데 쎄울.

유익한 정보

Información útil

남한? 북한?

스페인에서 한국 출신이라고 하면, 남한인지 북한인지 되물어보는 경우가 종종 있습니다. 보통 북한 사람들은 해외로 나가는 것이 어렵다는 것을 미처 생각하지 못하고, 대화를 이어가기 위해 혹은 단순한 호기심으로 묻는다고 이해하면 됩니다. 남한은 Corea del Sur, 북한은 Corea del Norte라고 하며, 거주증이나 근로계약서 등 공식 서류에는 각각 La República de Corea(대한민국)와 La República Popular Democrática de Corea(조선민주주의인민공화국)에서 선택합니다.

단어

Vocabulario

- □ mexicano, na adj. 멕시코의
  m. y f. 멕시코 사람
- □ dónde adv. 어디
- □ sur m. 남쪽
- □ o conj. ~아니면
- □ norte m. 북쪽

해석

Traducción

너는 어디에서 왔어?

디에고 나는 멕시코 사람이야.
너는 어디에서 왔어?
(너는 어디 출신이야?)

수진 나는 한국에서 왔어.
(나는 한국 출신이야.)

디에고 남쪽 아니면 북쪽?

수진 남쪽. 나는 서울 출신이야.

해설

Explicación

1 soy + 국적 사람 명사

나는 ~이다

soy de + 나라 혹은 도시 명사

나는 ~출신이다

'soy ~'와 'soy de ~'는 구분해서 써야 합니다. soy만 쓰는 문장은 '사람'을 뜻하는 단어가 뒤에 옵니다.
반면, 전치사 de는 '~의'란 뜻으로, 출신이나 국적을 말할 때는 '나라 혹은 도시명'이 뒤에 오며, 이때 '나라 혹은 도시명' 첫 글자는 항상 대문자로 씁니다.

- **Soy de** Corea. 나는 한국 출신이다.
  = **Soy** coreano. 나는 한국인이다.
  (말하는 사람이 여자면, coreana)

2 del

전치사 de(~의) + 정관사 el

del은 전치사 de와 Sur에 대한 정관사 el이 결합된 형태입니다. 문장에서 de와 el이 나란히 쓰이면, 발음상 편의를 위해 반드시 del로 결합하여 표기합니다.
같은 이유로 전치사 a와 관사 el이 나란히 쓰이면, 'al'로 표기합니다.

- Voy **al** baño.
  (= Voy a el baño.)
  나는 화장실에 간다.

Diálogo 02-2.

MP3. 02-2

¿Dónde vives?

Sujin [1] ¿Dónde vives[1]?
수진 돈데 비베쓰?

Diego Vivo [2-1] en Alcobendas.
디에고 비보 엔 알꼬벤다쓰.

Sujin [3] ¿Dónde está?
돈데 에스따?

Diego Está [2-2] en el norte de Madrid.
에스따 엔 엘 노르떼 데 마드릳.

유익한 정보

Información útil

스페인어로는 '동서남북'이 아니라 '북남동서'

우리는 보통 '동서남북'으로 말하는데,
스페인어에서는 '북남동서' 순서로 이야기합니다.

- 북쪽 **norte**, 남쪽 **sur**, 동쪽 **este**, 서쪽 **oeste**

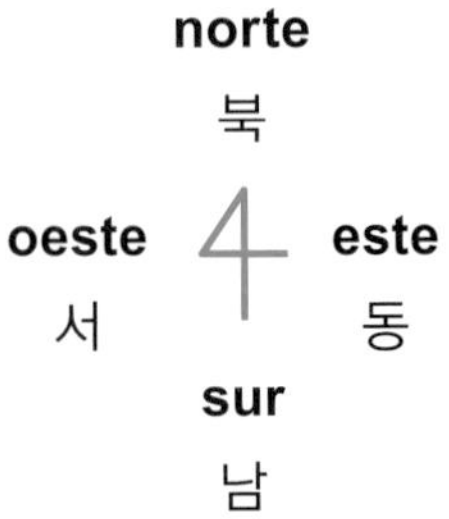

단어

Vocabulario

- □ vivir v. 살다
- □ de prep. ~의
- □ llave f. 열쇠
- □ oficina f. 사무실
- □ trabajar v. 일하다
- □ allí adv. 저기

해석

Traducción

너는 어디 살아?

수진 너는 어디 살아?

디에고 알코벤다스에 살아.

수진 어디 있어?

디에고 마드리드 북쪽에 있어.

해설

Explicación

1 ¿Dónde ~?

어디~?

부사로, 문장의 맨 앞에 쓰여 의문문을 만들어 줍니다. 주의할 점은 **dónde와 donde는 다릅니다.** dónde는 의문문과 감탄문에만 쓰며, 그 외에는 모두 donde입니다.

- ¿Dónde está la llave?
  열쇠가 어디 있어요?
- La oficina donde trabajo está allí.
  내가 일하는 사무실은 저기에 있다.

2 en + 도시명 ~에
en el + 방향 ~에

보통은 명사 앞에 부정관사 혹은 정관사가 붙지만, 도, 시, 구, 군, 나라, 대륙, 섬 이름 앞에서는 생략합니다. 그래서 도시 이름 Alcobendas는 관사 없이 씁니다. 반면, 'en el norte de Madrid'는 도시 마드리드가 아닌 북쪽 norte에 붙은 관사입니다. 따라서 생략할 수 없습니다.

3 ¿Dónde está ~?

~은 어디 있어요?

많이 쓰는 표현으로 물건, 위치뿐만 아니라 사람에게도 쓸 수 있습니다.

- ¿Dónde está Marta?
  마르타는 어디에 있어요?

Vocabulario fundamental

Los países 로스 빠이세쓰 국가

□ país 빠이쓰 국가

Asia 아시아 아시아

□ Asia 아시아 m. 아시아

□ Corea del Sur 꼬레아 델 쑤르 f. 한국

Tip. 국적을 말할 때는 남한과 북한을 구분하지만, 일반적으로 '한국인'은 'coreano(na)'라 하는 편입니다.

□ surcoreano / surcoreana 쑤르꼬레아노 / 쑤르꼬레아나

Tip. 이하 해당 위치 단어는 '한국인'처럼 그 나라 사람을 나타내는 남성, 여성 명사입니다. 또한, '한국의'와 같은 남성형, 여성형 형용사로도 씁니다.

□ Corea del Norte 꼬레아 델 노르떼 f. 북한

□ norcoreano / norcoreana 노르꼬레아노 / 노르꼬레아나

□ Japón 하뽄 m. 일본

□ japonés / japonesa 하뽀네쓰 / 하뽀네사

□ China 치나 f. 중국

□ chino / china 치노 / 치나

□ Hong Kong 홍꽁 m. 홍콩

□ hongkonés / hongkonesa 홍꼬네쓰 / 홍꼬네사

□ Taiwan 따이완 m. 대만

□ taiwanés / taiwanesa 따이와네쓰 / 따이와네사

□ Singapur 씽가뿌르 m. 싱가포르

□ singapurense 씽가뿌렌세

□ Tailandia 따일란디아 f. 태국

□ tailandés / tailandesa 따일란데쓰 / 따일란데사

□ Vietnam 비에뜨남 m. 베트남

□ vietnamita 비에뜨나미따

□ Filipinas 필리삐나쓰 f.pl. 필리핀

Tip. 국가 이름 Filipinas는 복수 명사입니다.

□ filipino / filipina 필리삐노 / 필리삐나

□ Indonesia 인도네시아 f. 인도네시아

□ indonesio / indonesia 인도네시오 / 인도네시아

□ Malaisia 말라이시아 f. 말레이시아

□ malasio / malasia 말라시오 / 말라시아

□ India 인디아 f. 인도

□ hindú 인두

Norteamérica 노르떼아메리까 북미

□ Norteamérica 노르떼아메리까 f. 북미

□ norteamericano / norteamericana 노르떼아메리까노 / 노르떼아메리까나

□ Estados Unidos(EE.UU.) 에스따도쓰 우니도쓰 m. 미국

Tip. 미국은 복수형이기 때문에 각 약어를 중복해서 'EE.UU.'라고도 표기합니다.

□ estadounidense 에스따도우니덴세

□ Canadá 까나다 m. 캐나다

□ canadiense 까나디엔세

Latinoamérica 라띠노아메리까 중남미

□ Latinoamérica 라띠노아메리까 f. 중남미

□ México 메히꼬 m. 멕시코

□ mexicano / mexicana 메히까노 / 메히까나

□ Cuba 꾸바 f. 쿠바

□ cubano / cubana 꾸바노 / 꾸바나

□ Guatemala 구아떼말라 m. 과테말라

□ guatemalteco / guatemalteca 구아떼말떼꼬 / 구아떼말떼까

□ República Dominicana 레뿌블리까 도미니까나 m. 도미니카 공화국

□ dominicano / dominicana 도미니까노 / 도미니까나

□ Argentina 아르헨띠나 f. 아르헨티나

□ argentino / argentina 아르헨띠노 / 아르헨띠나

□ Brasil 브라실 m. 브라질

□ brasileño / brasileña 브라실레뇨 / 브라실레냐

□ Chile 칠레 m. 칠레

□ chileno / chilena 칠레노 / 칠레나

□ Colombia 꼴롬비아 f. 콜롬비아

□ colombiano / colombiana 꼴롬비아노 / 꼴롬비아나

□ Ecuador 에꾸아도르 m. 에콰도르

□ ecuatoriano / ecuatoriana 에꾸아또리아노 / 에꾸아또리아나

□ Perú 뻬루 m. 페루

□ peruano / peruana 뻬루아노 / 뻬루아나

□ Uruguay 우루구아이 m. 우루과이

□ uruguayo / uruguaya 우루구아요 / 우루구아야

Europa 에우로빠 유럽

□ Europa 에우로빠 f. 유럽

□ España 에스빠냐 f. 스페인

□ español / española 에스빠뇰 / 에스빠뇰라

□ Alemania 알레마니아 f. 독일

□ alemán / alemana 알레만 / 알레마나

□ Austria 아우스뜨리아 f. 오스트리아

□ austriaco / austriaca 아우스뜨리아꼬 / 아우스뜨리아까

□ Bélgica 벨히까 f. 벨기에

□ belga 벨가

□ Dinamarca 디나마르까 f. 덴마크

□ danés / danesa 다네쓰 / 다네사

□ Finlandia 핀란디아 f. 핀란드

□ finlandés / finlandesa 핀란데쓰 / 핀란데사

□ Grecia 그레씨아 f. 그리스

□ griego / griega 그리에고 / 그리에가

□ Francia 프란씨아 f. 프랑스

□ francés / francesa 프란쎄쓰 / 프란쎄사

□ Holanda 올란다 f. 네덜란드

□ holandés / holandesa 올란데쓰 / 올란데사

Tip. 네덜란드가 다른 다라에 비해 지형이 낮아, Países Bajos(낮은 나라)라고도 부릅니다.

□ Italia 이딸리아 f. 이탈리아

□ italiano / italiana 이딸리아노 / 이딸리아나

□ Noruega 노루에가 f. 노르웨이

□ noruego / noruega 노루에고 / 노루에가

□ Polonia 뽈로니아 f. 폴란드

□ polaco / polaca 뽈라꼬 / 뽈라까

□ Reino Unido 레이노 우니도 f. 영국(대영 제국)

□ inglés / inglesa 잉글레쓰 / 잉글레사

□ Inglaterra 잉글라떼라 f. 잉글랜드(영국 4지역 중 런던을 포함하는 지역)

□ Rumanía 루마니아 f. 루마니아

□ rumano / rumana 루마노 / 루마나

□ Rusia 루시아 f. 러시아

□ ruso / rusa 루소 / 루사

□ Suecia 쑤에씨아 f. 스웨덴

□ sueco / sueca 쑤에꼬 / 쑤에까

□ Turquía 뚜르끼아 f. 터키

□ turco / turca 뚜르꼬 / 뚜르까

Oceanía 오쎄아니아 오세아니아

□ Oceanía 오쎄아니아 f. 오세아니아

□ Australia 아우스뜨랄리아 f. 호주

□ australiano / australiana 아우스뜨랄리아노 / 아우스뜨랄리아나

□ Nueva Zelanda 누에바 쎌란다 f. 뉴질랜드

□ neozelandés / neozelandesa 네오쎌란데쓰 / 네오쎌란데사

África 아프리까 아프리카

□ África 아프리까 f. 아프리카

□ Egipto 에힙또 m. 이집트

□ egipcio / egipcia 에힙씨오 / 에힙씨아

□ Marruecos 마루에꼬쓰 m. 모로코

□ marroquí 마로끼

□ Nigeria 니헤리아 f. 나이지리아

□ nigeriano / nigeriana 니헤리아노 / 니헤리아나

□ Sudáfrica 쑤다프리까 f. 남아프리카 공화국

□ sudafricano / sudafricana 쑤다프리까노 / 쑤다프리까나

□ Sudán 쑤단 m. 수단

□ sudanés / sudanesa 쑤다네쓰 / 쑤다네사

Gramática

Unidad 1. 단수 / 복수 명사

명사는 셀 수 있어, 단수와 복수가 있습니다. 단수를 복수형으로 만드는 방법을 살펴보겠습니다.

✔ 단수를 복수로 바꾸는 법

1. 모음 혹은 강세가 있는 모음 á, é, ó로 끝나는 경우

-s를 붙입니다. 모음에는 a, e, i, o, u가 있습니다.

- clase 수업 – clase**s** 수업들
- café 커피 – café**s** 커피들

2. 강세가 있는 모음 í, ú로 끝나는 경우

-s, -es 둘 다 붙일 수 있습니다. 국적을 나타내는 명사의 경우 -s도 맞지만 -es가 일반적입니다. 단, 외래어나 구어체 단어는 -s만 사용합니다.

- tisú 금실로 짠 비단 천 – tisú**s** / tisú**es** 금실로 짠 비단 천들
- rubí 루비 – rubí**s** / rubí**es** 루비들
- marroquí 모로코 사람 – marroquí**es** 모로코 사람들
- champú 샴푸 – champú**s** 샴푸들
- menú 메뉴 – menú**s** 메뉴들

3. 자음으로 끝나는 경우

-es를 붙입니다. -z로 끝나는 단어는 c로 바꾼 후 -es를 씁니다.

- mes 달 – mes**es** 달들
- árbol 나무 – árbol**es** 나무들
- cru**z** 십자가 – cru**ces** 십자가들

4. -ás, -és, -ís, -ós, -ús(강세가 있는 모음 + s)로 끝나면서 2음절 이상인 경우

-es를 붙입니다.

- autobús 버스 – autobus**es** 버스들

5. -as, -es, -is, -os, -us(강세가 없는 모음 + s)로 끝나면서 2음절 이상인 경우

단수, 복수가 동일합니다.

- cumplea**ños** 생일 – cumplea**ños** 생일들
- paragu**as** 우산 – paragu**as** 우산들

6. -y로 끝나는 경우

외래어인 경우, y를 i처럼 취급하여 알파벳을 바꾼 후 -s를 붙입니다.
하지만 외래어가 아닌 고유 스페인어라면 'y'를 자음으로 보고 뒤에 -es를 붙입니다.

- jersey 스웨터 – jersé**is** 스웨터들
- rey 왕 – rey**es** 왕들
- ley 법 – ley**es** 법들

✔ 대부분 복수로 쓰는 명사

쌍을 이루는 단어는 단수로 써도 틀린 것은 아니지만, 대부분 복수로 씁니다.

- los pantalon**es** 바지
- los zapato**s** 신발
- las gafa**s** 안경

✔ 남성 단수 + 여성 단수 = 남성 복수

아래 예문에서 남성 단수 Juan과 여성 단수 Nuria를 가리키는 amigos(친구들)는 남성 복수로 씁니다.

- Juan y Nuria son **amigos**.
  후안과 누리아는 친구이다.

Unidad 2. haber 동사

haber 동사는 '~이 있다', '~을 해야 한다'라는 의미이거나 과거분사와 만나서 완료형을 만듭니다.

✔ 형태

주어			직설법 현재형
			haber
1인칭	단수	yo 나	he
2인칭		tú 너	has
3인칭		él, ella, usted(= ud.) 그, 그녀, 당신	ha (무인칭 hay)
1인칭	복수	nosotros, nosotras 우리들	hemos
2인칭		vosotros, vosotras 너희들	habéis
3인칭		ellos, ellas, ustedes(= uds.) 그들, 그녀들, 당신들	han

✔ 쓰임

1. 무인칭 hay (~이 있다)

무인칭은 주어가 없는 문장으로, 누가 행위를 했다는 것보다는 행위 자체에 더 관심이 있을 때 사용합니다. **3인칭 단수**만 사용되며, 말하려는 시제에 따라 현재, 과거, 미래로 쓸 수 있습니다.

- En España **hay** muchas catedrales. 스페인에는 많은 성당들이 있다.
- **Hubo** una incidencia. 사고 하나가 있었다. (단순 과거)

2. 무인칭 hay + que + 동사원형 (~을 해야 한다)

의무 혹은 권유 표현으로, 주어가 없어서 누구에게 무엇을 하라는 의무보다 권유의 느낌이 강합니다. 권유하는 대상이 있기보다 일반적인 상황, 불특정 다수를 지칭할 때 사용합니다.

- **Hay que** limpiar la casa.
  집을 청소해야 한다. (누가 청소를 해야 하는지 언급되지 않음)
- **Hay que** estudiar mucho para aprobar el examen.
  시험에 통과하기 위해서는 공부를 열심히 해야 한다.
  (특정인에게 말하는 것이 아닌 일반적 상황)

3. haber + 과거분사 = 완료형

과거분사(participio pasado)와 결합하여, haber의 시제에 따라 과거완료, 현재완료, 미래완료와 같은 '완료형'을 만드는 역할도 합니다.

- **He comido** una manzana.
  나는 사과를 하나 먹었다. (현재완료, 1인칭 현재형 he + comer의 과거분사)

✔ haber와 estar의 차이

둘 다 '~이 있다'라는 의미이지만, haber는 불특정한 어떤 것이 '존재'한다는 뜻이며 estar는 대화 내에서 인지하거나 특정한 것의 '상태 혹은 상황'을 나타냅니다.
그래서 haber나 무인칭 hay는 특정하지 않는 부정관사, 부정형용사와 쓰며 특정한 것을 지칭하는 정관사와 쓸 수 없습니다. estar는 정관사, 고유명사 등 지시하는 것이 분명한 것들과 사용됩니다.

- haber + 부정관사 un, una
- haber + 부정형용사 muchos(chas) 많은, pocos(cas) 적은,
  algunos(nas) 어떤,
  uno(na) 하나, dos 둘, tres 셋 등
- estar + 정관사 el, la, los, las
- estar + 고유명사

• En Madrid hay muchos museos.
마드리드에는 미술관들이 많다.

• El Museo del Prado está en Madrid.
프라도 미술관은 마드리드에 있다. ('프라도'라는 특정 미술관의 상태)

Ejercicios

1. 다음 빈칸에 주어진 단어의 알맞은 복수형을 쓰세요.

단수	clase	hoja	pez	flor	árbol
복수	(1)	(2)	(3)	(4)	(5)

2. 다음 빈칸에 알맞은 haber 동사를 쓰세요.

(1) ________________ mucha gente en la calle. 길에 많은 사람들이 있다.

(2) ________________ nadie en la calle. 길에 아무도 없다.

(3) ________________ estudiar todos los días. 매일 공부를 해야만 한다.

3. 다음 문장에서 알맞은 haber 또는 estar 동사를 고르세요.

(1) Hay / Está una galleta en la mesa.
상 위에 쿠키가 하나 있다.

(2) El Museo del Prado hay / está en Madrid.
프라도 미술관은 마드리드에 있다.

(3) ¿Dónde hay / está el baño?
화장실은 어디 있나요?

(4) Hay / Está un restaurante muy famoso en esta calle.
이 길에 매우 유명한 식당이 있다.

4. 다음 문장을 바르게 고치세요.

(1) Voy a el supermercado.

→ ________________________________

(2) Mi perro es el más mono de el mundo.

→ ________________________________

정답 1. (1) clases (2) hojas (3) peces (4) flores (5) árboles 2. (1) Hay (2) No hay (3) Hay que
3. (1) Hay (2) está (3) está (4) Hay 4. (1) Voy al supermercado. (2) Mi perro es el más mono del mundo.

Cultura

스페인에 대해

스페인은 유럽의 서쪽 '이베리아' 반도에 위치한 나라로 피레네산맥을 경계로 프랑스, 서쪽은 포르투갈과 맞닿아 있습니다. 남쪽으로는 아프리카 대륙과 근접해 유럽과 아프리카를 잇는 통로 역할을 했습니다.

한반도 2배 정도 크기로 인구는 2022년 기준 4,700만 명 정도입니다. 뚜렷한 사계절이 있으며 서머 타임 적용 여부에 따라 한국과 7~8시간 시차가 납니다. 농업, 축산업, 어업, 조선, 제철, 제조업, 건설업 등의 주요 산업을 기반으로 관광업이 발달했습니다.

스페인의 수도, 마드리드 Madrid의 콜론 광장 Plaza de Colón에 있는 대형 스페인 국기는 나라에 조사가 있을 때 조기를 게양하기도 합니다. 마드리드 시내 솔역 Puerta del Sol 주변에 있는 0㎞ Kilómetro Cero 지점을 기준으로 스페인 모든 지역, 도시의 거리가 계산됩니다.

스페인은 각기 다른 왕국이 하나로 통합이 된 나라로 지역 간 특색이 매우 뚜렷합니다. 이러한 지역색이 스페인의 발전을 저해하는 원인으로 꼽히기도 하는데, 특히 바르셀로나를 중심으로 하는 카탈루냐와 북쪽 바스크 지역은 지금까지도 분리독립을 주장하고 있습니다.

스페인 출신의 유명인으로 세계적인 건축가 가우디 Antonio Gaudí, 천재 화가 피카소 Pablo Picasso, 〈돈키호테 Don Quijote〉의 작가 세르반테스 Miguel de Cervantes 등이 있습니다.

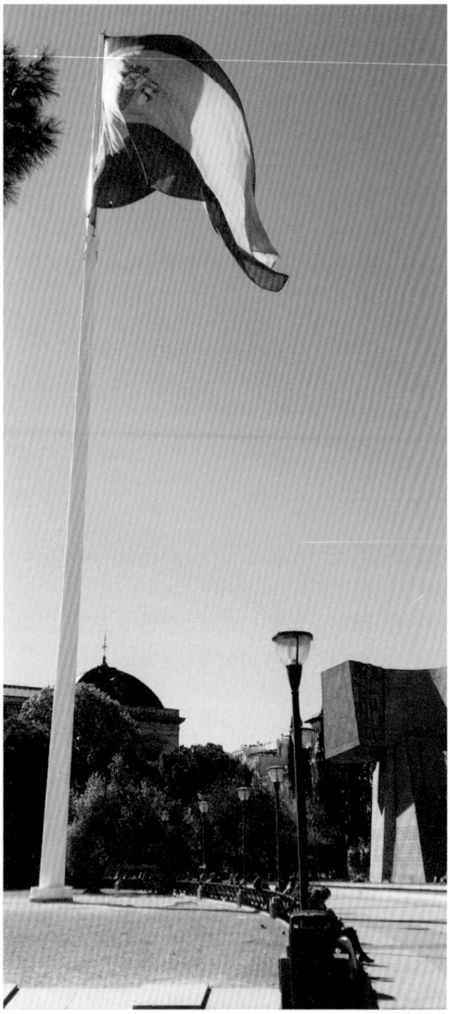

마드리드 콜론 광장에 있는 대형 스페인 국기

마드리드 0㎞ 지점

Capítulo **03.**
직업 & 나이

¿A qué te dedicas?
너는 무슨 일 해?

학습 목표

Diálogo 03-1. ¿A qué te dedicas?
너는 무슨 일 해?
03-2. ¿Cuántos años tienes?
너는 몇 살이야?

Gramática 1. 부정관사 & 정관사Ⅰ
2. tener 동사

Diálogo 03-1. MP3. 03-1

¿A qué te dedicas?

Sujin [1-1] ¿A qué te dedicas?
수진 아 께 떼 데디까쓰?

Daniel [2-1] Soy informático. ¿Y tú?
다니엘 쏘이 임포르마띠꼬. 이 뚜?
[1-2] ¿En qué trabajas?
엔 께 뜨라바하쓰?

Sujin [2-2] Soy estudiante.
쏘이 에스뚜디안떼.

Daniel ¿Qué estudias?
께 에스뚜디아쓰?

Sujin Estudio [3] español.
에스뚜디오 에스빠뇰.

유익한 정보

Información útil

스페인 언어 전문 교육기관, Escuela Oficial de Idiomas(EOI)

EOI는 스페인 정부에서 만든 언어 전문 교육기관으로 스페인어를 비롯해 약 22개 언어를 아주 저렴하게 배울 수 있는 곳입니다. 자치주마다 하나씩 있으며 기관의 규모에 따라 언어, 레벨 등이 제한적으로 제공되기도 합니다. 매 학기 후 엄격한 시험을 치러 통과하면, 스페인 내에서는 레벨 인정이 됩니다.

단어

Vocabulario

- □ a prep. ~에
- □ qué pron. 무엇
- □ informático, ca m. y f. 프로그래머
- □ estudiante m. y f. 학생
- □ ahora adv. 지금
- □ taxista m. y f. 택시 기사

해석

Traducción

너는 무슨 일 해?

수진 너는 무슨 일 해?
(네 직업이 뭐야?)

다니엘 나는 프로그래머야. 너는?
어떤 일을 해?

수진 나는 학생이야.

다니엘 어떤 공부를 하는데?

수진 나는 스페인어를 공부해.

해설

Explicación

1 ¿A qué te dedicas?

너는 무슨 일 해?
(너는 네 스스로를 무엇에 헌신해?)

¿En qué trabajas?

어떤 일을 해?

첫 번째 문장은 직업을 묻는 기본 표현으로 전체를 외우는 것이 좋습니다.
주어에 동사의 행동이 반영되는 '재귀 동사 dedicarse a ~(~에 헌신하다, ~에 전념하다)'를 쓴 문장입니다.

2 ser + 직업 명사

나는 ~이다

직업은 그 사람이 가진 고유 특성으로 ser 동사를 씁니다.
단, 잠시 일하는 임시직은 'estar de'로 말할 수 있습니다.

- Soy informático pero ahora estoy de taxista.
  나는 원래 프로그래머이지만 지금은 택시 기사이다.

3 español 스페인어

'언어'를 말할 때는 첫 글자를 소문자로 씁니다.

Diálogo 03-2.

MP3. 03-2

¿Cuántos años tienes?

Daniel [1]¿Cuántos años tienes?
다니엘 꾸안또쓰 아뇨쓰 띠에네쓰?

Sujin [2]Tengo veintidós años. ¿Y tú?
수진 뗑고 베인띠도쓰 아뇨쓰. 이 뚜?

Daniel Tengo veinticinco años.
뗑고 베인띠씽꼬 아뇨쓰.

Sujin Tengo tres años [3]menos que tú.
뗑고 뜨레쓰 아뇨쓰 메노쓰 께 뚜.

유익한 정보

Información útil

나이를 말할 때는 tener

스페인어에서는 '나이'를 '가지고 있다'라고 표현합니다. 따라서 tener 동사를 사용합니다.

- **Mi madre tiene 45 años.** 우리 어머니는 마흔 다섯 살이다.
- **Mi marido tiene 36 años.** 우리 남편은 서른 여섯 살이다.
- **Tienes 36 años, ¿verdad?** 너는 서른 여섯 살이지, 그렇지?

단어

Vocabulario

- □ año m. 년
- □ sed f. 갈증
- □ tiempo m. 시간
- □ trabajar v. 일하다
- □ comer v. 먹다

해석

Traducción

너는 몇 살이야?

다니엘 너는 몇 살이야?

수진 나는 스물 두 살이야. 너는?

다니엘 나는 스물 다섯이야.

수진 내가 너보다 세 살 어리구나.

해설

Explicación

1 ¿Cuántos años tienes?
너는 몇 살이야?

나이를 묻는 표현으로, tienes는 tener 2인칭 단수 현재형입니다. cuántos는 개수나 양을 물을 때 쓰는 의문사로, 뒤에 오는 명사의 성과 수에 따라 형태가 바뀝니다. 대화에서는 남성 복수 명사 años(년)에 따라 cuántos를 씁니다.

수 \ 성	남성	여성
단수	cuánto	cuánta
복수	cuántos	cuántas

- ¿Cuánto dinero tienes?
  너는 돈 얼마 있어?
  (돈은 셀 수 없는 남성 명사로 항상 단수 취급)

2 tengo 가지다
(tener 1인칭 단수 현재형)

tener는 크게 두 가지로 쓰입니다.

① **tener + 명사** ~을 가지고 있다

- Tengo sed. 나는 목이 마르다.
  (나는 목마름을 가진다.)
- No tengo tiempo. 나는 시간이 없다.

② **tener que + 동사원형**
~을 해야 한다 (의무)

- Tengo que trabajar.
  나는 일을 해야 한다.
- Tienes que comer.
  너는 먹어야 한다.

3 menos que ~보다 적은, ~보다 덜

동사 + 양 혹은 수 + más que / menos que + 비교 대상

양이나 수를 비교할 때는 쓰는 구조로, más는 '많은, 더', menos는 '적은, 덜'이라는 뜻입니다.

Vocabulario fundamental

Profesión 쁘로페시온 직업

- □ profesión 쁘로페시온 f. 직업
- □ administrativo, va 아드미니스뜨라띠보, 아드미니스뜨라띠바 관리인
- □ agente de viajes 아헨떼 데 비아헤쓰 여행사 직원
- □ arquitecto, ta 아르끼떽또, 아르끼떽따 건축가
- □ autor, ra 아우또르, 아우또라 작가
- □ actor, triz 악또르, 악뜨리쓰 배우
- □ fotógrafo, fa 포또그라포, 포또그라파 사진사
- □ diseñador, ra 디세냐도르, 디세냐도라 디자이너
- □ pintor, ra 삔또르, 삔또라 화가
- □ cantante 깐딴떼 가수
- □ compositor, ra 꼼뽀시또르, 꼼뽀시또라 작곡가
- □ modelo 모델로 모델
- □ bailarín, na 바일라린, 바일라리나 무용수(발레리노, 발레리나)
- □ deportista 데뽀르띠스따 운동선수
- □ bibliotecario, ria 비블리오떼까리오, 비블리오떼까리아 사서
- □ secretario, ria 쎄끄레따리오, 쎄끄레따리아 비서
- □ traductor, ra 뜨라둑또르, 뜨라둑또라 번역가
- □ periodista 뻬리오디스따 기자
- □ cocinero, ra 꼬씨네로, 꼬씨네라 요리사
- □ panadero, ra 빠나데로, 빠나데라 제빵사
- □ peluquero, ra 뻴루께로, 뻴루께라 미용사
- □ carnicero, ra 까르니쎄로, 까르니쎄라 정육점 주인
- □ conductor, ra 꼰둑또르, 꼰둑또라 운전기사
- □ taxista 딱씨스따 택시기사
- □ piloto 삘로또 파일럿
- □ azafato, ta 아싸파또, 아싸파따 승무원
- □ técnico, ca 떼끄니꼬, 떼끄니까 기술자
- □ fontanero, ra 폰따네로, 폰따네라 배관공
- □ informático, ca 임포르마띠꼬, 임포르마띠까 프로그래머
- □ ingeniero, ra 잉헤니에로, 잉헤니에라 엔지니어
- □ jardinero, ra 하르디네로, 하르디네라 정원사, 원예가
- □ florista 플로리스따 플로리스트

□ abogado, da 아보가도, 아보가다 변호사

□ juez, za 후에쓰, 후에싸 판사

□ fiscal 피스깔 검사 ↷ Tip. 여성 검사는 la fiscal 혹은 la fiscala라고도 합니다.

□ notario, ria 노따리오, 노따리아 공증인 ↷ Tip. 스페인에서는 법적 공증은 변호사가 아닌 전문 공증인이 합니다.

□ médico, ca 메디꼬, 메디까 의사

□ doctor, ra 독또르, 독또라 의사; 박사

□ dentista 덴띠스따 치과의사

□ pediatra 뻬디아뜨라 소아과 의사

□ veterinario, ria 베떼리나리오, 베떼리나리아 수의사

□ enfermero, ra 엠페르메로, 엠페르메라 간호사

□ farmacéutico, ca 파르마쎄우띠꼬, 파르마쎄우띠까 약사

□ militar 밀리따르 군인

□ funcionario, ria 푼씨오나리오, 푼씨오나리아 공무원

□ profesor, ra 쁘로페소르, 쁘로페소라 선생, 교사, 교수

□ policía 뽈리씨아 경찰

□ bombero, ra 봄베로, 봄베라 소방관

□ político, ca 뽈리띠꼬, 뽈리띠까 정치인

□ economista 에꼬노미스따 경제학자

□ psicólogo, ga 씨꼴로고, 씨꼴로가 심리학자

□ filósofo, fa 필로소포, 필로소파 철학자

□ químico, ca 끼미꼬, 끼미까 화학자

□ biólogo, ga 비올로고, 비올로가 생물학자

Unidad 1. 부정관사 & 정관사 I

관사는 명사 앞에 위치하며 그 명사가 내가 아는 정보인지 아닌지, 한 개인지, 유일한 것인지 등을 알려 줍니다.

✔ 부정관사와 정관사

1. 부정관사 (artículo indefinido)

특별히 지칭하는 것이 없는 경우에 사용합니다.

- un libro 한 권의 책

2. 정관사 (artículo definido)

특별히 지칭하거나 대체할 수 없는 것일 때 사용합니다.

- el libro 바로 그 책

✔ 부정관사

1. 형태

수 \ 성	남성	여성
단수	un	una
복수	unos	unas

뒤에 오는 명사의 성, 수에 맞춰 씁니다.

a 혹은 ha로 시작하는 단수 여성 명사는 '아' 발음의 중복을 막기 위해 '남성 관사'가 붙습니다. 하지만 복수형은 발음이 중복되지 않아 원래의 여성 관사가 옵니다.

- una agua (×) - un agua (○) 물
- un agua (○) - unas aguas (○, una와 aguas 사이에 s가 있어 a 발음이 중복 안 됨)

2. 쓰임

① 상대가 모르는 것을 처음 언급할 때 혹은 불특정한 것을 지칭할 때

- Tengo **un** perro. El perro se llama Poky.
  나는 개 한 마리가 있다. 그 개의 이름은 포키이다.
- Necesito comprar **un** regalo para Jose.
  나는 호세의 선물을 사야 한다.
- ¿Qué es **un** coche híbrido?
  하이브리드 차라는 게 뭔가요?

¡Atención! haber 동사는 '불특정한 어떤 것이 존재한다'는 의미로, 부정관사와 사용합니다.

- ¿Hay un baño aquí? 여기 화장실이 있나요?

② 어떤 사람이나 물건을 그 그룹의 부분으로 식별할 때

- Soy **un** miembro de Mensa.
  나는 멘사 회원이다. (많은 멘사 회원 중)
- He visto **una** película de Pedro Almodóvar.
  나는 페드로 알모도바르의 영화 하나를 봤다. (페드로의 여러 영화 중)

③ 개수를 말할 때

un, una는 한 개, unos, unas는 몇 개를 말합니다.

- Tengo **una** camiseta del Real Madrid.
  나는 레알 마드리드의 티셔츠 한 장을 가지고 있다.
- Tengo **unas** camisetas rosas.
  나는 분홍색 티셔츠 몇 장을 가지고 있다.

✔ 정관사

1. 형태

수 \ 성	남성	여성
단수	el	la
복수	los	las

뒤에 오는 명사의 성, 수에 맞춰 씁니다.

a 혹은 ha로 시작하는 단수 여성 명사에는 '아' 발음이 중복되는 것을 막기 위해 '남성 관사'가 붙습니다. 복수형은 원래대로 여성 관사가 붙습니다.

- la agua (×) - el agua (○) 물
- el agua (○) - las aguas (○, la와 aguas 사이에 s가 있어 a 발음이 중복 안 됨)

2. 줄여 쓰기

남성 단수 관사가 전치사 a 혹은 de를 만나면 발음상 편의를 위해 줄여 씁니다.

① 형태

- a + el = **al**
- de + el = **del**

- Voy ~~a el~~ baño.
  → Voy **al** baño.
  나는 화장실에 가요. ('갔다 올게요'라는 의미)
- ¡Soy el más inteligente ~~de el~~ mundo!
  → ¡Soy el más inteligente **del** mundo!
  내가 세상에서 제일 똑똑해!

② 예외

관사가 붙어 있는 자체로 고유명사인 경우는 줄여 쓰지 않습니다.

- El Salvador 엘살바도르 (나라 이름) /
  El Cairo 카이로 (이집트 수도) /
  El Escorial 엘에스코리알 (마드리드 북서쪽에 있는 도시)
- El País 엘 파이스 (신문사 이름) /
  El Corte Ingles 엘 코르테 잉글레스 (스페인 백화점 이름)
- San Salvador es la capital de El Salvador.
  산살바도르는 엘살바도르의 수도이다.

3. 쓰임

① 상대가 알고 있는 것을 언급할 때 혹은 특정 지을 수 있는 것을 지칭할 때

- Tengo un perro. **El** perro se llama Poky.
  나는 개 한 마리를 가지고 있다. 그 개의 이름은 포키이다.
- Necesito comprar **el** regalo que Jose me ha pedido.
  나는 호세가 나에게 요청한 선물을 사야 한다.

¡Atención! estar 동사는 '특정한 어떤 것이 있다'는 의미로, 정관사와 사용합니다.

- ¿Dónde está el baño? 화장실이 어디 있어요?
  (문맥상 '이곳의 화장실'을 지칭함)

② 일반적인 의미로 해당 명사가 모든 명사를 지칭할 때

- Me gusta **el** café. 커피는 나에게 기쁨을 준다. (모든 커피)
- **La** comida mediterránea es saludable.
  지중해 음식은 건강에 좋다. (모든 지중해 음식)
- **Los** niños son inocentes. 아이들은 순수하다. (모든 아이들)

③ 대체할 수 없는 유일한 것을 말할 때

- Soy **la** madre de Nuri.
  제가 누리 엄마예요. (누리 엄마는 세상에서 단 한 사람)

④ 누구의 소유인지 알 수 있는 신체의 일부나 옷, 액세서리 등 착용할 수 있는 것을 말할 때

- Me duelen **las** piernas. 나는 다리가 아프다.
  (문맥상 나의 다리들 'mis piernas'를 의미하지만, 소유격 대신 정관사를 사용)
- He perdido **los** pendientes. 나는 귀걸이를 잃어버렸다.
  (잃어버린 것이 '나의' 귀걸이를 의미)

Unidad 2. tener 동사

tener 동사는 아주 다양한 뜻으로 쓰입니다. 하지만 기본 전제는 모두 '소유'입니다.

✔ 형태

<table>
<tr><th colspan="3" rowspan="2">주어</th><th>직설법 현재형</th></tr>
<tr><th>tener 가지다</th></tr>
<tr><td>1인칭</td><td rowspan="3">단수</td><td>yo
나</td><td>tengo</td></tr>
<tr><td>2인칭</td><td>tú
너</td><td>tienes</td></tr>
<tr><td>3인칭</td><td>él, ella, usted(= ud.)
그, 그녀, 당신</td><td>tiene</td></tr>
<tr><td>1인칭</td><td rowspan="3">복수</td><td>nosotros, nosotras
우리들</td><td>tenemos</td></tr>
<tr><td>2인칭</td><td>vosotros, vosotras
너희들</td><td>tenéis</td></tr>
<tr><td>3인칭</td><td>ellos, ellas, ustedes(= uds.)
그들, 그녀들, 당신들</td><td>tienen</td></tr>
</table>

✔ 쓰임

기본적으로 '소유한다'는 뜻으로 생각하면 기억하기 좋습니다. 의무를 나타내는 표현으로도 쓸 수 있습니다.

1. 소유 (~을 가지고 있다)

- **Tengo** un perro. 나는 강아지를 한 마리 가지고 있다.
- Carlos **tiene** un Ferrari. 카를로스는 페라리를 한 대 가지고 있다.

2. 나이를 말할 때

- **Tengo** veintidós años. 나는 스물두 살이다.

3. 몸이 안 좋은 증상, 병

- **Tengo** dolor de cabeza. 나는 두통이 있다.
- Mi madre **tiene** la presión alta. 우리 어머니는 고혈압이 있다.

4. 현재의 신체 상태

- **Tengo** hambre. 나는 배가 고프다.
- ¿**Tenéis** frío? 너희 추워?

5. 혈연관계, 가족 구성

- **Tengo** un hermano. 나는 남동생이 하나 있다.

6. 신체적 특징

- Mi tía **tiene** el pelo rubio. 우리 이모는 금발이다.

7. 참석해야 할 이벤트 (수업, 회의, 약속 등)

- **Tengo** una reunión a las tres. 나는 세 시에 회의가 있다.

8. 의무, tener + que + 동사원형 (~을 해야 한다)

- Hoy **tengo que** estudiar. 오늘 나는 공부를 해야 한다.
- **Tienes que** limpiar la casa. 너는 집 청소를 해야 한다.

Ejercicios

1. 다음 빈칸에 알맞은 단어를 쓰세요.

(1) ¿Cuántos años ______________? 너는 몇 살이야?

(2) Tengo 24 ______________. 나는 24살이야.

(3) Tengo 2 años ______________ que tú. 내가 너보다 2살 많구나.

2. 다음 빈칸에 알맞은 부정관사 또는 정관사를 쓰세요.

(1) Hay ________ libro encima de la mesa.
책상 위에 책이 한 권 있다.

(2) ________ libro es de Miguel.
그 책은 미겔의 것이다.

(3) Tengo ________ camisetas preciosas.
나는 예쁜 티셔츠 몇 장을 가지고 있다.

(4) ________ animales son nuestros amigos.
동물들은 우리의 친구다.

(5) Necesito comprar ________ regalo para mi novia.
나는 여자친구 선물을 사야 해.

3. 다음 문장에서 알맞은 haber, estar 또는 tener 동사를 고르세요.

(1) Tengo / Estoy hambre.
나 배고파.

(2) Estás / Tienes que estudiar mucho.
너는 공부를 열심히 해야 해.

(3) Hay / Están unos libros en la mesa.
책상 위에 책이 몇 권 있다.

(4) Sara tiene / está veintidós años.
사라는 22살이다.

정답 1. (1) tienes (2) años (3) más 2. (1) un (2) El (3) unas (4) Los (5) un
3. (1) Tengo (2) Tienes (3) Hay (4) tiene

Cultura

스페인 이색 직업, 투우사

동물 보호 협회의 반대와 시대 변화로 열기가 많이 식었지만, 스페인 하면 여전히 빼놓을 수 없는 게 바로 투우입니다. 과거에 투우사는 선망의 직업으로 인기와 부를 누렸습니다. 지금도 몇몇 유명한 투우사들의 일거수일투족이 관심의 대상입니다.

투우사

현재 스페인에서 가장 유명한 투우사는 호세 토마스 José Tomás입니다. 2010년 멕시코에서 경기 도중 소뿔에 찔리는 큰 사고를 당한 후, 2012년 성공적으로 복귀했습니다. 호세 토마스는 1년에 한두 번만 경기하며, 자신의 경기를 TV에서 중계하는 것을 절대 허락하지 않습니다. 경기를 보고 싶다면 투우장에 와서 직접 보라는 자신감이 깔린 행동으로, 특히 해를 거듭할수록 가라앉는 투우 문화를 살리자는 노력이 담겨있기도 합니다.

투우 경기

스페인에서 투우를 언제 어디서든 볼 수 있다고 생각하는데, 마드리드를 제외한 곳은 그 지역 축제 기간에만 4~5일 진행됩니다. 심지어 바르셀로나에서는 2012년부터 투우가 금지되어 이제는 볼 수 없습니다. 마드리드에서는 여름 시즌 일요일에 정기적으로 투우를 볼 수 있지만, 이는 관광객들을 위한 것입니다. 현지인들을 위한 '진짜 투우'는 5~6월 초 '산 이시드로 San Isidro' 축제 기간에 열립니다.

투우 경기장

Capítulo 04.
인간관계

¿Quién es él?
이 사람은 누구야?

학습 목표

Diálogo 04-1. ¿Quién es él?
이 사람은 누구야?
04-2. ¿Tienes novio?
너는 남자친구 있어?

Gramática 1. 부정관사 & 정관사Ⅱ
2. 직설법 현재형 & 부정문

Diálogo 04-1.

MP3. 04-1

¿Quién es él?

Sujin [1]¿Quién es él[1]?
수진 끼엔 에쓰 엘?

Daniel Es mi padre.
다니엘 에쓰 미 빠드레.

Sujin [2-1]Te pareces a tu padre.
떼 빠레쎄쓰 아 뚜 빠드레.

Daniel También [2-2]me parezco a mi madre.
땀비엔 메 빠레쓰꼬 아 미 마드레.

유익한 정보

Información útil

삼촌과 외삼촌?

우리나라에서는 큰아버지, 작은아버지, 삼촌, 숙부, 숙모, 이모, 외숙모 등 가족 관계에 따라 다양한 호칭이 있지만, 스페인에서는 아주 간단합니다.
바로 'tio'입니다. 호칭 상관없이 남성 친척이면 tio, 여성 친척이면 tia입니다.
'사촌'도 외가, 친가 모두 'primo(ma)', 조카는 'sobrino(na)'입니다.

단어

Vocabulario

- □ mi adj. 나의
- □ padre m. 아버지
- □ tu adj. 너의
- □ también adv. 또한
- □ madre f. 어머니
- □ película f. 영화

해석

Traducción

이 사람은 누구야?

수진 이 사람은 누구야?

다니엘 우리 아버지야.

수진 너는 아버지를 닮았구나.

다니엘 나는 어머니도 닮았어.

해설

Explicación

1 **¿Quién ~?** 누구~?

quién을 문장의 맨 앞에 놓으면 의문문이 됩니다. 주의할 점으로, **quién과 quien은 다릅니다. 의문문과 감탄문에는 강세표시를 해야 합니다. 의문문에는 물음표가 있는 직접 의문문뿐만 아니라 문장 내에서 인용하는 간접 의문문도 해당됩니다.**

- **¿Quién** es Mónica**?**
  모니카가 누구야? (직접 의문문)
- **Quiero** saber quién es Mónica.
  나는 모니카가 누구인지 알고 싶다. (간접 의문문)

2 **te pareces ~** 너는 ~를 닮았다 **me parezco ~** 나는 ~를 닮았다 **(1인칭 단수 현재형만 불규칙변화)**

parecer 동사는 크게 세 가지로 쓰입니다.

① 일반 동사 parecer
'~처럼 보인다'는 뜻으로, 외관상 보이는 것을 묘사합니다.

- Laura **parece** cansada.
  라우라는 피곤한 것처럼 보인다.

② 재귀 동사 parecerse
재귀 동사는 행위가 주어 자신에 반영되어 '주어가 누구처럼 보인다', '~를 닮았다'는 뜻입니다. 따라오는 전치사 'a'가 '~를' 의미합니다.

- Me **parezco** a mi padre.
  나는 아버지를 닮았다.

③ 역구조 동사
'~것 같다'는 의미로, '어떤 것'에 대한 의견을 묻거나 말할 때 쓰는 구조입니다. 역구조 동사는 주어와 목적어의 자리를 바꿔서, [목적어 + 동사 + 주어] 구조가 됩니다. 이때 주어는 대부분 '어떤 것'으로 3인칭 단수, 복수가 주로 쓰입니다. 따라서 동사도 parece, parecen이 주로 사용됩니다.

- A: ¿Qué te **parece** la película?
  그 영화가 어떤 것 같아?

  B: Me **parece** muy interesante.
  재미있을 것 같아.
  (두 문장 모두 주어가 la película로 3인칭 단수)

Diálogo 04-2.

MP3. 04-2

¿Tienes novio?

Daniel ¿Tienes [1-1] novio?
다니엘 띠에네쓰 노비오?

Sujin No, no tengo.
수진 노, 노 뗑고.
¿Y tú, tienes [1-2] novia?
이 뚜, 띠에네쓰 노비아?

Daniel Sí. [2] Llevo tres meses con ella.
씨. 예보 뜨레쓰 메세쓰 꼰 에야.

유익한 정보

Información útil

친구와 관련된 스페인 속담

스페인에는 'Hay que tener amigos hasta en el infierno.'라는 속담이 있습니다. '지옥에서라도 친구는 사귀어야 한다'라는 뜻으로, 언제고 의도치 않게 도움을 받을 수도 있으니 주변의 모든 사람과 잘 지내야 한다는 의미로, 일명 '지인찬스'가 빈번하게 통하는 문화입니다.

단어

Vocabulario

- □ mes m. 달
- □ con prep. ~와 함께
- □ tarjeta f. 카드
- □ crédito m. 신용
- □ colegio m. 학교
- □ chico, ca m. y f. 어린이, (젊은) 남자, (젊은) 여자
- □ gorro m. (챙이 없는) 모자
- □ casar v. 결혼하다
- □ tomar v. 먹다, 마시다, 잡다, (어떤 의미로) 받아들이다

해석

Traducción

너는 남자친구 있어?

다니엘 너는 남자친구 있어?

수진 아니, 나는 없어.
너는, 여자친구 있어?

다니엘 응. 그녀와 만난 지 3달째야.

해설

Explicación

1 **novio 남자친구**
novia 여자친구
공식적으로 소개를 할 수 있는 '연인' 이성 친구를 말합니다. '신랑', '신부'라는 뜻도 있습니다.

2 **llevo 가지고 있다, 운반하다, ~(옷, 악세사리 등)을 입고 있다, ~을 지속하고 있다 (llevar 1인칭 단수 현재형)**

llevar 동사는 주로 주어가 유지하고 있는 것, 관계 등을 설명합니다. **llevar와 llevarse는 모두 '가지고 있다, 가져가다'**이지만, **llevar는 '무엇을 옮긴다'**, **llevarse는 '무엇을 집는 행동 뒤 떠난다'**는 뉘앙스입니다.

- ¿Mama, **me llevas** al colegio?
엄마, 나 학교 데려다줄 거야?
- **Me llevo** tu tarjeta de crédito.
내가 네 신용 카드 가져간다.
- ¿Cómo se llama aquel chico que **lleva** un gorro?
모자를 쓰고 있는 저 남자애 이름이 뭐예요?
- **Llevo** 3 años casado.
나는 결혼한 지 3년이 되었다. (지속하고 있다.)
- ¿Para tomar aquí o para llevar?
여기서 드세요 아니면 포장하세요? (para llevar 테이크 아웃)

Vocabulario fundamental

Familia y matrimonio 파밀리아 이 마뜨리모니오 가족 & 결혼

□ familia 파밀리아 f. 가족

□ libro de familia 리브로 데 파밀리아 m. 가족 기록부

Tip. 스페인에서 혼인 신고 시 받는 소책자로 가족 증명서와 비슷하며, 양가 부모가 신랑 신부, 출산 시 아이의 정보까지 기입하여 당사자가 직접 보관합니다.

□ padre 빠드레 m. 아버지

□ madre 마드레 f. 어머니

□ papá 빠빠 m. 아빠

□ mamá 마마 f. 엄마

□ abuelo, la 아부엘로, 아부엘라 m. y f. 할아버지, 할머니

□ hijo, ja 이호, 이하 m. y f. 아들, 딸

□ hermano, na 에르마노, 에르마나 m. y f. 형제, 자매

□ nieto, ta 니에또, 니에따 m. y f. 손자, 손녀

□ sobrino, na 쏘브리노, 쏘브리나 m. y f. 조카

□ yerno 예르노 m. 사위

□ nuera 누에라 f. 며느리

□ suegro, gra 쑤에그로, 쑤에그라 m. y f. 시아버지, 장인, 시어머니, 장모

□ tío, a 띠오, 띠아 m. y f. 삼촌, 숙모

□ primo, ma 쁘리모, 쁘리마 m. y f. 사촌

□ cuñado, da 꾸냐도, 꾸냐다 m. y f. 처남, 시누

□ marido 마리도 m. 남편

□ mujer 무헤르 f. 아내

□ esposo, sa 에스뽀소, 에스뽀사 m. y f. 남편, 아내

□ novio, via 노비오, 노비아 m. y f. 남자친구, 여자친구

□ nacer 나쎄르 v. 태어나다

□ morir 모리르 v. 죽다

□ bautizarse 바우띠싸르세 v. (주어가) 세례받다

□ bautizar 바우띠싸르 v. (다른 사람에게) 세례를 해 주다

□ bautizo 바우띠쏘 m. 세례

□ padrino 빠드리노 m. 대부

□ madrina 마드리나 f. 대모

□ enamorarse 에나모라르쎄 v. 사랑에 빠지다
  □ enamorado, da 에나모라도, 에나모라다 adj. 사랑에 빠진
□ prometerse 쁘로메떼르세 v. 서약하다
  □ comprometido, da 꼼쁘로메띠도, 꼼쁘로메띠다 adj. 약혼한
□ matrimonio 마뜨리모니오 m. 결혼
□ casarse 까사르세 v. 결혼하다
  □ casado, da 까사도, 까사다 adj. 결혼한
□ boda 보다 f. 결혼식
  □ boda religiosa 보다 렐리히오사 f. 성당(교회) 결혼식
  □ boda civil 보다 씨빌 f. 시청 결혼식(혼인신고 절차)
□ divorciarse 디보르씨아르세 v. 이혼하다
  □ divorciado, da 디보르씨아도, 디보르씨아다 adj. 이혼한
□ separarse 쎄빠라르세 v. 헤어지다
□ estar embarazada 에스따르 엠바라싸다 임신하다
□ dar a luz 다르 아 루쓰 출산하다
□ soltero, ra 쏠떼로, 쏠떼라 adj. 미혼의
□ viudo, da 비우도, 비우다 adj. 사별한
□ adoptado, da 아돕따도, 아돕따다 adj. 입양한
□ recién nacido, da 레씨엔 나씨도, 레씨엔 나씨다 m. y f. 신생아
□ bebé 베베 m. y f. 아기
□ niño, ña 니뇨, 니냐 m. y f. 아이
□ adolescente 아돌레스센떼 m. y f. 청소년
□ adulto, ta 아둘또, 아둘따 m. y f. 어른
□ viejo, ja 비에호, 비에하 m. y f. 노인
□ viejo 비에호 adj. 늙은
□ joven 호벤 adj. 젊은

Gramática

Unidad 1. 부정관사 & 정관사Ⅱ

앞서 부정관사는 불특정한 경우에, 정관사는 특별히 지칭하거나 대체할 수 없는 경우에 사용한다고 배웠습니다. 하지만 일부는 위의 규칙과 상관없이 사용되거나 생략됩니다.

✔ 부정관사 생략과 사용

1. ser 동사 뒤

① 도시, 나라, 사람 이름, 종교, 직업 명사는 생략

- Juan es abogado. 후안은 변호사다.
- Penélope es actriz de cine. 페넬로페는 영화배우다.

② 수식하는 말이 붙거나 어떤 사람을 직업으로 식별한다면 사용

- Juan es **un** abogado muy inteligente.
  후안은 매우 똑똑한 변호사다.
- A: ¿Quién es Penélope Cruz? 페넬로페 크루즈가 누구야?
  B: Es **una** actriz de cine. 영화배우야.

2. 일반적인 것을 의미할 때

① 직접 목적어 앞의 관사는 생략

- Yo nunca tomo **café**.
  나는 커피를 절대 마시지 않아.
- Tengo que comprar **patatas** pero no tengo **dinero**.
  나는 감자를 사야 하는데 돈이 없다.

② 양, 개수를 표현할 때는 사용

- Ya he tomado **un** café. 나는 이미 커피 한 잔을 마셨다.
- Tengo que comprar **unas** patatas. 나는 감자 몇 개를 사야 한다.

✔ 정관사 생략과 사용

1. 호칭

① 이름 앞에 쓰는 señor(ra), señorita, doctor(ra), presidente(ta)는 사용

- **La** señorita Pérez es florista. 페레스 양은 플로리스트이다.

② 상대와 직접 말할 때, 직책이나 '씨'가 안 붙은 사람 이름, 어르신을 나타내는 don, doña(님, 옹, 여사) 앞에서는 생략

- Buenos días, señorita Pérez. 좋은 아침이에요, 페레스 양.
- María es mi jefa. 마리아는 내 상사이다.
- Doña Rosario es pintora. 로사리오 여사님은 화가이다.

2. 지명, 자연, 건물

① 도, 시, 구, 군, 나라, 대륙, 섬은 생략
단, 도시 이름 자체에 관사가 있는 경우는 생략 안 함

- Elena vive en Mallorca. 엘레나는 마요르카에 산다.
- **La** Coruña 라 코루냐 / **La** Mancha 라 만차 / **La** Rioja 라 리오하

② 바다, 산, 군도는 사용

- **Las** islas Canarias son famosos por el turismo.
  카나리아 제도는 관광으로 유명하다.

③ 길 이름, 호텔, 미술관, 영화관, 극장은 사용

- **El** Museo del Prado está en Madrid.
  프라도 미술관은 마드리드에 있다.

3. 시간과 날짜

① 시간에는 사용

- A: ¿Qué hora es? 몇 시예요?
  B: Son las cuatro y media. 4시 30분이요.

② **날짜, 요일에는 생략**

- A: ¿Qué día es hoy? 오늘이 며칠이에요?
  B: Tres de enero. 1월 3일이요.
- A: ¿Qué día es hoy? 오늘은 무슨 요일이에요?
  B: Hoy es lunes. 월요일이요.

③ **어떤 특정한 날짜나 요일, 습관적 일을 하는 요일에는 사용**

- Tengo la cena de empresa **el** tres de enero.
  나는 1월 3일에 회식이 있다.
- **El** viernes tengo la cena de empresa.
  금요일에는 회식이 있다.
- Voy a la iglesia **los** domingos.
  매주 일요일에 나는 교회에 간다.

④ **월(月)은 생략**

- Nuri nació en marzo. 누리는 3월에 태어났다.

4. 동사

① hablar(**말하다**), aprender(**배우다**), estudiar(**공부하다**), saber(**알다**)**와 쓸 때는 생략**

- Jorge estudia matemáticas. 호르헤는 수학을 공부한다.

② [ir(**가다**), venir(**오다**), estar(**있다**) + a(~**에**) / en (~**안에**) + **장소 명사**] **에는 사용, 하지만 '장소'가** casa(**집**), correos(**우체국**), clase(**수업**)**를 말할 때는 생략**

- Tengo que **ir al** banco. 나는 은행에 가야 한다.
- Mi marido **está en la** oficina. 우리 남편은 사무실에 있다.
- Hoy Jesús no ha venido a clase. 오늘 헤수스는 수업에 안 왔다.

③ tocar(**연주하다**), jugar(**놀다, 게임하다**)**와 쓸 때는 사용**

- Mi hobby es tocar **la** guitarra. 내 취미는 기타 연주이다.
- ¡Vamos a jugar **al** fútbol! 우리 축구하러 가자!

Gramática

Unidad 2. 직설법 현재형 & 부정문

직설법 현재형(presente de indicativo)은 현재 상태나 상황을 말하는 시제입니다.

✔ 형태

스페인어 **동사원형은 -ar, -er, -ir 중 하나로 끝나며**, 주어에 따라 형태가 변합니다. 동사별 현재형 규칙 변화는 인칭마다 다음과 같습니다.

- **-ar 동사 규칙 변화** -o, -as, -a, -amos, -áis, -an
- **-er 동사 규칙 변화** -o, -es, -e, -emos, -éis, -en
- **-ir 동사 규칙 변화** -o, -es, -e, -imos, -ís, -en

주어			직설법 현재형		
			-ar 동사	-er 동사	-ir 동사
			trabaj**ar** 일하다	com**er** 먹다	viv**ir** 살다
1인칭	단수	yo 나	trabaj**o**	com**o**	viv**o**
2인칭	단수	tú 너	trabaj**as**	com**es**	viv**es**
3인칭	단수	él, ella, usted(= ud.) 그, 그녀, 당신	trabaj**a**	com**e**	viv**e**
1인칭	복수	nosotros, nosotras 우리들	trabaj**amos**	com**emos**	viv**imos**
2인칭	복수	vosotros, vosotras 너희들	trabaj**áis**	com**éis**	viv**ís**
3인칭	복수	ellos, ellas, ustedes (= uds.) 그들, 그녀들, 당신들	trabaj**an**	com**en**	viv**en**

✔ 쓰임

1. 지금 상황을 설명할 때

- **Trabajo** en un banco. 나는 은행에서 일한다.
- No **tengo** dinero. 나는 돈이 없다.
- Marta **vive** en Madrid. 마르타는 마드리드에 산다.

2. 사물의 특징을 말하거나 정의할 때

- Mi coche **tiene** dos puertas.
  내 차는 문이 두 개이다.
- Un coche **es** un vehículo para moverse.
  자동차란 움직이기 위한 교통수단이다.

3. 규칙적으로 일어나는 상황을 말할 때

- Nunca **desayuno**. 나는 아침을 먹지 않는다.
- Todos los días me **levanto** a las 7. 매일 나는 아침 7시에 일어난다.

4. 일반적, 보편적 상식을 말할 때

- La Tierra **es** redonda. 지구는 둥글다.
- Los coreanos **hablan** coreano. 한국인들은 한국어를 한다.

5. 주어가 100% 확신할 수 있는 미래를 말할 때

- Mañana **viene** mi madre. 내일 어머니가 온다.
- Este verano **voy** a Corea. 이번 여름 나는 한국에 간다.

✔ 자주 쓰는 기본 동사

-ar 동사	aconsejar 충고하다, amar 사랑하다, apoyar 지지하다, bajar 내리다, bañar 목욕하다, cambiar 바꾸다, cenar 저녁을 먹다, descansar 쉬다, enseñar 가르치다, estudiar 공부하다, llorar 울다, mirar 보다, odiar 미워하다, trabajar 일하다
-er 동사	hacer 하다, leer 읽다, ofrecer 제공하다, perder 잃다, poder 할 수 있다, poner 놓다, querer 원하다, saber 알다, ser ~이다, tener 가지다, vender 팔다, ver 보다, volver 돌아오다
-ir 동사	abrir 열다, decidir 결정하다, decir 말하다, dormir 자다, elegir 선택하다, escribir 쓰다, ir 가다, mentir 거짓말하다, morir 죽다, ocurrir 일어나다, permitir 허락하다, preferir 선호하다, recibir 받다, reír 웃다, repetir 반복하다, salir 나가다, sentir 느끼다, venir 오다, vivir 살다

✔ 긍정문과 부정문

긍정문(oraciones afirmativas)은 동사의 행위를 표현하는 문장이고,
부정문(oraciones negativas)은 동사의 행위를 부정하는 것입니다.

1. 긍정문 형태

- 주어 + 동사 + 직접 / 간접 목적어

일반적인 문장 구조입니다. 주어는 동사 변형에 따라 추측 가능하다면 보통 생략합니다. 목적어란 문장 내에서 '~을'(직접 목적어), '~에게'(간접 목적어)로 해석됩니다. 문장은 동사에 따라 두 개의 목적어나 직접 목적어만 필요할 수도 혹은 목적어가 필요 없을 수도 있는데, 둘 다 쓰는 경우에는 직접 목적어가 간접 목적어 앞에 위치합니다.

- Ella canta.
  [주어 + 동사]
  그녀는 노래한다.
- (Yo) Tengo hambre.
  [주어 + 동사 + 직접 목적어]
  나는 배고픔을 가지고 있다. (나는 배가 고프다.)
- Elena enseña su libro a sus amigos.
  [주어 + 동사 + 직접 목적어 + 간접 목적어]
  엘레나는 그녀의 친구들에게 그녀의 책을 보여 준다.

¡Atención! 목적어가 필요 없으면 자동사, 필요하면 타동사입니다.
특별히 구분해서 외우지 않아도 문장을 정확하게 해석한다면, 동사 뜻에 따라 알 수 있습니다. 예를 들어, 자다(dormir), 달리다(correr) 등은 목적어 없이도 문장이 되지만, 빗다(peinar), 쓰다(escribir) 등은 '무엇을 빗고', '무엇을 쓰는지' 목적어가 있어야 문장이 완성됩니다.

2. 부정문 형태

① 부사 no를 사용

부정문을 만드는 부사로, 평서문의 동사 앞에 놓거나 단독으로 씁니다.

- 주어 + no + 동사 + 직접 / 간접 목적어
- no 단독 사용

• Ella no canta. 그녀는 노래하지 않는다.

• A: ¿Tienes hambre? 배고파?

B: No. 아니.

② 부사 nunca를 사용

'결코 ~하지 않다'로 100% 확신하는 부정문에 씁니다. nunca는 동사 앞, 뒤 또는 단독으로 쓰며, 동사 뒤에 오는 경우 동사 앞에 no도 함께 써야 합니다.

- 주어 + nunca + 동사 + 직접 / 간접 목적어
- 주어 + no + 동사 + nunca + 직접 / 간접 목적어
- nunca 단독 사용

• Carmen nunca come carne.
카르멘은 고기를 절대 먹지 않는다.

• A: ¿Has estado en Corea?
너 한국에 가 본 적 있어?

B: Nunca. (= No he estado nunca en Corea.)
아니 결코 없어. (= 나는 한국에 가 본 적이 결코 없어.)

¡Atención! 빈도 부사

어떤 일이 얼마나 자주 일어나는지 나타내는 부사인 '빈도 부사'는 문장의 맨 처음 혹은 맨 뒤에 나와 그 문장을 조금 더 자세하게 꾸며 주는 역할을 합니다. 스페인어는 어순이 비교적 자유로우며 대부분 문장의 앞 혹은 뒤에 위치하지만 본인이 강조하고 싶은 단어 앞에 넣어도 무방합니다.

100%

siempre 언제나, 항상 표현

casi siempre 거의 언제나

habitualmente 습관적으로

usualmente, normalmente 일반적으로

frecuentemente 빈번히

a menudo 자주

a veces 가끔

raras veces 드물게

casi nunca 거의 ~하지 않는다

nunca 결코 ~하지 않는다

0%

- **Siempre** desayuno. 나는 항상 아침을 먹는다.
- Duermo en el sofá **habitualmente**. 나는 습관적으로 소파에서 잠을 잔다.
- **Raras veces** veo las películas. 드물게 나는 영화를 본다.
- **Nunca** me pongo los pantalones cortos. 나는 결코 반바지를 입지 않는다.

Ejercicios

1. 다음 빈칸에 알맞은 parecer(se) 동사를 쓰세요.

(1) ¿Qué te ______________ este vestido? 이 원피스 어떤 것 같아?

(2) (Él) ______________ cansado. 그는 피곤한 것 같다.

(3) Me ______________ a mi abuelo. 나는 할아버지를 닮았다.

2. 다음 빈칸에 알맞은 관사를 쓰세요. 생략할 때는 × 표시를 하세요.

(1) Olga es ________ profesora. 올가는 선생님이다.

(2) Olga es ________ profesora excelente. 올가는 뛰어난 선생님이다.

(3) Yo hablo ________ español. 나는 스페인어를 할 수 있다.

(4) Voy a la iglesia ________ domingos. 나는 매주 일요일에 교회를 간다.

(5) ¿Puedes tocar ________ piano? 너 피아노 칠 수 있어?

3. 다음 빈칸에 알맞은 직설법 현재형 동사를 쓰세요.

(1) Jorge ______________ mucho.
호르헤는 많은 일을 한다.

(2) Yo siempre ______________.
나는 항상 아침을 먹는다.

(3) Nosotros ______________ en una casa grande.
우리들은 큰 집에 산다.

4. 다음 문장을 부정문으로 바꿔 보세요.

(1) Carla es inteligente. 카를라는 똑똑하다.

→ ______________________________

(2) Tengo sueño. 나는 졸린다.

→ ______________________________

정답 1. (1) parece (2) Parece (3) parezco 2. (1) × (2) una (3) × (4) los (5) el
3. (1) trabaja (2) desayuno (3) vivimos 4. (1) Carla no es inteligente. (2) No tengo sueño.

Cultura

스페인 이름, 짓는 것이 아닌 '선택'

스페인은 우리나라처럼 뜻을 조합하여 이름을 '짓는' 것이 아니라 존경하는 사람, 성인 혹은 왕 등 기존 이름에서 '선택'하여 붙입니다. 그래서 '이름이 뭐예요?'라는 스페인어 문장, '¿Cuál es tu nombre?'에서 'qué(무엇)'가 아닌 'cuál(어떤 것)'이라는 의문 대명사를 사용합니다. 직역하면 '어떤 것이 네 이름이야?'입니다.

호세 José, 후안 Juan, 마리아 María, 다니엘 Daniel 등은 아주 흔한 이름입니다. 반면 성(姓)은 다양합니다. 우리나라가 '성'은 적지만 이름이 다양한 것과 반대입니다. 전체 이름을 쓸 때는 아버지 성 primer apellido과 어머니 성 segundo apellido을 같이 사용합니다.

스페인 이름 자체가 길어 다음과 같이 '애칭 hipocorístico'으로 많이 부릅니다.

이름	애칭
Alejandro 알레한드로 알레한드로	Álex 알렉쓰 알렉스
Alejandra 알레한드라 알레한드라	Ale 알레 알레
Isabel 이사벨 이사벨	Isa 이사 이사
Beatriz 베아뜨리쓰 베아트리스	Bea 베아 베아
Santiago 싼띠아고 산티아고	Santi 싼띠 산티
Daniel 다니엘 다니엘	Dani 다니 다니
Francisco 프란씨스꼬 프란시스코	Fran 프란 프란
José María 호세 마리아 호세 마리아	Chema 체마 체마
Antonio 안또니오 안토니오	Toni 또니 토니
Rafael 라파엘 라파엘	Rafa 라파 라파
María Teresa 마리아 떼레사 마리아 테레사	Maite 마이떼 마이테
Fernando 페르난도 페르난도	Fer 페르 페르

Capítulo 05.
날씨 & 계절

Hoy hace mucho calor.
오늘 정말 덥다.

학습 목표

Diálogo 05-1. **Hoy hace mucho calor.**
오늘 정말 덥다.
05-2. **¿Cuál es tu estación del año favorita?**
좋아하는 계절이 뭐야?

Gramática 1. 형용사
2. 직설법 불규칙 현재형

Diálogo 05-1. MP3. 05-1

Hoy hace mucho calor.

Sujin Hoy [1]hace mucho [1]calor.
수진 오이 아쎄 무초 깔로르.

Daniel [2]Sí, pero [3]a mí me gusta el calor.
다니엘 씨, 뻬로 아 미 메 구스따 엘 깔로르.

Sujin A mí no me gusta.
아 미 노 메 구스따.
Prefiero el frío.
쁘레피에로 엘 프리오.

유익한 정보

Información útil

스페인에서 가장 더운 도시

스페인을 흔히 '태양의 나라'라고 합니다. 여름이면 한낮 기온이 40도에 육박하는데, 습도는 낮아 체감온도가 한국보다 낮은 편입니다. 그렇다면, 스페인에서 가장 더운 도시는 어디일까요? 바로 안달루시아 지역입니다. 코르도바, 세비야, 그라나다 이들 세 도시가 가장 덥습니다. 스페인의 더위는 말 그대로 강렬한 태양이 내리쬐기 때문에 피부와 눈 보호를 위한 선크림과 선글라스가 필수입니다.

단어

Vocabulario

- □ hoy adv. 오늘
- □ calor m. 열
- □ pero conj. 하지만, 그러나
- □ preferir v. 선호하다
- □ frío, a adj. 추운

해석

Traducción

오늘 정말 덥다.

수진 오늘 정말 덥다.

다니엘 응, 하지만 나는 더운 게 좋아.

수진 나는 싫어.
난 추운 게 더 좋아.

해설

Explicación

1 hace calor 덥다

[hace + 날씨 관련 형용사]는 덥다, 춥다, 비가 온다, 바람이 분다 등 날씨를 표현할 때 쓰는 구조입니다.

- Hace buen tiempo.
  날씨가 좋다.
- Hace mal tiempo.
  날씨가 나쁘다.
- ¿Qué tiempo hace hoy?
  오늘 날씨가 어때?
- ¿Qué tiempo hará mañana?
  내일 날씨는 어때?
  (hacer 단순 미래)

2 sí 응, 그래, 알겠어

긍정적 대답을 할 때 사용합니다. 악센트 없이 si로 쓰면 '만약 ~라면'의 조건을 나타내는 접속법입니다.

- A: ¿Puedo comer?
  하나 먹어도 될까?
  B: Sí, come si quieres.
  응, 원한다면 먹어.

3 A mí me gusta el calor.
나는 더운 게 좋아.

간접 목적 대명사(생략 가능) + 간접 목적 대명사(생략 불가) + 동사 + 주어

gustar는 대표적인 역구조 동사로, 주어가 동사의 앞이 아닌 뒤에 오기 때문에 '역구조' 동사라고 부릅니다.

Diálogo 05-2. MP3. 05-2

¿Cuál es tu estación del año favorita?

Daniel [1]¿Cuál es tu estación del año favorita[1]?
다니엘 꾸알 에쓰 뚜 에스따씨온 델 아뇨 파보리따?

Sujin Me gusta la primavera. ¿Y a ti?
수진 메 구스따 라 쁘리마베라. 이 아 띠?

Daniel A mí me gusta el invierno porque puedo esquiar.
아 미 메 구스따 엘 임비에르노 뽀르께 뿌에도 에스끼아르.

Sujin [2]Me gustaría aprender.
메 구스따리아 아쁘렌데르.

유익한 정보

Información útil

5월 40일까지는 겉옷을 벗지 마세요!

'Hasta el cuarenta de mayo no te quites el sayo.(5월 40일까지는 겉옷을 벗지 말라.)'라는 스페인 속담이 있습니다. 날씨가 더워지는 것 같아도 매서운 바람이 한 번씩 부는 날씨가 반복되다 보니, 6월 9일 정도부터 비로소 겉옷이 필요 없는 더운 날씨가 지속된다는 뜻입니다. 태양이 강한 스페인은 4, 5월에도 대부분 여름 같은 날이지만, 강한 바람이 불고 종종 비가 내려 날씨 변화가 변덕스럽습니다. 그래서 겨울옷 정리는 6월 초까지 미루는 것이 좋습니다.

단어

Vocabulario

- estación f. 계절
- favorito, ta adj. 좋아하는
- primavera f. 봄
- invierno m. 겨울
- poder v. 할 수 있다
- esquiar v. 스키를 타다
- aprender v. 배우다

해석

Traducción

좋아하는 계절이 뭐야?

다니엘 좋아하는 계절이 뭐야?

수진 나는 봄이 좋아. 너는?

다니엘 나는 겨울이 좋아 왜냐하면 스키를 탈 수 있으니까.

수진 나도 배우고 싶네.

해설

Explicación

1 ¿Cuál ~? 무엇~?

cuál과 qué는 둘 다 '무엇'이지만, '여러 가지 중 하나를 선택'하면 cuál, 아니면 qué를 씁니다.

- ¿Cuál es tu estación favorita?
  가장 좋아하는 계절은 뭐야?
  (사계절 중 하나를 선택)
- ¿Qué es una estación?
  계절은 무엇(무슨 의미)인가?
  (estación의 의미)

2 me gustaría ~ ~하고 싶다

'단순 조건' 문장으로, 바람 혹은 정중한 표현을 할 때 사용합니다.

- A: ¿Has ido alguna vez a Cuba?
  너 쿠바 가본 적 있어?
  B: No, pero me gustaría ir.
  아니, 하지만 가보고 싶어.

역구조 동사 gustar는 주어를 동사 뒤에 쓰며, 명사 혹은 동사원형이 주어로 옵니다.

- Me gusta la primavera.
  나는 봄을 좋아한다. (명사 주어)
- Me gusta aprender.
  배우는 것을 좋아한다. (동사 주어)

Vocabulario fundamental

Tiempo 띠엠뽀 날씨

□ tiempo 띠엠뽀 m. 날씨
□ estación 에스따씨온 f. 계절
□ temperatura 뗌뻬라뚜라 f. 온도
□ termómetro 떼르모메뜨로 m. 온도계

□ primavera 쁘리마베라 f. 봄
□ árbol 아르볼 m. 나무
□ flor 플로르 f. 꽃
□ semilla 쎄미야 f. 씨, 씨앗
□ planta 쁠란따 f. 식물
□ abeja 아베하 f. 꿀벌
□ mariposa 마리뽀사 f. 나비

□ verano 베라노 m. 여름
□ veranear 베라네아르 v. 여름을 보내다
□ sol 쏠 m. 태양, 해
  □ gafas de sol 가파쓰 데 쏠 선글라스
□ calor 깔로르 m. 더위, 열
  □ golpe de calor 골뻬 데 깔로르 더위 먹음
□ playa 쁠라야 f. 해변
□ lluvia 유비아 f. 비
□ llover 요베르 v. 비가 오다
□ arco iris 아르꼬 이리쓰 무지개
□ paraguas 빠라구아쓰 m. 우산
□ granizo 그라니쏘 m. 우박
□ inundación 이눈다씨온 f. 홍수
□ sequía 쎄끼아 f. 가뭄
  □ seco, ca 쎄꼬, 쎄까 adj. 건조한
□ húmedo, da 우메도, 우메다 adj. 습한, 축축한
□ mojado, da 모하도, 모하다 adj. 젖은
□ tormenta 또르멘따 f. 태풍
□ rayo 라요 m. 천둥, 우레
□ huracán 우라깐 m. 허리케인, 폭풍

- □ otoño 오또뇨 m. 가을
- □ bellota 베요따 f. 도토리
- □ castaña 까스따냐 f. 밤
- □ hoja 오하 f. 잎
  - □ hoja colorada 오하 꼴로라다 단풍
- □ viento 비엔또 m. 바람
- □ nube 누베 f. 구름
- □ nublado, da 누블라도, 누블라다 adj. 구름이 낀
- □ fresco, ca 프레스꼬, 프레스까 adj. 시원한, 서늘한

- □ invierno 임비에르노 m. 겨울
- □ nieve 니에베 f. 눈
  - □ muñeco de nieve 무녜꼬 데 니에베 눈사람
  - □ copo de nieve 꼬뽀 데 니에베 눈송이
- □ frío, a 프리오, 프리아 adj. 추운
- □ calefacción 깔레팍씨온 f. 난방
- □ chimenea 치메네아 f. 굴뚝

Gramática

Unidad 1. 형용사

형용사는 사람이나 동물, 사물 명사 등을 **수식**하거나 **출신**을 설명할 때 사용합니다. 설명하는 대상의 성, 수에 일치해서 써야 합니다.

✔ 남성 형용사를 여성으로 바꾸는 방법

1. 수식할 때

① -o로 끝나는 단어

o 탈락 후, -a를 붙입니다.

- guap**o** 잘생긴 → guap**a**

② -or로 끝나는 단어

어미에 -a를 붙입니다.

- trabajad**or** 열심히 일하는 → trabajador**a**

③ -a, -e, -i, -u, 자음으로 끝나는 단어

변화 없습니다.

- perfeccionist**a** 완벽주의의
- amabl**e** 친절한
- jove**n** 젊은

④ '강세가 있는 모음 + n'으로 끝나는 단어

어미에 -a를 붙입니다.

- llor**ón** 잘 우는 → llor**ona**
- (예외) marrón 갈색의 → marrón

2. 출신을 말할 때

① -o로 끝나는 단어

o 탈락 후, -a를 붙입니다.

- chilen**o** 칠레 출신의 → chilen**a**

② 자음으로 끝나는 단어

어미에 -a를 붙입니다.

- español 스페인 출신의 → español**a**

③ -a, -e, -i, -u로 끝나는 단어

변화 없습니다.

- marroquí 모로코 출신의

3. 남성과 여성 명사를 함께 수식하는 경우

남성형을 씁니다.

- Alberto y Sara son muy guap**os**.
  알베르토와 사라는 매우 잘 생겼다(예쁘다).

✔ 단수 형용사를 복수로 바꾸는 방법 (수식, 출신 모두 동일)

1. 모음으로 끝나는 단어

어미에 -s를 붙입니다

- importante 중요한 → importante**s**

2. 자음으로 끝나는 단어

어미에 -es를 붙입니다.

- azul 파란색의 → azul**es**

3. -z로 끝나는 단어

z를 c로 바꾸고 -es를 붙입니다. z는 e를 만나서 ce로 발음됩니다.

- feliz 행복한 → feli**ces**
- andaluz 안달루시아 출신의 → andalu**ces**

✔ buen, mal, primer, tercer, gran + 남성 명사

남성형 형용사 bueno(좋은), malo(나쁜), primero(첫 번째의), tercero(세 번째의), grande(큰)가 명사 앞에 오면 o, de가 탈락합니다.

- Javier es un **buen** estudiante.
  하비에르는 좋은 학생이다.

- El **primer** plato del menu es paella.
  오늘 메뉴의 첫 번째 음식은 파에야이다.

✔ 위치

1. 일반적으로 명사의 '뒤'에 위치

색깔, 모양, 상태, 출신 등 다른 것과 '**구분**'하는 형용사는 대부분 뒤에 옵니다.

- ¿Quieres una falda blanca o negra?
  너는 흰색 치마를 원하니 검은색 치마를 원하니?

2. 명사의 '앞'에 올 때

그 명사의 상태를 '**강조**'하는 형용사는 앞에 위치합니다. 크고 작고, 길고 짧은 것처럼 비교하거나 순서를 나타내는 형용사가 대부분 앞에 옵니다.

- un grave accidente 심각한 사고
- mi primer novio 내 첫 번째 남자친구

Unidad 2. 직설법 불규칙 현재형

스페인어에는 불규칙 변화가 있어 어렵게 보이지만, 그 불규칙 안에 일정 규칙이 있습니다. 직설법 불규칙 현재형(presente de indicativo: verbos irregulares)의 세부적인 변형 규칙을 살펴봅니다.

✔ 어간 모음이 바뀌는 동사

1, 2인칭 복수형을 제외한 모든 인칭에서, 어간이 다음과 같이 변합니다.

1. -e- → -ie-

pensar 생각하다, perder 잃다, entender 이해하다, sentir (감정을) 느끼다, cerrar 닫다, sentar 앉다

- querer 원하다 quiero - quieres - quiere - queremos - queréis - quieren
- comenzar 시작하다 comienzo - comienzas - comienza - comenzamos - comenzáis - comienzan

2. -i- → -ie-

- adquirir 획득하다 adquiero - adquieres - adquiere - adquirimos - adquirís - adquieren

3. -o- → -ue-

morir 죽다, recordar 기억하다, contar 계산하다, 이야기하다, mover 움직이다, dormir 자다, volver 돌아오다, resolver 해결하다

- poder 할 수 있다 puedo - puedes - puede - podemos - podéis - pueden
- devolver 돌려주다 devuelvo - devuelves - devuelve - devolvemos - devolvéis - devuelven

4. -u- → -ue-

- jugar 놀다 juego - juegas - juega - jugamos - jugáis - juegan

5. -e- → -i- (-ir **동사만 해당**)

sonreír 미소 짓다, reír 웃다, corregir 바로잡다, servir 봉사하다, 도움이 되다

- pedir 주문하다, 부탁하다 pido - pides - pide - pedimos - pedís - piden
- medir 측량하다 mido - mides - mide - medimos - medís - miden

✔ 어미가 바뀌는 동사

1. -acer, -ecer, -ocer, -ucir → **1인칭 단수만** -zco

nacer 태어나다, conocer 알다, traducir 번역하다, ofrecer 제공하다, parecer ~처럼 보인다, 닮다, aparecer 나타나다, merecer 가치가 있다

- agradecer 감사해하다 agradezco - agradeces - agradece - agradecemos - agradecéis - agradecen
- conducir 운전하다 conduzco - conduces - conduce - conducimos - conducís - conducen

2. -uir → -uy- (u **뒤에** y**가 추가되면서 동사 변화**)

concluir 결론짓다, construir 건축하다, incluir 포함시키다, instruir 가르치다

- sustituir 교체하다 sustituyo - sustituyes - sustituye - sustituimos - sustituís - sustituyen
- huir 도망치다 huyo - huyes - huye - huimos - huís - huyen

✔ '1인칭 단수'만 불규칙 변화

hacer는 -acer로 끝나지만 1인칭 단수만 변하는 동사입니다.

- hacer 하다 **hago** - haces - hace - hacemos - hacéis - hacen
- poner 놓다 **pongo** - pones - pone - ponemos - ponéis - ponen
- salir 나가다 **salgo** - sales - sale - salimos - salís - salen
- dar 주다 **doy** - das - da - damos - dais - dan
- ver 보다 **veo** - ves - ve - vemos - veis - ven
- saber 알다 **sé** - sabes - sabe - sabemos - sabéis - saben - sabés
- traer 가져오다 **traigo** - traes - trae - traemos - traéis - traen - traés
- caer 넘어지다 **caigo** - caes - cae - caemos - caéis - caen - caés

✔ -ger, -gir의 -g- → -j-

ger는 '헤르', gir는 '히르' 발음인데 1인칭 단수 변화 시 o를 만나면 'ㅎ' 발음이 'ㄱ'으로 변화합니다. 이렇게 변하는 것을 막기 위해 'g'를 'j'로 바꿔 줍니다.

coger 잡다, proteger 보호하다, dirigir 이끌다, corregir 바로잡다, exigir 강력하게 요청하다, fingir ~인 척하다

- recoger 줍다 recojo - recoges - recoge - recogemos - recogéis - recogen
- elegir 선택하다 elijo - eliges - elige - elegimos - elegís - eligen

¡Atención! elegir의 경우 1인칭 단수의 g → j, 어간 모음이 -e- → -i-로 바뀝니다.

✔ 1인칭 단수가 불규칙하면서, -e- → -ie- 혹은 -e- → -i-

- tener 가지고 있다 tengo - tienes - tiene - tenemos - teneís - tienen
- venir 오다 vengo - vienes - viene - venimos - venís - vienen
- decir 말하다 digo - dices - dice - decimos - decís - dicen

✔ 규칙 없는 불규칙 변화

- ir 가다 voy - vas - va - vamos - vais - van
- ser ~이다 soy - eres - es - somos - sois - son
- haber ~있다, 가지다 he - has - ha / hay - hemos - habéis - han
- oír 듣다 oigo - oyes - oye - oímos - oís - oyen
- oler 냄새를 맡다 huelo - hueles - huele - olemos - oléis - huelen

Ejercicios

1. 다음 빈칸에 들어갈 알맞은 단어를 보기에서 골라 쓰세요.

〈보기〉 calor hace invierno estaciones

(1) Me gusta el ________. 나는 겨울을 좋아한다.

(2) Hace ________. 날씨가 덥다.

(3) Corea tiene las cuatro ________. 한국은 사계절이 있다.

(4) Hoy ________ buen tiempo. 오늘은 날씨가 좋다.

2. 다음 빈칸에 주어진 형용사의 알맞은 남성형 또는 여성형을 쓰세요.

남성형	blanco	amable	(3)	corto	(5)
여성형	(1)	(2)	mala	(4)	pobre

3. 다음 문장에서 주어진 형용사가 들어갈 자리의 번호에 ✓ 표시를 하세요.

(1) Rocío ① es ② mi ③ novia ④. (primera)
로시오는 나의 첫 번째 여자친구이다.

(2) ① Tengo ② un ③ bolso ④. (negro)
나는 검정색 가방이 하나 있다.

4. 다음 빈칸에 알맞은 직설법 현재 1인칭 단수(yo)형을 쓰세요.

(1) dar 주다 → ________

(2) poder 할 수 있다 → ________

(3) salir 나가다 → ________

(4) pedir 주문하다 → ________

(5) conducir 운전하다 → ________

정답 1. (1) invierno (2) calor (3) estaciones (4) hace 2. (1) blanca (2) amable (3) malo (4) corta (5) pobre
3. (1) ③ (2) ④ 4. (1) doy (2) puedo (3) salgo (4) pido (5) conduzco

Cultura

순례자길, 카미노

프랑스 피레네산맥 '산후안피에데푸에르토 San Juan Pie de Puerto'에서 스페인 북서쪽 도시 '산티아고데콤포스텔라 Santiago de Compostela'까지 약 800㎞의 고요한 시골길. 이 길이 바로 스페인을 잘 모르는 사람이라도 한번쯤은 들어 봤을 '순례자길', 바로 '카미노 Camino'입니다.

카미노

'순례자길을 걷는 사람'을 뜻하는 '카미노'는 스페인어로 '길'입니다. 노란색 화살표를 따라 걷는 이 고즈넉한 시골길은 821년 예수의 열두 제자 가운데 한 명인 야곱의 유해로 추정되는 무덤이 발견되면서, 그곳을 찾아 걸어가는 여정에서 유래되어 현재까지 이어져 오고 있습니다.

순례자길을 상징하는 조개껍데기 표식과 화살표

브라질 출신의 작가 '파울로 코엘료'의 〈순례자〉(1987)라는 책으로 이 길은 유명세를 치르기 시작했고, 1993년에는 유네스코의 세계문화유산으로 지정되었습니다. 한국에도 여러 매체를 통해 이곳이 알려지면서, 종교적 이유뿐만 아니라 바쁜 일상 속 자기 자신에 집중할 수 있는 시간을 갖기 위해 이곳을 많이 찾고 있습니다.

순례자길 지도

Capítulo **06.**
날짜 & 시간

¿Qué día es hoy?
오늘이 무슨 요일이야?

학습 목표

Diálogo 06-1. **¿Qué día es hoy?**
오늘이 무슨 요일이야?

06-2. **¿A qué hora te levantas?**
몇 시에 일어나?

Gramática 1. 주격 인칭 대명사

2. 직설법 현재완료

Diálogo 06-1. MP3. 06-1

¿Qué día es hoy?

Daniel [1]¿Qué día es hoy?
다니엘 께 디아 에쓰 오이?

Sujin Hoy es [2]jueves.
수진 오이 에쓰 후에베쓰.

Daniel ¿Qué fecha es hoy?
께 페차 에쓰 오이?

Sujin Hoy es [3]1 de mayo.
오이 에쓰 우노 데 마요.

유익한 정보

Información útil

행성 이름에서 유래한 월화수목금토일

'요일'을 뜻하는 스페인어는 모두 우주 행성의 이름에서 유래했습니다. 월요일(lunes)은 달, 화요일(martes)은 화성, 수요일(miércoles)은 수성, 목요일(jueves)은 목성, 금요일(viernes)은 금성, 토요일(sábado)은 토성, 일요일(domingo)은 태양입니다. 요일은 첫 글자를 항상 소문자로 표기합니다.

단어

Vocabulario

- □ día m. 날; 일
- □ hoy adv. 오늘
- □ fecha f. 날짜
- □ semana f. 주

해석

Traducción

오늘이 무슨 요일이야?

다니엘 오늘이 무슨 요일이야?

수진 오늘은 목요일이야.

다니엘 그럼 오늘은 며칠이야?

수진 오늘은 5월 1일이야.

해설

Explicación

1 ¿Qué día es hoy?

오늘이 무슨 요일이야?

정확하게는 '요일'을 묻는 표현이지만, 상황에 따라 **'요일'이나 '날짜'를 모두 의미**할 수 있습니다. 요일은 '선택할 수 있는 것'이 아니기 때문에 cuál이 아닌 qué를 씁니다.

- ¿Qué día de la semana es hoy?
  오늘이 일주일 중 무슨 날이야?
  / ¿Cuál es el día de hoy? (×)

2 jueves 목요일

Hoy es + 요일.
오늘은 ~요일입니다.

요일을 말할 때는 관사가 붙지 않으며, **첫 글자를 소문자로 씁니다.**

3 1 de mayo 5월 1일

숫자 + de + 달
~월 ~일

날짜를 말할 때도 관사가 붙지 않으며, **첫 글자를 소문자로 씁니다.** 일반적으로 일-월-년 순으로 날짜를 말하며, 2020년 6월 15일을 다음과 같이 표기합니다.

① 모두 숫자
15/06/2020, 15-6-20, 15.06.20

② 숫자와 문자를 함께
15 de junio del 2020

③ 모두 문자
quince de junio de dos mil veinte

Diálogo 06-2. MP3. 06-2

¿A qué hora te levantas?

Sujin [1]¿A qué hora te levantas[1]?
수진 아 께 오라 떼 레반따쓰?

Daniel [2]Me levanto [3]más o menos a las siete. ¿Y tú?
다니엘 메 레반또 마쓰 오 메노쓰 아 라쓰 씨에떼. 이 뚜?

Sujin ¡Te levantas muy pronto!
떼 레반따쓰 무이 쁘론또!

Yo normalmente me levanto a las nueve.
요 노르말멘떼 메 레반또 아 라쓰 누에베.

유익한 정보

Información útil

아침형 인간? 저녁형 인간?

스페인어에도 아침형 혹은 저녁형 인간이란 말이 있을까요? 있습니다. 아침형 인간은 madrugador, 저녁형 인간은 trasnochador입니다. madrugada는 새벽, trasnoche는 자정 이후에 방영하는 영화라는 뜻입니다. 또한, 각각 종달새 alondra 혹은 부엉이 búho로 비유해 부르기도 합니다.

단어

Vocabulario

- □ hora f. 시간
- □ muy adv. 매우
- □ pronto adv. 일찍
- □ normalmente adv. 보통

해석

Traducción

몇 시에 일어나?

수진 몇 시에 일어나?

다니엘 7시 전후로 일어나. 너는?

수진 너는 매우 일찍 일어나는구나!
난 보통 9시에 일어나.

해설

Explicación

1 ¿A qué hora ~? 몇 시에~?

전치사 a가 붙으면 '~을 하기 위한 시간', 없으면 현재 시각을 묻는 표현입니다.

- A: ¿A qué hora vamos a comer?
  우리 몇 시에 점심 먹을 거예요?
  B: A las tres.
  3시요.
- A: ¿Qué hora es?
  지금 몇 시예요?
  B: Las tres.
  3시예요.

2 me levanto 나를 깨우다

재귀 동사 levantarse는 [일반 동사 + 재귀 대명사]가 결합되어 문장의 주어를 목적어로 만드는 역할을 합니다.

- Levanto a mi hija.
  나는 내 딸을 깨운다.
  (일반 동사 levantar)
- Me levanto (a mi).
  나는 일어난다. (내가 나를 깨운다.,
  재귀 동사 levantarse)

재귀 동사는 일반 동사와 비교해 뜻이 완전히 달라지거나 뜻은 비슷하지만 미묘하게 뉘앙스만 차이 나는 것이 있습니다. 예를 들어, 일반동사 ir와 재귀 동사 irse의 경우 둘 다 '가다'를 뜻하지만 어감이 약간 다릅니다.

- ¿Vas al cine?
  너 영화관에 가?
  (일반 동사 ir, 영화관으로 향하는 방향이나 움직임에 초점)
- No te vayas.
  (너) 가지 마라.
  (재귀 동사 irse, 간다는 행위를 강조하여 목적지 언급이 필요 없음)

3 más o menos 대략, ~쯤

직역하면 '더 많이 또는 더 적게'로, 대략적인 것을 말하는 표현입니다.

- Tengo más o menos 100 euros.
  나는 대략 100유로쯤 있어요.

Vocabulario fundamental

Fecha 페차 날짜

□ fecha 페차 f. 날짜

□ días de la semana 디아쓰 데 라 쎄마나 요일
□ lunes 루네쓰 m. 월요일
□ martes 마르떼쓰 m. 화요일
□ miércoles 미에르꼴레쓰 m. 수요일
□ jueves 후에베쓰 m. 목요일
□ viernes 비에르네쓰 m. 금요일
□ sábado 싸바도 m. 토요일
□ domingo 도밍고 m. 일요일

□ mes 메쓰 m. 달
□ enero 에네로 m. 1월
□ febrero 페브레로 m. 2월
□ marzo 마르쏘 m. 3월
□ abril 아브릴 m. 4월
□ mayo 마요 m. 5월
□ junio 후니오 m. 6월
□ julio 훌리오 m. 7월
□ agosto 아고스또 m. 8월
□ septiembre 쎕띠엠브레 m. 9월
□ octubre 옥뚜브레 m. 10월
□ noviembre 노비엠브레 m. 11월
□ diciembre 디씨엠브레 m. 12월

□ día 디아 m. 날, 일(日)

□ día siguiente 디아 씨기엔떼 다음날

□ anteayer 안떼아예르 adv. 그저께

□ ayer 아예르 adv. 어제

□ hoy 오이 adv. 오늘

□ mañana 마냐나 adv. 내일 f. 아침, 오전

□ pasado mañana 빠사도 마냐나 모레

□ pasado 빠사도 m. 과거

□ presente 쁘레센떼 m. 현재, 지금

□ futuro 푸뚜로 m. 미래

□ semana 쎄마나 f. 주(週)

□ año 아뇨 m. 년(年)

□ hora 오라 f. 시간, 시각, 시

□ minuto 미누또 m. 분

□ segundo 쎄군도 m. 초

□ medio, dia 메디오, 메디아 adj. ½의, 절반의

□ cuarto, ta 꾸아르또, 꾸아르따 adj. ¼의, 네 번째의

□ mañana 마냐나 f. 아침, 오전 adv. 내일

□ tarde 따르데 f. 오후 adv. 늦게

□ noche 노체 f. 밤

□ mediodía 메디오디아 m. 정오

□ medianoche 메디아노체 f. 자정, 심야

Gramática

Unidad 1. 주격 인칭 대명사

대명사란 명사를 대신하는 것이며, 그중 인칭 대명사는 사람을 가리키는 명사를 대신합니다. 주격은 주어를 대신하는 것으로 '나, 너, 그...' 등을 말합니다.
따라서 주격 인칭 대명사(pronombres personales de sujetos)란 주어를 대신하는 인칭 대명사입니다.

✔ 형태

주격 인칭 대명사(주어)		
1인칭	단수	yo 나
2인칭		tú 너
3인칭		él, ella, usted(= ud.) 그, 그녀, 당신
1인칭	복수	nosotros, nosotras(= yo + tú) 우리들
2인칭		vosotros, vosotras 너희들
3인칭		ellos, ellas, ustedes(= uds.) 그들, 그녀들, 당신들

✔ 복수형의 여성형

- '남 + 남' 또는 '남 + 여' = 남성형 복수 nosotros
- 여 + 여 = 여성형 복수 nosotras

복수형 인칭에서는 해당 무리의 구성원이 모두 여자일 때만 여성형을 씁니다.
예를 들어, 복수형 '우리'에서 나와 너, 둘 다 여성인 경우입니다.

✔ tú와 usted 차이

tú와 vosotros, vosotras는 가족 혹은 친구 사이, 직장 동료나 젊은 사람들끼리 사용합니다. usted, ustedes는 tú의 존칭 표현으로 모르는 사이, 격식을 갖춘 자리에서 씁니다. 인칭이 달라서 동사 형태가 다르게 변화합니다.

- ¿Cuántos años **tienes** (tú)? 너 몇 살이니?
- ¿Cuántos años **tiene** (usted)? 연세가 어떻게 되세요?

✔ 생략과 예외

주격은 일반적으로 생략합니다. 인칭에 따른 동사 변화로, 생략해도 주어를 알 수 있기 때문입니다. 하지만 다음의 경우는 씁니다.

1. 주어를 강조할 때 사용

- Mi hermano no tiene coche pero **yo** sí.
  내 남동생은 차가 없지만 나는 있다.

2. 동사만으로는 주어가 혼동될 때 사용

- ¿Cuántos años tiene **usted**? (당신) 연세가 어떻게 되세요?
- ¿Cuántos años tiene **él**? 그는 나이가 어떻게 돼요?

3. 한 문장에서 주어가 두 개 이상일 때 사용

- Mi hermano se llama Jorge y mi hermana se llama Mónica. **Él** es taxista y **ella** es camarera.
  내 남동생 이름은 호르헤이고 내 여동생 이름은 모니카이다.
  그는 택시 기사이고 그녀는 웨이트리스이다.

4. 단독으로 사용 가능

주격은 동사 없이 단독으로도 사용 가능합니다.

- A: ¿Quién es Marta? 마르타가 누구야?
  B: Ella. 쟤(그녀).

Gramática

Unidad 2. 직설법 현재완료

스페인어 '과거'를 표현하는 시제 중 하나가 바로 직설법 '현재완료'(Pretérito perfecto de indicativo)입니다. 이 시제를 쓰기 위해서는 haber 동사 변화, 동사원형을 과거분사로 만드는 법 및 불규칙 변화형을 암기해야 합니다.

✔ 형태

- haber + 과거분사(participio pasado)

과거분사는 -ar, -er, -ir 동사를 각각 -ado, -ido, -ido로 변형합니다.

<table>
<tr><th colspan="3" rowspan="2">주어</th><th>직설법 현재형</th><th rowspan="2">과거분사</th></tr>
<tr><th>haber</th></tr>
<tr><td>1인칭</td><td rowspan="3">단수</td><td>yo
나</td><td>he</td><td rowspan="6">+ hablado
(-ar 동사)
말하다
+ comido
(-er 동사)
먹다
+ vivido
(-ir 동사)
살다</td></tr>
<tr><td>2인칭</td><td>tú
너</td><td>has</td></tr>
<tr><td>3인칭</td><td>él, ella, usted(= ud.)
그, 그녀, 당신</td><td>ha</td></tr>
<tr><td>1인칭</td><td rowspan="3">복수</td><td>nosotros, nosotras
우리들</td><td>hemos</td></tr>
<tr><td>2인칭</td><td>vosotros, vosotras
너희들</td><td>habéis</td></tr>
<tr><td>3인칭</td><td>ellos, ellas,
ustedes(= uds.)
그들, 그녀들, 당신들</td><td>han</td></tr>
</table>

- (Yo) He comido. 나는 먹었다.
  (haber 1인칭 단수형 he + comer 과거분사 comido)

✔ 과거분사 불규칙 변화형

동사원형	과거분사	동사원형	과거분사
abrir 열다	abierto	poner 놓다	puesto
cubrir 덮다	cubierto	morir 죽다	muerto
descubrir 밝혀내다	descubierto	resolver 해결하다	resuelto
decir 말하다	dicho	romper 깨지다	roto
escribir 쓰다	escrito	ver 보다	visto
hacer 하다	hecho	volver 돌아오다	vuelto

- He abierto la puerta. (○) 나는 문을 열었다.
  / He abrido la puerta. (×)

✔ 쓰임

1. 가까운 과거

오늘 아침에 일어난 일, 지금 막 방금 일어난 일을 설명할 때 씁니다. 신문 기사에서 가장 많이 사용하는데, 매일 가까운 과거에 일어난 최신 뉴스를 다루기 때문입니다.

- Hoy no **he** desayun**ado**. 나는 오늘 아침을 먹지 않았다.

¡Atención! 어제(ayer)는 '가까운 과거'가 아니기 때문에 '단순 과거'를 사용합니다.

- Ayer no desayuné. (○) 나는 어제 아침을 먹지 않았다.
  / Ayer no he desayunado. (×)

2. 현재까지 영향을 미치는 과거의 일

과거의 어느 시점에 일어났든 말하는 문장에 '현재'의 일부가 포함된다면 '현재완료'를 씁니다. 과거에 일이 일어난 시점부터 현재까지 시간 흐름에서 주어가 말하고자 하는 내용이 있는 경우입니다.

- **Este verano, he** com**ido** paella. 올해 여름에, 나는 파에야를 먹었다.
  (올해 여름의 언제인지는 모르지만, 이번 여름부터 현재까지 시간적 '공간' 속의 한 시점에 파에야를 먹음)

¡Atención! 요일과 같은 시간적 '공간'이 아닌 **정확한 한 시점**을 말할 때는 '단순 과거'를 씁니다.

- El martes comí paella. (○) 화요일에 나는 파에야를 먹었다.
  / El martes he comido paella. (×)

3. 미래의 한 순간에 확실한 과거가 될 상황

주어가 말하고 있는 미래 상황이 100% 발생한다는 확신이 있다면 '현재완료'를 쓸 수 있습니다. 심화 수준의 문법입니다.

- A: ¿Cómo va? 어떻게 돼가요?
  B_1: En una hora lo he terminado.
  한 시간 안에 나 그거 끝내요. (100% 확신)
  B_2: En una hora lo terminaré.
  한 시간 안에 끝날 거예요. (가능성)

✔ 현재완료와 쓰는 표현

현재가 포함되는 다음 표현은 '현재완료'와 씁니다. 어느 한 순간이 아닌 **현재와 관계성이 있거나 살면서 해 봤던 횟수** 등을 뜻하는지 생각하면 됩니다.

hoy 오늘, esta mañana 오늘 아침, esta tarde 오늘 점심,
esta noche 오늘 밤, esta semana 이번 주, este mes 이번 달,
este verano 이번 여름, este año 올해, este curso 이번 코스,
desde ayer 어제부터, hasta ahora 오늘까지, siempre 항상,
nunca 결코, todavía 아직까지는, alguna vez 몇 번,
muchas veces 여러 번, últimamente 최근에는

- **Desde ayer** no he salido de casa.
  어제부터 나는 집을 나가지 않았다.
  (어제 한 시점에서 지금까지 집을 안 나간 연결성)

- **Alguna vez** he comido paella.
  몇 번 나는 파에야를 먹어 본 적 있다.
  (정확히 언제 먹었다가 아닌, 살면서 먹은 적 있는 경험)

Ejercicios

1. 다음 빈칸에 각 요일을 스페인어로 쓰세요.

월요일	화요일	수요일	
(1)	(2)	(3)	
목요일	금요일	토요일	일요일
(4)	(5)	(6)	(7)

2. 다음 빈칸에 알맞은 haber 동사를 쓰세요.

(1) No ________________ desayunado.
나는 아침을 먹지 않았다.

(2) ¿________________ visto al gato negro?
너는 검은 고양이 봤어?

(3) ________________ venido a jugar.
우리는 놀려고 왔어.

(4) ¿Dónde ________________ estado?
너희들 어디 있었어?

(5) ¿________________ terminado de comer?
다 드셨습니까? (usted 주어)

3. 다음 빈칸에 알맞은 과거분사형을 쓰세요.

(1) decir 말하다 → ________________

(2) volver 돌아오다 → ________________

(3) ir 가다 → ________________

(4) comer 먹다 → ________________

(5) romper 깨지다 → ________________

(6) abrir 열다 → ________________

정답 1. (1) lunes (2) martes (3) miércoles (4) jueves (5) viernes (6) sábado (7) domingo
2. (1) he (2) Has (3) Hemos (4) habéis (5) Ha 3. (2) dicho (2) vuelto (3) ido (4) comido (5) roto (6) abierto

Cultura

스페인 명절, 부활절

국민의 70% 정도가 가톨릭을 믿는 스페인에서 '부활절'은 중요한 명절입니다. 부활절 주간이 되면 학교들은 일주일간 방학에 들어가며 대부분의 직장도 긴 연휴를 갖습니다. 매해 3월 22일 ~ 4월 25일 중 보름달이 뜨고 난 후의 첫 번째 일요일 혹은 춘분이 지나고 난 뒤 첫 번째 일요일로 날짜가 정해지며, 부활절 전주 일요일은 '종려주일 Domingo de Ramos'이라 하여 부활절의 시작이 되는 날입니다.

종려주일에는 미사 후 종려 혹은 올리브 나뭇가지를 꺾어 집안 창가에 놓는데, 예수가 당나귀를 타고 예루살렘에 입성할 때 백성들이 종려 나뭇가지를 흔들며 환영한 데서 유래했습니다. 집에 행운을 불러온다고 믿어, 이 나뭇가지를 1년 동안 두었다가 다음 해 종려주일에 새것으로 바꿉니다.

스페인 전역에서 종려주일을 시작으로 성대한 부활절 행사를 합니다. 예수가 입성한 날부터 열두 제자와 식사를 하는 장면, 십자가에 못 박혀 돌아가시고 부활하는 모습 등을 재현한 '퍼레이드 procesion'가 펼쳐집니다.

부활절 퍼레이드

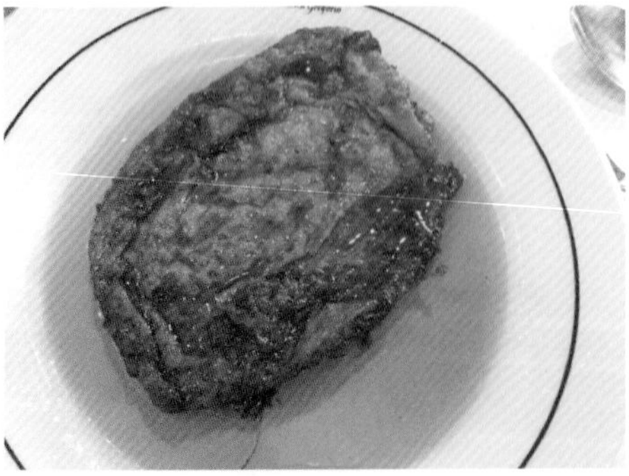

부활절 전통 음식 '토리하'

이때가 되면 빵집, 레스토랑 등에서 빵을 우유로 적시고 계란물을 입혀 튀긴 후 설탕과 계피를 뿌린 달콤한 디저트 '토리하 torrija'를 팝니다. 간단한 재료로 남은 빵을 알뜰히 이용하기 위해 만들어 먹기 시작했다고 합니다.

Capítulo **07.**
여가 활동

¿Qué hiciste ayer?
어제 뭐 했어?

학습 목표

Diálogo 07-1. **¿Qué hiciste ayer?**
어제 뭐 했어?

07-2. **¿Tienes algún hobby?**
너는 어떤 취미가 있어?

Gramática 1. 지시어
2. 단순 과거

Diálogo 07-1.

MP3. 07-1

¿Qué hiciste ayer?

Sujin ¿Qué [1-1] hiciste ayer?
수진 께 이씨스떼 아예르?

Daniel Ayer [1-2] salí con mis compañeros.
다니엘 아예르 쌀리 꼰 미쓰 꼼빠녜로쓰.

Sujin ¿Te lo [1-3] pasaste bien?
떼 로 빠사스떼 비엔?

Daniel Sí, me lo [1-4] pasé muy [2] bien anoche.
씨, 메 로 빠세 무이 비엔 아노체.

유익한 정보

Información útil

스페인에도 불금이 있을까요?

당연합니다. 스페인 사람들은 먹고, 마시고, 춤추는 것을 좋아합니다. 규모가 있는 직장은 보통 금요일에 단축 근무를 해서, 오후 3시면 퇴근하는 사람들이 많습니다. 동료들과 간단하게 한잔하고 저녁이 되기 전에 대부분 집에 갑니다. 젊은 사람들은 술집이나 클럽을 가거나 친구집에 모여 저녁을 보내는 편입니다.

단어
Vocabulario

- □ ayer adv. 어제
- □ salir v. 나가다
- □ pasar v. 보내다
- □ compañero, ra m. y f. 동료
- □ anoche adv. 어젯밤
- □ mañana f. 아침
- □ desayunar v. 아침을 먹다

해석
Traducción

어제 뭐 했어?

수진 어제 뭐 했어?

다니엘 어제 나는 동료들이랑 놀았지.

수진 재미있었어?

다니엘 응, 어젯밤 너무 즐거웠어.

해설
Explicación

1 hiciste 했었다 / salí 나갔다 / pasaste 보냈다 / pasé 지냈다

모두 정확한 과거의 한 지점 '어제'에 대해 말하고 있어, 단순 과거입니다. 스페인어는 다음의 세 가지 기본 과거 시제가 있습니다.

① 현재완료

현재까지 영향을 미치고 있는 과거입니다.

- Esta mañana he desayunado churros con chocolate.
  오늘 아침 나는 추로스와 (걸쭉한) 초콜릿을 먹었다.

② 단순 과거

과거의 정확한 한 지점을 말합니다.

- Fui a Corea en 2016.
  나는 2016년에 한국에 갔었다.

③ 불완료 과거

과거의 불확실한 한 부분입니다.

- Cuando era niño, tenía un perro.
  내가 어릴 적에, 나는 강아지 한 마리가 있었다.

2 bien 잘

형태가 변하지 않는 부사로, 문장에서 'pasé(보냈다)'라는 행동을 수식합니다. buen, bueno(na)와 헷갈리기 쉬운데, 뜻은 같지만 쓰임이 다릅니다.

① 부사 bien

행동을 수식하는 부사입니다.

- Jose canta bien.
  호세는 노래를 잘한다.

② 형용사 buen, bueno(na)

명사를 수식하는 형용사입니다. buen은 bueno가 남성 명사 앞에서는 o가 탈락한 형태입니다.

- Jose es un buen amigo.
  호세는 좋은 친구이다.
- Jose es bueno.
  호세는 착하다.
  (주어 사람 명사 Jose를 수식)

Diálogo 07-2.

MP3. 07-2

¿Tienes algún hobby?

Daniel Sujin, ¿tienes [1]algún [2]hobby?
다니엘 수진, 띠에네쓰 알군 호비?

Sujin Me gusta cantar.
수진 메 구스따 깐따르.

Daniel ¿Cantas bien?
깐따쓰 비엔?

Sujin Sí, [3]creo que sí.
씨, 끄레오 께 씨.

유익한 정보

Información útil

스페인에서 쇼핑 즐기기!

스페인 사람들도 여가 시간에 산책, 등산, 독서, 영화 보기, 쇼핑 등 우리와 비슷하게 시간을 보냅니다. 스페인은 세계적으로 많은 사랑을 받고 있는 다양한 브랜드가 있어, 시간이 날 때 쇼핑을 하기 좋습니다.
의류는 자라(ZARA), 버쉬카(Bershka), 망고(Mango), 신발은 캠퍼(Camper)가 스페인 브랜드여서 한국보다 종류도 다양하며 저렴하게 쇼핑할 수 있습니다.

단어

Vocabulario

- □ cantar v. 노래하다
- □ creer v. 생각하다
- □ problema m. 문제
- □ suerte f. 운
- □ accidente m. 사고

해석

Traducción

너는 어떤 취미가 있어?

다니엘 수진, 너는 어떤 취미가 있어?

수진 나는 노래하는 걸 좋아해.

다니엘 노래 잘하니?

수진 응, 그런 것 같아.
(내 생각에는 그래.)

해설

Explicación

1 algún 어떤

명사의 앞에 사용하며, 그룹 중 일부를 지칭합니다. alguno가 남성 단수 명사 앞에서 o가 탈락해 algún이 됩니다. 수식하는 명사의 성, 수에 따라 형태가 다음과 같이 변합니다.

수 \ 성	남성	여성
단수	alguno	alguna
복수	algunos	algunas

2 hobby 취미

영어에서 온 단어로, 복수형은 hobbies입니다. 취미를 말하는 단어에는 afición, pasatiempo도 있습니다. 이 중 pasatiempo는 사용 빈도수가 낮으며 hobby를 가장 많이 사용합니다.

3 creo que ~ 나는 ~라고 생각한다

que 뒤에는 [주어 + 동사 (+ 목적어)] 구조의 문장도 올 수 있습니다.

Creo que + 현재형 / 현재완료 /
단순 과거 /
불완료 과거 /
단순 미래

- Creo que tienes un problema.
  내 생각에 너는 문제를 가지고 있다.
- Creo que has tenido mucha suerte.
  내 생각에 너는 운이 좋았다.
- Creo que tuvo un accidente.
  내 생각에 그는 사고가 났다.
- Creo que tenía mucho trabajo.
  내 생각에 그는 일이 많았었던 것 같다.
- Creo que tendrás un problema.
  내 생각에 너는 문제가 생길 것 같다.

Vocabulario fundamental

Vida cotidiana 비다 꼬띠디아나 일상생활

□ vida 비다 f. 생활; 생명
□ descanso 데스깐소 m. 휴식
□ trabajo 뜨라바호 m. 직장, 일
□ estudio 에스뚜디오 m. 공부
□ afición 아피씨온 f. 취미
□ aburrirse 아부리르세 v. 지루하다
□ acostarse 아꼬스따르세 v. 잠을 자러 가다
□ dormir 도르미르 v. 자다
□ dormir(echar) la siesta 도르미르(에차르) 라 씨에스따 낮잠을 자다
□ descansar 데스깐사르 v. 쉬다
□ madrugar 마드루가르 v. 새벽에 일어나다
□ despertarse 데스뻬르따르세 v. 깨어나다
□ levantarse 레반따르세 v. 일어나다
□ vestirse 베스띠르세 v. 옷을 입다
□ peinarse 뻬이나르세 v. 머리를 빗다
□ ducharse 두차르세 v. 샤워하다
□ afeitarse 아페이따르세 v. 면도하다
□ divertirse 디베르띠르세 v. 즐기다
□ trabajar 뜨라바하르 v. 일하다
□ estudiar 에스뚜디아르 v. 공부하다
□ hacer los deberes 아쎄르 로쓰 데베레쓰 v. 숙제하다 → Tip. 숙제 deberes는 항상 복수형입니다.
□ tener sueño 떼네르 쑤에뇨 졸리다
□ tener tiempo 떼네르 띠엠뽀 시간이 있다

□ desayunar 데사유나르 v. 아침을 먹다 → Tip. 스페인은 아침–오찬(간단한 간식)–점심–간식–저녁으로 5끼를 먹습니다. 점심이 오후 2~4시, 저녁이 10시로 늦어 중간에 간식을 먹습니다.
□ desayuno 데사유노 m. 아침 식사
□ almorzar 알모르싸르 v. 오찬을 하다
□ almuerzo 알무에르쏘 m. 오찬
□ comer 꼬메르 v. 음식(점심)을 먹다
□ comida 꼬미다 f. 점심 식사; 음식
□ merendar 메렌다르 v. 간식을 먹다
□ merienda 메리엔다 f. 간식
□ cenar 쎄나르 v. 저녁을 먹다
□ cena 쎄나 f. 저녁 식사

□ tapear 따뻬아르 v. 안주(타파)를 먹다

□ tapa 따빠 f. 안주, 타파

Tip. tapas 따빠쓰는 '타파'라는 작은 접시의 복수형으로, 작은 접시에 나오는 음식(안주)입니다.

□ tomar 또마르 v. 먹다, 마시다, 잡다, (어떤 의미로) 받아들이다

□ tiempo libre 띠엠뽀 리브레 여가시간

□ cocinar 꼬씨나르 v. 요리하다

□ dar un paseo 다르 운 빠세오 산책하다

□ hacer fotografía 아쎄르 포또그라피아 사진 찍다

□ hacer deporte 아쎄르 데뽀르떼 운동하다

□ nadar 나다르 v. 수영하다

□ patinar 빠띠나르 v. 스케이트 타다

□ escuchar música 에스꾸차르 무시까 음악을 듣다

□ tocar un instrumento 또까르 운 인스뜨루멘또 악기를 연주하다

□ cantar 깐따르 v. 노래하다

□ bailar 바일라르 v. 춤추다

□ pintar 삔따르 v. 그림 그리다

□ pescar 뻬스까르 v. 낚시하다

□ ir al cine 이르 알 씨네 영화관 가다

□ ir de acampada 이르 데 아깜빠다 캠핑 가다

□ ir de compras 이르 데 꼼쁘라쓰 쇼핑 가다

□ jugar con videojuegos 후가르 꼰 비데오후에고쓰 비디오 게임하다

□ navegar por internet 나베가르 뽀르 인떼르넷 인터넷 서핑하다

□ leer libro 레에르 리브로 책 읽다

□ ver la tele 베르 라 뗄레 TV를 보다

□ quedar con los amigos 께다르 꼰 로쓰 아미고쓰 친구를 만나다

□ visitar museo 비시따르 무세오 미술관에 가다

□ cuidar las plantas 꾸이다르 라쓰 쁠란따쓰 식물을 기르다

Gramática

Unidad 1. 지시어

지시어(demostrativos)란 지시하는 대상을 거리에 따라 '이', '그', '저'로 표현하는 것을 말합니다. 수식하는 명사가 필요하면 지시 형용사, 필요 없으면 지시 대명사로 크게 구분합니다.

✔ 형태

성·수 \ 의미		지시 형용사 / 지시 대명사		
		이, 여기, 과거-현재-미래 / 이것	그, 거기, 과거-미래 / 그것	저, 저기, 먼 과거 / 저것
남성	단수	**este** vaso 이 컵	**ese** gato 그 고양이	**aquel** libro 저 책
	남성	**estos** vasos 이 컵들	**esos** gatos 그 고양이들	**aquellos** libros 저 책들
여성	단수	**esta** silla 이 의자	**esa** cuchara 그 숟가락	**aquella** niña 저 소녀
	남성	**estas** sillas 이 의자들	**esas** cucharas 그 숟가락들	**aquellas** niñas 저 소녀들
중성 (지시 대명사일 경우만 쓰임)		**esto** 이(것)	**eso** 그(것)	**aquello** 저(것)

¡Atención! 예전에는 지시 형용사에 악센트 기호를 표시해(éste, ése, aquél...) 지시 대명사와 구분하였으나, 철자법 개정으로 **둘 다 악센트 없이 동일하게 사용합니다.**

✔ 지시 형용사

1. 형용사로 꾸며 주는 명사가 필요

명사의 성, 수에 영향을 받습니다.

- **Aquellas** niñas son mis hijas.
  저 여자아이들은 나의 딸들이다.

- Me gusta **este** color.
  나는 이 색이 마음에 든다.

2. 장소, 시간에도 사용 가능

'장소'를 가리키면 여기, 거기, 저기로 해석이 됩니다. '시간'을 가리키면 este는 과거–현재–미래, ese는 과거–미래, aquel은 먼 과거를 가리킬 때 사용합니다.

- **Este** mes estoy en Italia.
  이번 달 나는 이탈리아에 있다.

- Mi hija cumple 5 años la primera semana de marzo.
  Y **esa** semana tengo vacaciones.
  우리 딸은 3월 첫째 주에 다섯 살이 된다. 그리고 그 주에 나는 휴가가 있다.

- **Aquel** día estaba muy cansada.
  그날 나는 너무 피곤했다.

✔ 지시 대명사

이것, 그것, 저것으로 해석하며 지시 형용사와 형태, 쓰임이 동일합니다. 대명사라 수식하는 명사가 없지만, 가리키는 사물의 성과 수에 영향을 받습니다. 성을 모를 때는 중성을 씁니다.

- Hay un libro en **esta** mesa. **Este** es de Mario.
  이 책상 위에는 책이 한 권 있다. (지시 형용사)
  이것은 마리오의 것이다. (지시 대명사)

- ¿Cuál es tu libro, **este** o **ese**?
  네 책이 무엇이니, 이거 아니면 저거?

- ¿Qué es **esto**?
  이것은 무엇입니까?

Unidad 2. 단순 과거

현재완료가 최근에 일어난 과거, 과거 일이 현재에도 영향을 미치는 시제라면, 단순 과거(pretérito indefinido)는 '현재와는 연관이 없는, 과거에 이미 끝난 일'을 말할 때 씁니다. 단순 과거를 '부정 과거', '복합 완료 과거'라고도 합니다.

✔ 규칙 변화 형태

동사별 단순 과거 규칙 변화는 인칭마다 다음과 같습니다.

- **-ar 동사** -é, -aste, -ó, -amos, -asteis, -aron
- **-er 동사** -í, -iste, -ió, -imos, -isteis, -ieron
- **-ir 동사** -í, -iste, -ió, -imos, -isteis, -ieron

주어			단순 과거		
			trabaj**ar** 일하다	com**er** 먹다	viv**ir** 살다
1인칭	단수	yo 나	trabajé	comí	viví
2인칭	단수	tú 너	trabajaste	comiste	viviste
3인칭	단수	él, ella, usted (= ud.) 그, 그녀, 당신	trabajó	comió	vivió
1인칭	복수	nosotros, nosotras 우리들	trabajamos	comimos	vivimos
2인칭	복수	vosotros, vosotras 너희들	trabajasteis	comisteis	vivisteis
3인칭	복수	ellos, ellas, ustedes (= uds.) 그들, 그녀들, 당신들	trabajaron	comieron	vivieron

✔ 쓰임

1. 과거에 끝이 난 일

- Anteayer **perdí** mi cartera.
  그저께 나는 내 지갑을 잃어버렸다.
- Anoche **comimos** comida china.
  어젯밤 우리는 중국 음식을 먹었다.
- Ayer me **dormí** muy pronto.
  어제 나는 일찍 잤다.

2. 과거와 과거 사이에 발생한 새로운 일

과거 상황 묘사 중에 새롭게 더해지는 과거를 말합니다.

- Antes hablaba japonés pero **olvidé** todo.
  전에 일본어를 했었는데 다 잊어버렸다.
- Justo cuando empezaba a comer, **llegó** Juan.
  막 밥을 먹기 시작했을 때, 후안이 도착했다.

¡Atención! hablaba(← hablar), empezaba(← empezar)는 불완료 과거 시제로 과거 일을 '묘사'할 때 씁니다.

✔ 단순 과거와 쓰는 표현

과거의 한 순간을 정확하게 지칭하는 다음 표현이 문장에 나오면 '단순 과거'를 씁니다. '지난주 화요일'처럼 정확한 순간이라 생각하면 됩니다.

ayer 어제, anoche 어젯밤, el martes pasado 지난 화요일,
la semana pasada 지난주, el año pasado 1년 전, en 1988 1988년에

✔ 불규칙 변화

1. 뿌리의 어미 불규칙 변화

일부 동사들은 '뿌리'의 어미가 불규칙으로 변합니다. '뿌리'란 동사원형에서 -ar, -er, -ir를 제외한 나머지 부분입니다. 인칭별로 -e, -iste, -o, -imos, -isteis, -ieron 변화를 하지만, 이 원칙도 발음 기준으로 동사 변화를 합니다. 그래서 hacer 3인칭 단수가 hico로 변하면 '이꼬'로 발음되기 때문에, 'hizo 이쏘'로 변합니다.

동사원형	뿌리 어미 변화	동사원형	뿌리 어미 변화
andar 걷다	anduv-	poner 놓다	pus-
estar ~이다	estuv-	querer 원하다	quis-
haber 있다	hub-	saber 알다	sup-
hacer 하다	hic- / hiz- (3인칭 단수)	tener 가지다	tuv-
poder 할 수 있다	pud-	venir 오다	vin-

- andar 걷다 anduv**e** - anduv**iste** - anduv**o** - anduv**imos** - anduv**isteis** - anduv**ieron**
- querer 원하다 quis**e** - quis**iste** - quis**o** - quis**imos** - quis**isteis** - quis**ieron**
- deshacer 원상태로 돌리다 deshic**e** - deshic**iste** - deshiz**o** - deshic**imos** - deshic**isteis** - deshic**ieron**

¡Atención! 불규칙 동사를 품은 복합 동사도 동일한 불규칙 변화를 합니다. 예를 들어, hacer에 des-가 붙은 동사 deshacer는 hacer와 동일한 불규칙 변화를 합니다.

2. -ducir로 끝나는 동사

뿌리가 -duj-로 변하며, 3인칭 복수형은 -ieron이 아닌 -eron이 붙습니다.
나머지는 어미 불규칙 변화와 같습니다.

동사원형	뿌리 어미 변화	동사원형	뿌리 어미 변화
conducir 운전하다	conduj-	traducir 번역하다	traduj-
introducir 소개하다	introduj-	seducir 유혹하다	seduj-

- traducir 번역하다 **traduje - tradujiste - tradujo - tradujimos - tradujisteis - tradujeron**

¡Atención! 동사 decir와 traer는 각 뿌리가 dij-, traj-로 변합니다. j로 끝나기 때문에 3인칭 복수형은 -ieron이 아닌 -eron이 붙습니다. 나머지 인칭은 동일하게 변합니다.

- decir 말하다 **dije - dijiste - dijo - dijimos - dijisteis - dijeron**

3. -ar 동사의 1인칭 단수형이 -é로 변할 때

이 경우 -é에 오는 자음 소리가 발음을 기준으로 변합니다. 예를 들어, apar**car** 발음이 '아빠르**까**르'인데, 변화 시 é를 만나면 apar**cé**가 '아빠르**쎄**'로 소리납니다 (c + **a, o, u** = '**ㄲ**' 소리, c + **e, i** = '**ㅆ**' 소리). 따라서 apar**qué**로 변해야 '아빠르**께**'가 됩니다. 비슷한 경우로 다음 네 가지가 있습니다.

① c → qu

- aparcar 아빠르까르 → aparqué 아빠르께 주차하다

② g → gu

- apagar 아빠가르 → apagué 아빠게 불을 끄다

③ gu → gü

- averiguar 아베리구아르 → averigüé 아베리게 조사하다

④ z → c

- empezar 엠뻬싸르 → empecé 엠뻬쎄 시작하다

4. -er, -ir 동사의 뿌리가 모음으로 끝날 때

3인칭만 i → y로 변화합니다.

leer 읽다, construir 건축하다, distribuir 분배하다, incluir 포함하다, oír 듣다, sustituir 대체하다

- leer 읽다 leí - leiste - leyó - leímos - leísteis - leyeron
- construir 건축하다 construí - construiste - construyó - construimos - construisteis - construyeron

5. -ir 동사 뿌리의 마지막 모음이 e 혹은 o일 때

3인칭만 e → i, o → u 변화합니다. '뿌리의 마지막 모음이 e 또는 o'인 경우로, reír(뿌리 re의 마지막 모음이 'e'), morir(뿌리 mor의 마지막 모음이 'o') 등이 있습니다.

dormir 자다, mentir 거짓말하다, morir 죽다, pedir 부탁하다, preferir 선호하다, reír 웃다, sonreír 미소 짓다, repetir 반복하다, seguir 따르다, sentir 느끼다, servir 봉사하다

- sonreír 미소 짓다 sonreí - sonreíste - sonrió - sonreímos - sonreísteis - sonrieron
- morir 죽다 morí - moriste - murió - morimos - moristeis - murieron

6. 완전 불규칙 변화

규칙이 없으며 암기해야 합니다. ir와 ser 동사는 전혀 다른 단어이지만, 단순 과거의 변화가 같습니다.

- dar 주다 **di - diste - dio - dimos - disteis - dieron**
- ir 가다, ser ~이다 **fui - fuiste - fue - fuimos - fuisteis - fueron**

Ejercicios

1. 우리말을 보고, 빈칸에 알맞은 지시 형용사를 쓰세요.

(1) 이 전등 → ______________ lámpara

(2) 그 개 → ______________ perro

(3) 저 오렌지들 → ______________ naranjas

(4) 이 컴퓨터들 → ______________ ordenadores

2. 다음 빈칸에 주어진 동사의 알맞은 단순 과거형을 쓰세요.

(1) Ayer ______________ un libro muy interesante. (leer)
어제 나는 매우 재미있는 책을 읽었다.

(2) El año pasado ______________ mi carrera. (terminar)
작년에 나는 학업을 마쳤다.

(3) Mis padres ______________ en 1990. (casarse)
우리 부모님은 1990년에 결혼했다.

(4) Cuando iba a salir, ______________ mi madre. (llegar)
내가 나가려고 했을 때, 엄마가 도착했다.

3. 다음은 동사의 단순 과거 변화입니다. 빈칸을 채워 보세요.

동사원형 / 주어	dar 주다	ir 가다, ser ~이다	hacer 하다	tener 가지다
yo	(1)	fui	(5)	tuve
tú	diste	fuiste	hiciste	(7)
él, ella, usted	dio	(3)	hizo	tuvo
nosotros, nosotras	(2)	fuimos	hicimos	tuvimos
vosotros, vosotras	disteis	(4)	hicisteis	(8)
ellos, ellas, ustedes	dieron	fueron	(6)	tuvieron

정답 1. (1) esta (2) ese (3) aquellas (4) estos 2. (1) leí (2) terminé (3) se casaron (4) llegó
3. (1) di (2) dimos (3) fue (4) fuisteis (5) hice (6) hicieron (7) tuviste (8) tuvisteis

Cultura

스페인 마드리드 축제, 산 이시드로

매년 5월부터 6월 초 사이, 약 30일 동안 '산 이시드로 San Isidro' 축제가 열립니다. 이 기간은 마드리드의 수호 성인 '이시드로'를 기념하는 날로, 이때 마드리드 사람들은 '출라포 chulapo'라 불리는 전통의상을 입고 도시 곳곳에서 열리는 다양한 행사에 참여합니다.
투우 경기를 비롯한 큰 인형들 Gigantes y cabezudos의 퍼레이드가 대표적인 행사입니다.

산 이시드로 퍼레이드

이날이 되면 사람들은 '바보 도넛 rosquilla tonta'과 '똑똑이 도넛 rosquilla lista'을 먹습니다. '바보 도넛'은 저렴하고 간단한 재료로 만든 것으로 퍽퍽하며 그다지 맛이 없습니다. '똑똑이 도넛'은 바보 도넛에 달콤한 맛을 입힌 도넛입니다.

바보 도넛

성인 이시드로의 유명한 기적으로, 아들이 우물에 빠졌을 때 기도로 물을 솟아오르게 하고, 목마른 사람을 위해 지팡이로 바위를 쳐서 샘물을 만들었다는 전설이 있습니다. 농경 사회에서 '물'이 주는 소중함과 고된 밭일에 정신적으로 의지할 대상을 두기 위해 만들어진 이야기로, 당시 맛없지만 저렴한 재료로 음식을 만들어 먹으며 그 전설을 기념하는 것에 의의가 있는 날입니다.

똑똑이 도넛

Capítulo 08.
약속 잡기

¿Qué vas a hacer este fin de semana?
이번 주말에 뭐 할 거야?

학습 목표

Diálogo	**08-1. ¿Qué vas a hacer este fin de semana?** **이번 주말에 뭐 할 거야?**
	08-2. ¿Quieres venir a la fiesta? **너도 파티에 올래?**
Gramática	**1. 소유격**
	2. 불완료 과거

Diálogo 08-1.

MP3. 08-1

¿Qué vas a hacer este fin de semana?

Daniel ¿Qué [1]vas a hacer este [2]fin de semana?
다니엘 께 바쓰 아 아쎄르 에스떼 핀 데 쎄마나?

Sujin [3]Pues no lo sé [4]todavía. ¿Y tú?
수진 뿌에쓰 노 로 쎄 또다비아. 이 뚜?

Daniel Voy a ir a jugar al pádel.
보이 아 이르 아 후가르 알 빠델.

Sujin ¿Puedo ir contigo?
뿌에도 이르 꼰띠고?

Daniel ¡Por supuesto!
뽀르 쑤뿌에스또!

유익한 정보

Información útil

패들테니스(pádel)란?

패들테니스는 테니스 혹은 스쿼시와 비슷한 운동으로, 스페인 사람들이 많이 즐깁니다. 테니스공을 사용하지만, 라켓은 테니스보다 훨씬 작고 평평한 나무 널빤지 모양입니다. 테니스장보다 경기장이 작고, 일반적으로 1~2명이 팀을 이루어 경기합니다.

단어

Vocabulario

- fin m. 끝
- semana f. 주
- jugar v. 놀다, 운동을 하다
- pádel m. 패들테니스
- poder v. 할 수 있다
- venir v. 오다
- comprar v. 사다

해석

Traducción

이번 주말에 뭐 할 거야?

다니엘 이번 주말에 뭐 할 거야?

수진 글쎄 아직 잘 모르겠는걸. 너는?

다니엘 나는 패들테니스 치러 가려고.

수진 너랑 같이 가도 될까?

다니엘 물론이지!

해설

Explicación

1 vas a ~ ~할 예정이다

[ir a + 동사원형]으로, 미래 시제 '~을 할 예정이다'라는 표현입니다. 단, 미래에 반드시 이루어짐을 아는 상황이며, 불확실한 미래에는 사용할 수 없습니다. 결정, 계획을 통보하거나 상대의 의견, 결정, 의중 등을 물을 때도 씁니다.

- **Va a** venir mi madre.
  우리 엄마가 (반드시) 올 것이다.
  Vendrá mi madre.
  우리 엄마가 (아마) 올 예정이다.
- **Voy a** comprar una bici.
  나는 자전거를 하나 살 계획이다.
- ¿**Vas a** venir?
  너 올 거야?

2 fin de semana 주말 (한 주의 끝)

짧게 줄여 'finde'라고도 합니다.

3 pues 음, 글쎄

말을 할 때 추임새 같은 표현입니다.

4 todavía 아직

부사입니다. 스페인어에서 부사 위치는 자유로운데, 보통 문장의 맨 앞 혹은 맨 뒤에 옵니다. 강조할 부분이 있으면 중간에 쓰기도 합니다.

- **Todavía** no he comido.
  아직 나는 점심을 먹지 않았다.
- No he comido **todavía**.
  나는 점심을 아직 먹지 않았다.
- María está **todavía** comiendo.
  마리아는 아직 점심을 먹는 중이다.

Diálogo 08-2. MP3. 08-2

¿Quieres venir a la fiesta?

Daniel 다니엘
Sujin, [1]este viernes voy a organizar una fiesta en mi casa.
수진, 에스떼 비에르네쓰 보이 아 오르가니싸르 우나 피에스따 엔 미 까사.

¿Quieres venir a la fiesta?
끼에레쓰 베니르 아 라 피에스따?

Sujin 수진
[2]Por supuesto que sí.
뽀르 쑤뿌에스또 께 씨.

Daniel
[3]¡Genial! Te diré mi dirección [4]por whatsapp.
헤니알! 떼 디레 미 디렉씨온 뽀르 왓삽.

Sujin
OK, [5]nos vemos el viernes.
오께이, 노쓰 베모쓰 엘 비에르네쓰.

유익한 정보

Información útil

메신저 앱 왓츠앱(Whatsapp)

왓츠앱은 스페인에서 가장 많이 쓰이는 무료 메신저 앱입니다. 스페인 인터넷 인구의 10명 중 9명은 이 앱을 사용한다고 하며, 이는 유럽에서 가장 높은 수치입니다.

단어

Vocabulario

- □ viernes m. 금요일
- □ organizar v. (행사를) 준비하다
- □ fiesta f. 파티
- □ dirección f. 주소, 방향
- □ vaso m. 컵; 용기
- □ verano m. 여름

해석

Traducción

너도 파티에 올래?

다니엘 수진, 이번 주 금요일에
우리 집에서 파티를 열 거야.
너도 파티에 올래?

수진 당연하지.

다니엘 좋았어! 우리집 주소는 왓츠앱으로
알려 줄게.

수진 알았어, 금요일에 봐.

해설

Explicación

1 **este 이**

지시 형용사로 사물을 가리키거나
공간이나 시간적인 거리감을 나타낼 때
쓸 수 있습니다.

- Este vaso está roto.
  이 컵은 깨졌다.
- Este verano voy a Corea.
  이번 여름에 나는 한국을 갈 것이다.

2 **Por supuesto que sí.**
(아주 흔쾌히) 당연하지.

'아주 흔쾌히 동의'하는 표현입니다.
반대로 'Por supuesto que no.'는
'당연히 안 된다.'입니다.

3 **¡Genial! 좋았어!, 멋있어!, 훌륭해!**

상대의 의견에 동의하는 표현입니다.

4 **por ~을 통해**

이 문장에서 전치사 por는 메신저를
통해 주소를 주겠다는 '방법, 수단'을
나타냅니다. 그 밖에도 por는 원인,
기간, 수동태의 목적어, 대략적인 장소,
가격 등 그 쓰임이 다양합니다.

- Te lo paso por correo electrónico.
  너한테 이메일로 줄게. (방법, 수단)
- He venido por ti.
  나는 너 때문에 왔어. (원인)
- Trabajo solo 2 días por semana.
  나는 일주일에 2일만 일한다. (기간)
- Las frutas son vendidas por Marta.
  과일은 마르타에 의해 판매가 된다.
  (마르타는 과일을 판다., 수동태의
  목적어)
- Cuando era niño, vivía por aquí.
  나는 어릴 적, 이 근처에서 살았었어.
  (대략적인 장소)
- Vendo camisetas por 2 euros.
  나는 티셔츠를 2유로에 판다. (가격)

5 **nos vemos (서로) 보다**

ver와 se를 합친 재귀 동사입니다.
재귀 동사는 '상호 작용'을 말할 수도
있어, 문장에서 우리가 서로 볼 것이기
때문에 사용했습니다.

Vocabulario fundamental

Animal 아니말 동물

□ animal 아니말 m. 동물

Mamíferos 마미페로쓰 포유류

□ mamífero 마미페로 m. 포유동물

□ perro, rra 뻬로, 뻬라 m. y f. 개

□ gato, ta 가또, 가따 m. y f. 고양이

□ cerdo, da 쎄르도, 쎄르다 m. y f. 돼지

□ conejo, ja 꼬네호, 꼬네하 m. y f. 토끼

□ oveja 오베하 f. 양

□ caballo 까바요 m. 말

□ cebra 쎄브라 f. 얼룩말

□ león, na 레온, 레오나 m. y f. 사자

□ tigre, gresa 띠그레, 띠그레사 m. y f. 호랑이

□ mono, na 모노, 모나 m. y f. 원숭이

□ elefante, ta 엘레판떼, 엘레판따 m. y f. 코끼리

□ rinoceronte, ta 리노쎄론떼, 리노쎄론따 m. y f. 코뿔소

□ jirafa 히라파 f. 기린

□ mapache 마빠체 m. 너구리

□ topo, pa 또뽀, 또빠 m. y f. 두더지

□ ardilla 아르디야 f. 다람쥐

□ ratón, na 라똔, 라또나 m. y f. 쥐

□ murciélago, ga 무르씨엘라고, 무르씨엘라가 m. 박쥐

Aves 아베쓰 조류

□ aves 아베 f. 새, 조류

□ gallo, llina 가요, 가지나 m. y f. 닭(수탉, 암탉)

□ pato, ta 빠또, 빠따 m. y f. 오리

□ gorrión, na 고리온, 고리오나 m. y f. 참새

□ paloma 빨로마 f. 비둘기

□ águila 아길라 f. 독수리

□ pavo, va 빠보, 빠바 m. y f. 칠면조

□ pavo real 빠보 레알 m. 공작

□ avestruz 아베스뜨루쓰 m. 타조
□ búho 부오 m. 부엉이
□ pingüino 삥귀노 m. 펭귄
□ golondrina 골론드리나 f. 제비

Peces 뻬쎄쓰 어류

□ pez 뻬쓰 m. 물고기
□ pez tropical 뻬쓰 뜨로삐깔 열대어
□ tiburón 띠부론 m. 상어
□ raya 라야 f. 가오리
□ mero 메로 m. 메로
□ anguila 앙길라 f. 뱀장어

Reptiles y anfibios 렙띨레쓰 이 암피비오쓰 파충류 & 양서류

□ reptil 렙띨 m. 파충류
□ anfibio 암피비오 m. 양서류
□ serpiente 쎄르삐엔떼 f. 뱀
□ lagarto, ta 라가르또, 라가르따 m. y f. 도마뱀
□ cocodrilo 꼬꼬드릴로 m. 악어
□ tortuga 또르뚜가 f. 거북
□ rana 라나 f. 개구리

Planta 쁠란따 식물

□ planta 쁠란따 f. 식물
□ árbol 아르볼 m. 나무
□ hoja 오하 f. 잎, 나뭇잎
□ hierba 이에르바 f. 풀
□ flor 플로르 f. 꽃
□ fruta 프루따 f. 과일, 열매
□ rosa 로사 f. 장미
□ girasol 히라솔 m. 해바라기
□ liliácea 릴리아쎄아 f. 백합
□ tulipán 뚤리빤 m. 튤립

Unidad 1. 소유격

소유격(posesivos)은 '내 책', '이사벨의 강아지'와 같이 소유, 관계 등을 말하며, 전치형과 후치형이 있습니다.

✔ 전치형

1. 특징

명사 앞에 쓰며, **'(누구)의'**라는 뜻입니다. 수식하는 명사의 성, 수에 영향을 받습니다. 전치형은 명사 앞에서 관사(el, la, uno, una...), 수사(uno, dos...), 지시 형용사(este, ese, aquel...)의 역할을 하므로 같이 쓸 수 없습니다.

2. 형태

주어			단수 명사 수식	복수 명사 수식
1인칭	단수	yo 나	mi	mis
2인칭		tú 너	tu	tus
3인칭		él, ella, usted(= ud.) 그, 그녀, 당신	su	sus
1인칭	복수	nosotros, nosotras 우리들	nuestro, nuestra	nuestros, nuestras
2인칭		vosotros, vosotras 너희들	vuestro, vuestra	vuestros, vuestras
3인칭		ellos, ellas, ustedes(= uds.) 그들, 그녀들, 당신들	su	sus

- A: ¿Dónde está **tu hermana**? **네 누나** 어디에 있어?
  B: Ha salido con **sus amigas**.
  그녀의 친구들이랑 나갔어요. (친구 모두 여자)

¡Atención! 신체 일부, 착용한 옷 또는 소품에는 소유격을 안 씁니다. '내 손', '내 지갑' 이라고 안 해도, 말하는 사람의 소유인지 알 수 있기 때문입니다.

- Me duele **la** cabeza. 나는 두통이 있다. (mi cabeza 아님)
- Ponte **los** guantes. (너) 장갑 껴라. (tus guantes 아님)

✔ 후치형

1. 의미와 특징

명사 뒤에 놓여, '**~의 ~ 중**'이란 뜻을 갖습니다. 형용사와 쓰임이 같아서 수식하는 명사의 성, 수에 영향을 받습니다. 명사 앞에 오는 관사, 수사, 지시 형용사와도 같이 쓸 수 있습니다.

2. 형태

주어			단수 명사 수식	복수 명사 수식
1인칭	단수	yo 나	mío, mía	míos, mías
2인칭	단수	tú 너	tuyo, tuya	tuyos, tuyas
3인칭	단수	él, ella, usted(= ud.) 그, 그녀, 당신	suyo, suya	suyos, suyas
1인칭	복수	nosotros, nosotras 우리들	nuestro, nuestra	nuestros, nuestras
2인칭	복수	vosotros, vosotras 너희들	vuestro, vuestra	vuestros, vuestras
3인칭	복수	ellos, ellas, ustedes(= uds.) 그들, 그녀들, 당신들	suyo, suya	suyos, suyas

- A: ¿Quién es? 누구야?

  B: Es **una compañera mía**.
  내 직장 동료 중 한 명이야. (내 직장 동료야.)

3. 대명사 역할

수식하는 말 없이 단독으로 사용할 수 있습니다.

- A: ¿De quién es? (무언가를 가리키며) 누구 거예요?

  B: Es **mío**. **내 거**예요.

✔ 차이

한국어 해석에는 큰 차이가 없지만, 스페인어로는 미묘한 뉘앙스 차이가 있습니다.

- mi amigo
  내 친구 (특별하고 중요한, 유일한 한 명)
- un amigo mío(= uno de mis amigos)
  한 명의 친구 (내 많은 친구들 중에서)

Unidad 2. 불완료 과거

불완료 과거(pretérito imperfecto)는 현재완료, 단순 과거와 같은 과거 시제입니다. 과거 한 시점의 행위를 '**묘사**'할 때 주로 사용합니다.

✔ 형태

- **-ar 동사** -aba, -abas, -aba, -ábamos, -abais, -aban
- **-er 동사** -ía, -ías, -ía, -íamos, -íais, -ían
- **-ir 동사** -ía, -ías, -ía, -íamos, -íais, -ían

주어			불완료 과거		
			trabaj**ar** 일하다	com**er** 먹다	viv**ir** 살다
1인칭	단수	yo 나	trabajaba	comía	vivía
2인칭	단수	tú 너	trabajabas	comías	vivías
3인칭	단수	él, ella, usted (= ud.) 그, 그녀, 당신	trabajaba	comía	vivía
1인칭	복수	nosotros, nosotras 우리들	trabajábamos	comíamos	vivíamos
2인칭	복수	vosotros, vosotras 너희들	trabajabais	comíais	vivíais
3인칭	복수	ellos, ellas, ustedes (= uds.) 그들, 그녀들, 당신들	trabajaban	comían	vivían

✔ 쓰임

1. 과거에 규칙적으로 하던 일을 묘사할 때

- Antes dormía la siesta todos los días.
  전에는 매일 낮잠을 자곤 했다.
- Mi madre siempre trabajaba.
  우리 엄마는 항상 일을 하곤 했다.

2. 과거의 한 시점을 묘사할 때

- Cuando era pequeña, me gustaba hacer puzzles.
  내가 어렸을 적에, 나는 퍼즐 맞추는 것을 좋아했다.
- Aquel día llovía mucho.
  그날 비가 많이 왔었다.

3. 상황의 마지막을 모르는 과거 일을 묘사할 때

보통 ser, estar 동사와 같이 쓰며, 언제 끝이 났는지 모르는 상황을 묘사합니다.

- Mi primer novio era muy guapo.
  내 첫 남자친구는 무척 잘 생겼었다. (현재 외모는 모름)
- El año pasado estaba en Inglaterra.
  작년에 나는 영국에 있었다. (언제 돌아왔는지 모름)

✔ 불완료 과거와 쓰는 표현

빈번함을 의미하는 다음 표현이 문장에 나오면 '불완료 과거'를 사용합니다.

siempre 항상, nunca 절대 ~아니다, a menudo 자주,
todos los días 매일, los fines de semana 매주, los domingos 매주 일요일

✔ 불규칙 변화

불규칙 변화가 거의 없으며, 아래 세 가지 동사만 주의합니다.

- ser ~이다 era - eras - era - éramos - erais - eran
- ver 보다 veía - veías - veía - veíamos - veíais - veían
- ir 가다 iba - ibas - iba - íbamos - ibais - iban

Ejercicios

1. 다음 단어를 알맞게 연결하세요.

(1) 쥐 • • caballo

(2) 돼지 • • cerdo, da

(3) 부엉이 • • ratón, na

(4) 말 • • búho

(5) 토끼 • • conejo, ja

2. 다음 빈칸에 알맞은 소유격을 쓰세요.

(1) ¡Es ________! 내 거야!

(2) ________ primo es cantante. 걔 사촌이 가수야.

(3) No es asunto ________. 그건 너희가 알 바 아니야.

(4) ________ zapatos son mejor que los ________.
내 신발은 네 것보다 낫다.

3. 다음은 동사의 불완료 과거 변화입니다. 빈칸을 채워 보세요.

주어 \ 동사원형	ser ~이다	ver 보다	ir 가다
yo	(1)	veía	iba
tú	eras	(3)	ibas
él, ella, usted	(2)	veía	iba
nosotros, nosotras	éramos	veíamos	(5)
vosotros, vosotras	erais	veíais	(6)
ellos, ellas, ustedes	eran	(4)	iban

정답 1. (1) ratón, na (2) cerdo, da (3) búho (4) caballo (5) conejo, ja 2. (1) mío (2) Su (3) vuestro (4) Mis / tuyos
3. (1) era (2) era (3) veías (4) veían (5) íbamos (6) ibais

Cultura

스페인 결혼식

스페인에서는 결혼 전 대부분 동거를 합니다. 같이 살아 보지도 않고 결혼을 하는 건 성급하다고 생각하기 때문입니다. 평생 동거하며 지내는 커플도 많은데, 동거 생활도 법적으로 동일하게 보호를 받습니다.

스페인 결혼식 1

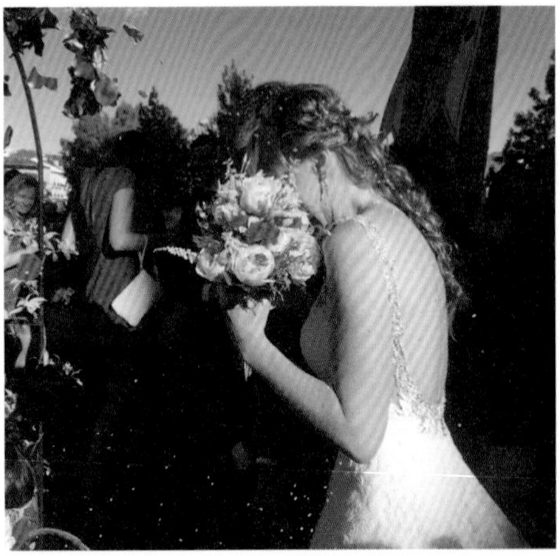

스페인 결혼식 2

결혼식 문화는 크게 두 가지가 있습니다. 구청에 혼인신고만 하는 구청 결혼식 la boda civil과 교회에서 결혼식을 하는 교회 결혼식 la boda religiosa입니다. 구청 결혼식은 혼인신고 서류를 제출하고 구청 판사 앞에서 간단한 서약을 합니다. 교회 결혼식은 신부님 주례 하에 예식을 올립니다.

본식이 끝나면 피로연장에서 다과를 시작으로 식사, 식사 후 댄스파티까지 반나절이 넘도록 피로연이 진행됩니다. 식사 자리를 신랑 신부가 미리 지정하기 때문에, 초대를 받으면 참석 여부를 반드시 알려 주어야 합니다.

식사 후에는 신랑 신부를 시작으로 온 하객들이 술을 마시며 춤을 추는데, 이 시간을 위해 신랑 신부를 위한 단기 춤 수업을 받는 사람도 많습니다. 정말 친한 소수만 결혼식에 초대하고, 초대받은 사람들은 최소 100유로 정도로 부조금을 내는 편입니다.

Capítulo 09.
집 구하기

Estoy buscando nuevo piso.
새집을 찾고 있어.

학습 목표

Diálogo	09-1.	**Estoy buscando nuevo piso.** 새집을 찾고 있어.
	09-2.	**¿Cómo está tu nuevo piso?** 새집은 어때?
Gramática	1.	부정어Ⅰ
	2.	과거 시제 비교 & 대과거

Diálogo 09-1. MP3. 09-1

Estoy buscando nuevo piso.

Daniel ¿Qué [1]miras?
다니엘 께 미라쓰?

Sujin Anuncios de pisos.
수진 아눈씨오쓰 데 삐소쓰.

[2]Estoy buscando nuevo piso.
에스또이 부스깐도 누에보 삐소.

Daniel ¿Por qué [3]quieres cambiar de piso?
뽀르 께 끼에레쓰 깜비아르 데 삐소?

Sujin Es muy caro [4]donde vivo.
에쓰 무이 까로 돈데 비보.

유익한 정보

Información útil

스페인에서 집 구하기

스페인에서는 전세라는 개념이 없어 대부분 월세로 삽니다. 보통 매물이 가장 많이 나오는 시기는 여름이 지나고 새학기가 시작되는 9월입니다. 집을 구할 때는 우선 원하는 구역의 평균 집값을 비교해 예산을 잡고, 집값에 공과금도 포함된 건지 확인하는 것이 좋습니다. 인터넷 사이트에서 많이 알아보는데, 유명한 '스페인 집 구하기 사이트'로 www.idealista.com, www.fotocasa.es가 있습니다.

단어

Vocabulario

□ anuncio m. 광고
□ piso m. 집, 빌라; 층
□ nuevo, va adj. 새로운
□ caro, ra adj. 비싼
□ cambiar v. 바꾸다
□ vivir v. 살다

해석

Traducción

새집을 찾고 있어.

다니엘 뭐 보니?

수진 집 광고들.
새집을 찾고 있어.

다니엘 왜 집을 바꾸려고 하는데?

수진 지금 사는 곳은 너무 비싸.

해설

Explicación

1 miras 보다

mirar, ver 모두 '보다'라는 동사지만, 동의어가 아닙니다. mirar는 눈으로 주의 깊게 살펴본다는 의미이며, ver는 TV 등을 스치듯 가볍게 볼 때 사용합니다.

- No me mires.
  나 쳐다보지 마.
- Voy a ver la ropa.
  나 옷 보러 갈게요.
  (ropa는 주로 단수로 사용, 단수지만 복수 의미가 포함됨)

2 estoy buscando 찾고 있다

[estar + 현재분사] 형태의 현재 진행형으로, 그 순간에 하고 있는 것을 묘사하는 시제입니다.

3 quieres cambiar
바꾸려고 하다, 바꾸고 싶다

[querer + 동사원형] 동사구 구조로 '~을 하고 싶다'는 뜻입니다. 보통 한 문장에는 동사가 하나인데, '동사구'는 두 개의 동사가 같이 사용됩니다.
동사구 구조는 다음과 같습니다.

동사 (+ 전치사 혹은 접속사) +
동사원형 / 과거분사 / 현재분사

4 donde ~하는 곳

장소를 말하는 관계 부사로 문장 내 '장소'에 대한 정보를 추가하는 역할을 합니다.

- Ahora estamos en Madrid, donde nos enamoramos.
  우리는 지금, 우리가 사랑에 빠졌었던, 마드리드에 있다.

Diálogo 09-2. MP3. 09-2

¿Cómo está tu nuevo piso?

Daniel [1]¿Cómo está tu nuevo piso[1]?
다니엘 꼬모 에쓰따 뚜 누에보 삐소?

Sujin Está muy bien.
수진 에스따 무이 비엔.

Daniel ¿[2]Por [3]cuánto tiempo [4]lo has alquilado?
뽀르 꾸안또 띠엠뽀 로 아쓰 알낄라도?

Sujin Tengo seis meses de contrato.
뗑고 쎄이쓰 메세쓰 데 꼰뜨라또.

유익한 정보

Información útil

스페인의 이사

스페인에서는 한국처럼 가구를 옮겨가며 이사를 하는 경우가 흔치 않습니다. 이는 전세가 없고, 자주 옮겨야 하는 월세에는 가구 등이 포함되어 있는 경우가 많기 때문입니다. 자가는 대부분 장기 주택 대출로 집을 구매하고, 집 구매 후에는 평생 한 곳에 사는 편입니다.

단어

Vocabulary

Vocabulario

- □ nuevo, va adj. 새로운
- □ piso m. 집, 빌라; 층
- □ muy adv. 매우
- □ alquilar v. 빌리다
- □ contrato m. 계약

해석

Traducción

새집은 어때?

다니엘 새집은 어때?

수진 너무 좋아.

다니엘 얼마 동안 렌트한 거야?

수진 6개월 계약했어.

해설

Explicación

1 ¿Cómo ~? 어때~?

방법, 상태, 사람 혹은 사물의 특징을 묻는 의문사입니다.

2 por 동안

기간을 의미하는 전치사 por입니다.

- Voy a Corea solo por dos semanas.
  나는 한국에 겨우 2주 동안만 갈 예정이다.

3 cuánto 얼마

수량을 묻는 의문사로 말하려는 해당 명사의 성, 수에 따라 형태가 변합니다. 여기서는 남성 단수 명사 tiempo에 따라 cuánto가 쓰였습니다.

수 \ 성	남성	여성
단수	cuánto	cuánta
복수	cuántos	cuántas

4 lo 그것

여기서는 이미 언급한 nuevo piso를 받습니다. lo를 안 쓰면, '¿Por cuánto tiempo has alquilado el nuevo piso?'가 됩니다.

Vocabulario fundamental

Casa 까사 집

- □ casa 까사 f. 집
- □ jardín 하르딘 m. 정원
- □ patio 빠띠오 m. 안뜰
- □ garaje 가라헤 m. 차고
- □ cocina 꼬씨나 f. 부엌
- □ salón 쌀론 m. 거실
- □ comedor 꼬메도르 m. 식사하는 곳 → Tip. 식사 또는 다과만 하는 공간으로, 집이 넓은 경우 대부분 부엌 근처에 거실과는 구분되게 별도로 마련되어 있습니다. 학교 급식실도 comedor입니다.
- □ baño, aseo 바뇨, 아세오 m. 욕실, 화장실
- □ habitación 아비따씨온 m. 방
- □ ventana 벤따나 f. 창문
- □ pasillo 빠시요 m. 복도
- □ entrada 엔뜨라다 f. 현관
- □ ascensor 아스쎈소르 m. 엘리베이터
- □ estudio 에스뚜디오 m. 스튜디오, 원룸
- □ apartamento 아빠르따멘또 m. 아파트
- □ piso 삐소 m. 빌라; 층
- □ chalet / chalé 찰렛 / 찰레 m. 주택 → Tip. 프랑스어에서 온 단어로 chalet과 chalé 모두 씁니다. 외곽에서 흔히 보는 형태로 보통 1~3층에 작은 정원이 있습니다. casa도 주택이란 뜻입니다.
- □ mueble 무에블 m. 가구
- □ mesa 메사 f. 탁자, 책상; 식탁
- □ escritorio 에스끄리또리오 m. 책상
- □ silla 씨야 f. 의자
- □ sillón 씨욘 m. 안락의자
- □ cama 까마 f. 침대
- □ sofá 소파 f. 소파
- □ estantería 에스딴떼리아 f. 책장
- □ armario 아르마리오 m. 옷장
- □ percha 뻬르차 f. 옷걸이
- □ espejo 에스뻬호 m. 거울
- □ reloj 렐로흐 m. 시계
  - □ reloj de pared 렐로흐 데 빠렏 벽시계
  - □ reloj de pulsera 렐로흐 데 뿔세라 손목시계
  - □ despertador 데스뻬르따도르 m. 알람시계

□ alfombra 알폼브라 f. 카펫
□ cojín 꼬힌 m. 방석, 쿠션

□ lavabo 라바보 m. 세면대
□ ducha 두차 f. 샤워기
□ bañera 바녜라 f. 욕조
□ váter 바떼르 m. 변기

□ fregadero 프레가데로 m. 싱크대
□ lavavajillas 라바바히야쓰 f. 식기세척기
□ frigorífico 프리고리피꼬 m. 냉장고
□ horno 오르노 m. 오븐

□ aire acondicionado 아이레 아꼰디씨오나도 냉방기, 에어컨
□ radiador 라디아도르 m. 난방기
□ lavadora 라바도라 f. 세탁기
□ plancha 쁠란차 f. 다리미
□ aspiradora 아스삐라도라 f. 진공청소기
□ lámpara 람빠라 f. 전등
□ radio 라디오 m. 라디오
□ televisión 뗄레비시온 f. 텔레비전
□ teléfono 뗄레포노 m. 전화기
□ móvil 모빌 m. 휴대 전화

Gramática

Unidad 1. 부정어 I

여기서 부정어(indefinidos)의 '부정'이란 '정해져 있지 않다'는 뜻입니다. 정해지지 않은 사람, 사물 등을 가리킬 때 사용하는 단어입니다.

✔ alguien, algo / nadie, nada

명사처럼 쓰며, 정확히 알 수 없는 사람 혹은 사물을 지칭합니다. 지칭하는 것의 양도 알 수 없어, 단수와 복수의 구분 없이 **모두 단수 취급**합니다.

구분	긍정	부정
사람	alguien 어떤 사람, 누구 (누군지 알 수 없는 한 사람 혹은 다수의 사람을 지칭)	nadie (사람이) 아무도 없음
사물	algo 어떤 것, 무엇 (무엇인지 알 수 없는 하나 혹은 다수의 물건, 일 등을 지칭)	nada (사물 혹은 일 등이) 아무것도 없음

- **Alguien** me ha robado la cartera. 누군가가 내 지갑을 훔쳐 갔다.
- **Nadie** te ha robado la cartera. 아무도 네 지갑을 훔치지 않았다.
- **No** hay **nadie** en casa. 집에는 아무도 없다.
- A: ¿Me has dicho **algo**? 너 나한테 무슨 말 했어?

  B: No, **no** te he dicho **nada**. 아니, 나 너한테 아무말도 안 했어.
- **Nada** es imposible. 불가능은 없다.

✔ alguno, na / algnos, nas / ninguno, na / ningunos, nas

명사의 앞에 놓여, 그 명사의 그룹 중 일부 혹은 아무것도 아닌 것을 지칭합니다. 수식하거나 받는 명사의 성, 수에 영향을 받으며, 사람이나 사물 모두에 사용할 수 있습니다. 대화상 무엇인지 알 때는 수식할 명사 없이 단독으로 씁니다.

1. 형태

alguno와 ninguno가 명사 앞에 쓰이면 o가 탈락하여 각각 algún, ningún이 됩니다. alguno, ninguno는 단독으로 사용할 때만 씁니다. ningunos(nas)는 tijeras(가위), pantalones(바지) 등과 같이 복수형으로만 쓰는 명사를 수식할 때 사용합니다.

구분		긍정		부정		
		남성	여성	남성	여성	
사람·사물	단수	alguno (algún) 어떤 사람, 어떤 것	alguna 어떤 사람, 어떤 것	ninguno (ningún) 아무도, 아무것도 아닌 것	ninguna 아무도, 아무것도 아닌 것	+ 셀 수 있는 명사
	복수	algunos 어떤 사람들, 어떤 것들	algunas 어떤 사람들, 어떤 것들	ningunos 아무도, 아무것도 아닌 것들	ningunas 아무도, 아무것도 아닌 것들	

- **Algún** día volveré a Corea. 언젠가(어느 날) 한국에 돌아가야지.
- A: ¿Tenéis **alguna** pregunta? 너희들 중 질문 있어?
  B: No, **ninguna**. 아니오, 아무것도 없어요.
- **No** vendemos **ningunas** gafas azules.
  우리는 파란색 안경은 아무것도 팔지 않아요. (파란색 안경을 안 판다.)

2. 예외

항상 명사가 필요한데, 전치사 de를 사용하면 명사를 생략할 수 있습니다.

- **Algunos de** mis amigos están en Estado Unidos.
  내 친구들 몇 명은 미국에 있다.
- **Ninguno de** sus amigos ha venido. 그의 친구들은 아무도 오지 않았다.
  = No ha venido **ninguno** de sus amigos.
  (구체적으로 '그의 친구들 중'이라 명시하여 ninguno)
- No ha venido nadie. 아무도 오지 않았다. (막연한 대상으로 nadie)

✔ algo와 alguno의 차이

algo는 듣는 사람이 무엇을 말하는지 전혀 알 수 없는 상태이며, alguno는 일반적으로 명사가 필요하며 해당 명사의 대략적인 '양'을 말합니다.

- Tengo algo para ti. 너에게 줄 것이 있어. (줄 것이 무엇인지 모름)
- Tengo algunos libros para ti. 너에게 줄 책이 몇 권 있어. (주려는 책 몇 권)

✔ todo, da / todos, das

어떤 특정한 것 혹은 일부가 아닌 '모든'을 뜻합니다. 정관사, 전치형 소유격, 지시 형용사의 앞에 쓰거나 문장 내에서 말하려는 것이 확실할 때 단독으로 사용합니다. 의미하는 명사의 성, 수에 따라 씁니다.

성 / 수	남성	여성
단수	todo	toda
복수	todos	todas

\+

정관사 el, la, los, las
전치형 소유격 mi, tu, su...
지시 형용사 este, ese, aquel...

- Trabajo **todos** los días. 나는 매일 일을 한다.
- Voy a invitar a **todos** mis alumnos a mi cumpleaños.
  나는 반 친구들 모두를 내 생일에 초대할 거야.
- Me gustaría llevar **todos** estos plátanos.
  여기 있는 바나나를 다 가져가고 싶다. (사고 싶다.)
- ¿Te has comido **todas** (las fresas)?
  너 다 먹었어? (상대방이 딸기를 지칭하는지 알고 있음)

✔ 이중 부정

부정어 nada, nadie, ninguno(na), ningunos(nas)에는 이미 'no'의 의미가 포함되어 있습니다.

1. 부정문에서 부정어가 동사 앞에 위치

이러한 부정어들이 동사 앞에 쓰이면, 부정문 no를 중복해서 쓰지 않습니다.

- Nadie me habla.
  아무도 나에게 말을 걸지 않는다.
- Ninguno de nosotros es perfecto.
  우리 중 아무도 완벽한 사람은 없다.

2. 부정문에서 부정어가 동사 뒤에 위치

부정문 no를 생략하지 않고 그대로 씁니다.

- A: ¿Tienes dinero? 너 돈 있어?
  B: No tengo nada. 아무것도 없어.
- Susana no bebe ningún refresco.
  수사나는 음료수를 마시지 않는다.

Gramática

Unidad 2. 과거 시제 비교 & 대과거

이제까지 배운 현재완료, 단순 과거, 불완료 과거 이렇게 세 가지 과거 시제 비교(comparación de tiempos del pasado)를 합니다. 심화 과정으로 대과거도 살펴봅니다.

✔ 과거 시제 비교

1. 일이 끝난 시점의 차이

현재완료 과거의 일이 현재까지 영향을 미침	Esta mañana no **he desayunado**. Tengo hambre. 오늘 아침 나는 아침을 먹지 않았어요. (지금) 배고파요. 오늘 아침 ─────── 현재
단순 과거 과거의 정확한 한 시점	El pasado lunes **fui** al teatro. 지난주 월요일 나는 극장에 갔었어요. (지금 상황과 연관 없음) 지난주 월요일 ↑ 현재 ↑
불완료 과거 과거의 한 부분	Cuando **era** niño, **jugaba** mucho con mi hermano. 내가 어릴 적에, 형과 많이 놀았었어요. (지금 상황과 연관 없음) 어릴 적 └─┘ 현재 ↑

2. 경험 횟수의 차이

현재완료 과거 ~ 현재 경험 횟수	¿**Has estado** alguna vez en Corea? 너 한국에 가본 적 있어? (현재까지) Sí, **he estado** dos veces. 응, 나 두 번 가 본 적 있어. 과거 한국 한국 현재
단순 과거 횟수가 아닌 정확한 시점에 한 번의 경험	¿Qué **hiciste** en el año 2019? 너는 2019년에 뭐 했었어? **Fui** a Corea en el año 2019. 2019년에 한국에 갔었어. 과거 2019년 한국 현재
불완료 과거 경험에 대한 묘사	Cuando **tenía** 20 años, **vivía** en Corea. 스무 살이었을 때, 난 한국에 살았어. 과거 한국에 있던 시기 현재

✔ 대과거

대과거(pluscuamperfecto de indicativo)란 '과거의 과거'를 말합니다.
기초 단계에서 잘 사용하지 않는 시제로, 심화 수준의 문법입니다.

1. 형태

- haber의 불완료 과거 + 과거분사(participio pasado)

<table>
<tr><th colspan="3" rowspan="2">주어</th><th>불완료 과거</th><th rowspan="2">과거분사</th></tr>
<tr><th>haber</th></tr>
<tr><td>1인칭</td><td rowspan="3">단수</td><td>yo
나</td><td>había</td><td rowspan="6">+ hablado
(-ar 동사)
말하다
+ comido
(-er 동사)
먹다
+ vivido
(-ir 동사)
살다</td></tr>
<tr><td>2인칭</td><td>tú
너</td><td>habías</td></tr>
<tr><td>3인칭</td><td>él, ella, usted(= ud.)
그, 그녀, 당신</td><td>había</td></tr>
<tr><td>1인칭</td><td rowspan="3">복수</td><td>nosotros, nosotras
우리들</td><td>habíamos</td></tr>
<tr><td>2인칭</td><td>vosotros, vosotras
너희들</td><td>habíais</td></tr>
<tr><td>3인칭</td><td>ellos, ellas, ustedes(= uds.)
그들, 그녀들, 당신들</td><td>habían</td></tr>
</table>

2. 쓰임

말하고 있는 과거의 순간에 과거였던 상황을 설명할 때 사용합니다.

- Cuando **llegué** a casa, Juan ya **había salido**.
  내가 집에 도착했을 때, 후안은 이미 나갔었다.
- No **pude** llamarte porque **había dejado** el movil en casa.
  나는 집에 전화기를 두고 왔었기 때문에 너에게 전화를 할 수 없었다.

Ejercicios

1. 다음 빈칸에 알맞은 ver 또는 mirar 동사를 쓰세요.

(1) Ayer Juan me ________________ con cara de curioso.
어제 후안은 나를 호기심 어린 얼굴로 쳐다봤다.

(2) ¿Dónde estás? No te ________________.
너 어디 있어? 나는 네가 안 보여.

2. 다음 문장에서 알맞은 부정사를 고르세요.

(1) No sirve para algo / nada.
아무짝에도 쓸모가 없다.

(2) ¿Me recomiendas algún / alguna libro interesante?
재미있는 책 좀 추천해 줄래?

(3) Todo / Todos los días tomo café.
나는 매일 커피를 마신다.

3. 다음 빈칸에 알맞은 단어를 써서 이중 부정문을 완성하세요.

(1) __________ hay __________ en la calle.
길에는 아무도 없다.

(2) Christian __________ tiene __________ amigo.
크리스티안은 친구가 한 명도 없다.

4. 다음 빈칸에 주어진 동사의 알맞은 과거 시제형을 쓰세요.

(1) ________________ mucho esta semana. (trabajar)
이번 주에 나는 많은 일을 했어.

(2) El año pasado ________________ a Perú. (ir)
작년에 나는 페루에 갔었어.

(3) ¿________________ paella alguna vez? (comer)
너 파에야 먹어 본 적 있어?

정답 1. (1) miró (2) veo 2. (1) nada (2) algún (3) Todos 3. (1) No / nadie (2) no / ningún
4. (1) He trabajado (2) fui (3) Has comido

Cultura

스페인에서 집 구하기

스페인은 전세 개념이 없이 자가 혹은 월세만 존재합니다. 대도시의 경우 집값이 비싸, 보통 결혼 전까지 부모님과 살거나 친구들과 집을 빌려 같이 삽니다.

집을 살 때는 대부분 '이포테카 hipoteca(주택대출)'를 받아 20~30년간 대출금을 갚기 때문에 이사를 잘 안 합니다. 유학생 혹은 지방에서 올라온 학생들의 경우, 한 집을 여럿이 나눠 쓰는 '셰어하우스 piso a compartir'가 보편적입니다.

유명한 집 찾기 사이트로 www.idealista.com, www.fotocasa.es가 있습니다. 집을 구할 때는 월세와 보증금 fianza이 얼마인지, 월세에 공과금 gasto이 포함되는지 등을 잘 확인해야 합니다. 스페인은 법적으로 세입자 퇴거가 어려워, 집주인이 1년 치 월세를 미리 받거나 직장이 없으면 세를 안 주는 등 까다로운 조건을 걸기도 합니다.

스페인 주택 1

스페인은 건물을 높게 짓지 않는 편으로, 대부분 4~5층 정도의 빌라 piso입니다. 또한 옛 건물에 재건축 규제가 엄격해 도시 중심일수록 오래된 낮은 건물들이 많습니다. 외곽으로 나오면 정원과 수영장 등이 딸린 주택 chalet을 찾을 수 있습니다.

스페인 주택 2

Capítulo **10.**
학교생활

¿Has hecho los deberes?
너 숙제는 했어?

학습 목표

Diálogo	**10-1. ¿Has hecho los deberes?** **너 숙제는 했어?**
	10-2. ¿Cómo te fue el examen final? **기말고사 어땠어?**
Gramática	**1. 부정어Ⅱ**
	2. 단순 미래 & ir a + 동사원형

Diálogo 10-1.

MP3. 10-1

¿Has hecho los deberes?

Diego Sujin, ¿has hecho [1]los deberes?
디에고 수진, 아쓰 에초 로쓰 데베레쓰?

Sujin Sí, ayer [2-1]los hice hasta las once de la noche.
수진 씨, 아예르 로쓰 이쎄 아스따 라쓰 온쎄 데 라 노체.

Diego [3]¡Madre mía!
마드레 미아!

Yo no [2-2]los he terminado.
요 노 로쓰 에 떼르미나도.

Parece que soy el único [4]que no [2-3]los hizo.
빠레쎄 께 쏘이 엘 우니꼬 께 노 로쓰 이쏘.

유익한 정보

Información útil

놀랐을 때 감탄사

'어머나!', '엄마야!'와 같이 갑자기 깜짝 놀랐을 때는 보통 '¡Hostia!'를 씁니다.
'젠장!', '망할!'과 같이 부정적 감탄사는 '¡Joder!'를 사용합니다.

단어

Vocabulario

- □ ayer adv. 어제
- □ noche f. 밤
- □ terminar v. 끝내다
- □ único, ca adj. 유일한
- □ gato, ta m. y f. 고양이
- □ mesa f. 책상

해석

Traducción

너 숙제는 했어?

디에고 수진, 너 숙제는 했어?

수진 응, 어제 밤 11시까지 했어.

디에고 맙소사!
난 아직 다 못 끝냈어.
유일하게 숙제를 하지 않은 것 같네.

해설

Explicación

1 los deberes 숙제

항상 복수형으로 사용합니다.

2 los 그것들을

이미 언급한 los deberes를 받는 직접 목적 대명사입니다.

3 ¡Madre mía! 세상에!, 엄마야!

madre 엄마, mía 나의 것
단순히 놀라기보다 기대와 다른 결과에 대한 부정적 놀람입니다.

4 que ~하는 것

보편적으로 많이 쓰는 관계 대명사로 사람, 동물, 사물 등에 사용할 수 있습니다. 악센트가 관계 대명사에는 없지만, 의문사나 감탄사에는 붙습니다.

- Este gato **que** está encima de la mesa se llama Miu.
  책상 위에 있는 이 고양이 이름은 미우이다. (관계 대명사)
- ¿**Qué** te parece?
  넌 어떻게 생각해? (의문사)

Diálogo 10-2. MP3. 10-2

¿Cómo te fue el examen final?

Sujin Hola, Diego.
수진 올라, 디에고.

[1] ¿Cómo te fue el examen final?
꼬모 떼 푸에 엘 엑싸멘 피날?

Diego Me pareció fácil.
디에고 메 빠레씨오 파씰.

Sujin [2] Para mí fue difícil.
빠라 미 푸에 디피씰.

Diego [3-1] ¡Anímate! [3-2] Olvídalo y descansa.
아니마떼! 올비달로 이 데스깐사.

유익한 정보

Información útil

animar와 animal

animar와 animal은 '아니마르'와 '아니말'로 발음이 비슷하지만, animar는 -ar로 끝나는 동사로 '용기를 북돋다'입니다. 보통 2인칭 재귀 동사로 쓰여 상대에 용기를 북돋는 말, '¡Anímate! (힘을 내!)'로 많이 사용합니다.
animal은 '동물'을 뜻하는 남성 명사입니다.

단어

Vocabulario

- examen m. 시험
- fácil adj. 쉬운
- difícil adj. 어려운

해석

Traducción

기말고사 어땠어?

수진　안녕, 디에고.
기말고사 어땠어?

디에고　쉬웠던 것 같아.

수진　나는 어려웠어.

디에고　기운내! 잊어버리고 쉬어.

해설

Explicación

1 ¿Cómo te fue el examen final? 기말고사 어땠어?

el examen final이 주어, 3인칭 단수 fue가 동사입니다. 기말고사라는 과거의 정확한 한 시점을 묻고 있어, 단순 과거를 씁니다. te(너에게)는 목적 대명사입니다. 의문사가 있는 의문문은 [¿의문사 (+ 목적 대명사) + 동사 + 주어 + 목적어?] 구조로, 목적 대명사는 항상 동사 앞에 씁니다.

2 para ~에게는

전치사 para도 쓰임이 많은데, 이 문장에서는 '의견'을 나타냅니다. 'para mí'는 '내 생각에는', '나에게는'이라는 뜻입니다.

- A: ¿Qué quieres beber?
  너 뭐 마실래?

  B: Para mí, una coca-cola por favor.
  나는, 코카콜라 부탁해.

3 ¡Anímate!
기운내!

Olvídalo y descansa.
잊어버리고 쉬어.

모두 명령형 문장입니다.

- ¡Anímate! 너 기운내!
  (animarse 힘을 내다 → 2인칭 명령형 anima + 재귀 대명사 te)
- Olvídalo. 너 그거 잊어라.
  (olvidar 잊다 → 2인칭 명령형 olvida + 직접 목적 대명사 lo)
- Descansa. 너 쉬어라.
  (descansar 쉬다 → 2인칭 명령형 descansa)

Vocabulario fundamental

Escuela 에스꾸엘라 학교

- □ escuela 에스꾸엘라 f. 학교
- □ colegio 꼴레히오 m. 학교

Tip. escuela는 유아, 초등 교육기관을 말하며, colegio는 일반 교육기관을 통칭합니다.

- □ clase 끌라세 f. 학급, 교실; 수업
- □ curso 꾸르소 m. 강의; 학년
- □ aula 아울라 f. 교실, 강의실
- □ profesor, ra 쁘로페소르, 쁘로페소라 m. y f. 선생, 교사, 교수
- □ alumno, na 알룸노, 알룸나 m. y f. 제자, 배우는 사람
- □ estudiante 에스뚜디안떼 m. y f. 학생, 공부하는 사람
- □ examen 엑싸멘 m. 시험
- □ biblioteca 비블리오떼까 f. 도서관
- □ enseñar 엔세냐르 v. 가르치다
- □ aprender 아쁘렌데르 v. 배우다
- □ estudiar 에스뚜디아르 v. 공부하다
- □ graduarse 그라두아르세 v. 졸업하다
- □ graduación 그라두아씨온 f. 졸업

- □ asignatura 아시그나뚜라 f. 과목
- □ literatura 리떼라뚜라 f. 문학
- □ historia 이스또리아 f. 역사
- □ inglés 잉글레쓰 m. 영어
- □ matemáticas 마떼마띠까쓰 f. 수학
- □ ciencias 씨엔씨아쓰 f. 과학
- □ física 피시까 f. 물리학
- □ química 끼미까 f. 화학
- □ biología 비올로히아 f. 생물
- □ música 무시까 f. 음악
- □ arte 아르떼 m. 미술

- □ material escolar 마떼리알 에스꼴라르 학용품
- □ mochila 모칠라 f. 책가방, 백팩
- □ libro 리브로 m. 책
- □ cuaderno 꾸아데르노 m. 공책
- □ carpeta 까르뻬따 f. 파일, 파인더
- □ pizarra 삐싸라 f. 칠판
- □ tiza 띠싸 f. 분필
- □ estuche 에스뚜체 m. 필통
- □ bolígrafo 볼리그라포 m. 볼펜
- □ lápiz 라삐쓰 m. 연필
- □ subrayador 쑵라야도르 m. 형광펜
- □ goma 고마 f. 지우개; 고무
- □ sacapuntas 싸까뿐따쓰 m. 연필깎이
- □ regla 레글라 f. 자
- □ tijeras 띠헤라쓰 f. 가위
- □ pegamento 뻬가멘또 m. 풀
- □ celo 쎌로 m. 스카치테이프
- □ diccionario 딕씨오나리오 m. 사전
- □ calculadora 깔꿀라도라 f. 계산기

Gramática

Unidad 1. 부정어 II

✔ uno, na / unos, nas

무엇인지 알 수 없는 것을 지칭합니다. 명사 앞에 쓰거나, 대화상 무엇인지 인지하고 있을 때는 명사 없이 **단독으로** 사용합니다. 명사 앞에서 uno는 o가 탈락하여 un이 됩니다. uno는 단독으로 사용할 때만 씁니다.

구분		남성	여성	
단수	하나의	un(o)	una	+ 명사
복수	몇 개(명)의	unos	unas	

- Tengo **unos** amigos que viven en Madrid.
  나는 마드리드에 사는 친구가 몇 명 있다.
- A: Necesito **un** lápiz. 나는 연필이 하나 필요해요.
  B: Tengo **uno**. (= Tengo un lápiz.) 나 하나 있어요.

✔ otro, ra / otros, ras

무엇인지 알 수 없으나, 내가 언급한 것과 같은 범위에서 '추가의' 또는 '다른 종류의' 것을 말할 때 씁니다. 명사 앞에 쓰거나, 대화상 무엇인지 인지하고 있을 때는 명사 없이 단독으로 사용합니다.

구분		남성	여성	
단수	다른 하나의	otro	otra	+ 명사
복수	다른 몇 개의	otros	otras	

- Me das **un** café con leche? **Otro** (café), por favor.
  커피 한 잔 주시겠어요? 한 잔 더 주세요. (추가)
- ¿No tienes **otro color**? 다른 색은 없어요? (지금 보는 것과 다른 색)

✔ mucho, poco, demasiado, suficiente 등

정확한 개수가 아닌 대략적인 양을 말할 때 씁니다. 형용사 역할을 하며(nada de 제외), 대화상 무엇인지 알 때는 명사 없이 단독으로 사용합니다.

구분	양이 많은 순	남성	여성	명사를 꾸며 줄 때
단수	필요보다 너무 많은	demasiado	demasiada	+ 셀 수 없는 단수 명사
	많은	mucho	mucha	
	꽤, 상당히	bastante		
	필요한 만큼 충분한	suficiente		
	다소, 얼마간	un poco de		
	적은, 조금	poco	poca	
	없는	nada de		
		ningún	ninguna	+ 셀 수 있는 단수 명사
복수	필요보다 너무 많은	demasiados	demasiadas	+ 복수 명사
	많은	muchos	muchas	
	꽤	bastantes		
	필요한 만큼 충분한	suficientes		
	적은, 조금	pocos	pocas	
	없는	ningunos	ningunas	

¡Atención! 'un poco de + 셀 수 없는 명사 = algo'입니다. un poco de는 '컵에 물이 이만큼 남았다'처럼 긍정적인 뉘앙스이지만, poco는 '컵에 물이 이것밖에 안 남았다' 같은 부정적인 뉘앙스입니다.

¡Atención! ningunos(nas)는 tijeras(가위), pantalones(바지) 등과 같이 복수형으로만 쓰는 명사를 수식할 때 사용합니다.

- Hay **demasiada** gente en el salón.
  거실에 사람이 너무 많다.
- Jose tiene **bastante** paciencia.
  호세는 인내심이 상당하다.
- Tengo **suficiente** dinero.
  나는 돈이 충분히 있다.
- Teníamos **un poco de** tiempo para comer.
  우리는 밥 먹을 얼마간의 시간이 있었다.
- Tengo **poco** tiempo para hacerlo.
  나는 그거 할 시간이 조금밖에 없다.
- No tengo **nada de** dinero.
  나는 돈이 전혀 없다.
- No me ha dado **ninguna** explicación.
  나에게 아무런 설명도 해 주지 않았다.
- Nuria tiene **muchos** juguetes.
  누리아는 장난감을 많이 가지고 있다.
- Hay **pocos** coches en el parking.
  주차장에 차가 적게 있다.

¡Atención! 일부 부정어(mucho, poco, bastante, demasiado 등)는 수량을 나타내는 부사이기도 합니다. 부사로 사용한다면 일반적으로 동사의 뒤, 형용사나 다른 부사의 앞에 놓이며 성과 수의 영향을 받지 않습니다.

- Te quiero **mucho**. 너를 많이 사랑해.
- Anoche dormí **poco**. 어젯밤 조금밖에 못 잤어.
- José es **bastante** gordo. 호세는 상당히 뚱뚱하다.
- Es **demasiado** tarde para salir. 밖에 나가기에 너무 늦었어.

Unidad 2. 단순 미래 & ir a + 동사원형

✔ 단순 미래

1. 형태

단순 미래는 동사 어미와 상관없이 인칭마다 다음과 같이 변화를 합니다.

- **-ar, -er, -ir 동사 모두** -é, -ás, -á, -emos, -éis, -án

주어			단순 미래
			trabajar 일하다
1인칭	단수	yo 나	trabajaré
2인칭		tú 너	trabajarás
3인칭		él, ella, usted(= ud.) 그, 그녀, 당신	trabajará
1인칭	복수	nosotros, nosotras 우리들	trabajaremos
2인칭		vosotros, vosotras 너희들	trabajaréis
3인칭		ellos, ellas, ustedes(= uds.) 그들, 그녀들, 당신들	trabajarán

2. 쓰임

① 미래에 대한 예상

- Me voy ahora. **Volveré** pronto. 나는 지금 가요. 금방 돌아올게요.
- Estoy cansado. Mañana me **quedaré** en casa.
  나는 피곤해요. 내일은 집에 있을 거예요.
- A: ¿Tenéis agua? 물 있나요?
  B: Ya no queda. **Tendremos** mañana.
  이미 다 팔았어요. 내일은 있을 거예요.

② 현재에 대한 추측

- A: ¿Sabes donde está María? 너 마리아가 어디 있는지 아니?

  B: No sé. **Estará** en la cocina. 글쎄. 부엌에 있겠지.
- Manolo **tendrá** hambre.

  마놀로는 배고플 거 같아요.

3. 불규칙 변화

어미는 규칙과 동일하게 변하고, '뿌리'가 불규칙 변화를 합니다. 여기서 '뿌리'란, trabajar에서 -ar를 제외한 trabaj-입니다.

동사원형	뿌리 불규칙 변화
decir 말하다	**dir-**
haber ~이다	**habr-**
hacer 하다	**har-**
poder 할 수 있다	**podr-**
poner 놓다	**pondr-**
querer 원하다	**querr-**
saber 알다	**sabr-**
salir 나가다	**saldr-**
tener 가지다	**tendr-**
valer 가치가 있다	**valdr-**
venir 오다	**vendr-**

- decir 말하다 **dir**é - **dir**ás - **dir**á - **dir**emos - **dir**éis - **dir**án
- tener 가지다 **tendr**é - **tendr**ás - **tendr**á - **tendr**emos - **tendr**éis - **tendr**án
- deshacer 원상태로 돌리다 des**har**é - des**har**ás - des**har**á - des**har**emos - des**har**éis - des**har**án

¡Atención! 불규칙 동사에서 파생한 복합동사의 경우, 불규칙 법칙을 따라갑니다. 예를 들어, deshacer는 hacer와 동일한 불규칙 변화를 합니다.

✔ ir a + 동사원형

1. 형태

'~을 할 것이다'라는 미래를 나타내는 또 다른 표현입니다.

주어			직설법 현재형 ir	
1인칭	단수	yo 나	voy	a + 동사원형
2인칭		tú 너	vas	
3인칭		él, ella, usted(= ud.) 그, 그녀, 당신	va	
1인칭	복수	nosotros, nosotras 우리들	vamos	
2인칭		vosotros, vosotras 너희들	vais	
3인칭		ellos, ellas, ustedes(= uds.) 그들, 그녀들, 당신들	van	

2. 쓰임

① 결정, 계획 등을 말할 때

- A: ¿Qué **vas a hacer** esta tarde? 오늘 오후에 뭐 할 거야?
  B: **Voy a dormir**. 나는 잘 거야.
- ¿**Vas a cenar**? 저녁 먹을 거야?

② 현재에 대한 결과로 무슨 일이 일어날 것인지 확신할 때

- ¡Bájate! **Te vas a caer**. 내려와! 너 떨어진다.
- Está muy cansada. **Se va a dormir** pronto.
  걔 완전 피곤해. 곧 잘 거야.

3. 불완료 과거 ir a + 동사원형

ir를 불완료 과거로 쓰면 '~하려고 했다'는 과거의 계획 혹은 결과에 대한 과거 확신을 표현합니다.

- ir 불완료 과거형 iba - ibas - iba - íbamos - ibais - iban
- **Te iba a llamar.** 너한테 전화하려고 했었어.
- Nos dijeron que **íbamos a llegar** a las 12.
  그들은 12시에 도착할 거라고 우리한테 말했어.

✔ 미래 시제 비교

현재형, 단순 미래, 'ir a + 동사원형' 이렇게 세 가지는 미래를 나타내지만, 차이가 있습니다.

현재형 매우 확신하는 미래	Alfonso y Laura se **casan** en septiembre. 알폰소와 라우라는 9월에 결혼한다. Luego te **llamo**. 내가 나중에 전화할게요.
단순 미래 확신할 수 없는 예상 혹은 추측	Quizá mañana **iré**. 아마도 내일은 갈 거예요.
ir a + 동사원형 정황상 그 일이 일어날 거라는 결과 및 현재 계획	Son las nueve y cuarto. **Va a llegar** el tren. 지금 9시 15분이에요. 열차가 도착할 거예요.

Ejercicios

1. 다음 과목을 스페인어로 쓰세요.

(1) 영어 → ______________

(2) 수학 → ______________

(3) 음악 → ______________

(4) 과학 → ______________

2. 다음 빈칸에 들어갈 알맞은 부정어를 보기에서 골라 쓰세요.

〈보기〉 muchos mucha pocos ninguno

(1) Tengo ______________ amigos. 나는 친구가 조금밖에 없다.

(2) Siempre hay ______________ gente en la playa. 바다에는 항상 사람이 많다.

(3) El arco iris tiene ______________ colores. 무지개는 많은 색깔을 가지고 있다.

(4) ______________ de nosotros llegó en tiempo.
우리 중 누구도 제시간에 도착하지 않았다.

3. 다음은 동사의 단순 미래 변화입니다. 빈칸을 채워 보세요.

동사원형 / 주어	poder 할 수 있다	querer 원하다	tener 가지다	decir 말하다
yo	podré	(3)	(5)	diré
tú	podrás	querrás	tendrás	(7)
él, ella, usted	podrán	(4)	tendrá	dirá
nosotros, nosotras	(1)	querremos	tendremos	diremos
vosotros, vosotras	podréis	querréis	(6)	diréis
ellos, ellas, ustedes	(2)	querrán	tendrán	(8)

정답 1. (1) inglés (2) matemáticas (3) música (4) ciencias 2. (1) pocos (2) mucha (3) muchos (4) Ninguno
3. (1) podremos (2) podrán (3) querré (4) querrá (5) tendré (6) tendréis (7) dirás (8) dirán

Cultura

스페인 교육제도

스페인에서는 어떤 과정으로 정규 교육이 이루어지는지 알아봅시다.

1. Primer ciclo (0~3세)

스페인은 맞벌이 부부가 많아 아기를 어린이집 guardería에 대부분 보냅니다. 맞벌이가 아니어도 어릴 때부터 사회성을 기르기 위해 보내야 한다고 스페인 부모들은 생각합니다.

2. Segundo ciclo (3~6세)

의무 교육은 아니지만, 대부분 만 3세부터 한국의 '유치원'에 해당하는 이 학교에 들어가 알파벳, 숫자, 영어 등을 배웁니다.

3. Educación primaria (6~12세)

의무 교육으로 국립은 수업료가 무료입니다. 사립은 보통 영국 혹은 미국식 학제를 따르는 국제 학교들이 많으며, 반사립은 수업료를 내는 국립학교라 생각하면 됩니다.

4. Educación secundaria (12~16세)

의무 교육으로 이 4년 과정을 마치면, 진학과 취업 중 선택을 합니다. 대학 입시를 위한 고등학교 과정 Bachillerato과 디자인, 체육, 기술, 관광 분야 등의 기술을 배우는 정부가 운영하는 직업 전문학교 Ciclos Formativos de Grado Medio가 있습니다.

5. Bachillerato (16~18세)

고등학교 과정으로, 4년제 대학 또는 직업 전문학교보다 한 단계 높은 전문대 Ciclos Formativos de Grado Superior에 진학할 준비를 합니다. 대학 진학을 위해서는 흔히 selectividad으로 알려진 'EBAU 혹은 EvAU(Evaluación del Bachillerato para el Acceso a la Universidad, 수학능력시험)'를 쳐야 합니다. 스페인은 교육제도가 자주 개편되어, 공식 입학시험 명칭도 빈번히 변경되는데 보통 selectividad으로 부릅니다.

학교 1

학교 2

Capítulo 11.
여행 계획

¿Qué vas a hacer estas vacaciones?
이번 방학에 뭐 할 거야?

학습 목표

Diálogo
11-1. ¿Qué vas a hacer estas vacaciones?
이번 방학에 뭐 할 거야?
11-2. ¿Con quién te vas de viaje?
누구랑 여행 가는데?

Gramática
1. 직접 / 간접 목적 대명사
2. 현재 진행형

Diálogo 11-1. MP3. 11-1

¿Qué vas a hacer estas vacaciones?

Sujin [1]¿Qué [2]vas a hacer estas [3]vacaciones[1]?
수진 께 바쓰 아 아쎄르 에스따쓰 바까씨오네쓰?

Diego [4]Quizá iré a Ibiza.
디에고 끼싸 이레 아 이비싸.

Sujin [5]¿Con quién?
꼰 끼엔?

Diego Con un amigo.
꼰 운 아미고.
¿Y tú? ¿Qué vas a hacer?
이 뚜? 께 바쓰 아 아쎄르?

Sujin Todavía no lo sé.
또다비아 노 로 쎄.

유익한 정보

Información útil

클러버들의 천국 이비사(Ibiza)섬

이비사섬은 스페인 동쪽에 위치한 작은 섬입니다. 이곳에 많은 관광 장소가 있지만, 여기가 유명한 이유는 바로 세계적인 클럽들이 모여 있기 때문입니다. 규모뿐만 아니라 유명한 디제이들이 공연을 하기 때문에 여름이면 연예인, 스포츠 스타 등 많은 유명 인사들이 즐겨 찾는 곳입니다.

단어

Vocabulario

- □ con prep. ~와 함께
- □ amigo, ga m. y f. 친구
- □ todavía adv. 아직, 지금까지

해석

Traducción

이번 방학에 뭐 할 거야?

수진 이번 방학에 뭐 할 거야?

디에고 아마도 이비사를 갈 거 같아.

수진 누구와?

디에고 친구 한 명이랑.
너는? 너는 뭐 할 거야?

수진 아직 잘 모르겠어.

해설

Explicación

1 ¿Qué ~? 무엇~?

qué는 사물, 상황, 행동을 묻는 의문사입니다. 의문사가 있는 문장은 [¿의문사 + 동사 + 주어 + 목적어 ~?] 순서로, 보통 '주어'를 생략합니다. 의문사 qué는 반드시 악센트 기호가 붙으며, 없는 것은 관계 대명사입니다.

2 vas a hacer ~을 할 것이다

[ir a + 동사원형] 동사구 구조로, 미래에 일어날 일을 표현합니다.

3 vacaciones 방학, 휴가

'방학', '휴가'라는 뜻입니다. 단수형도 문법적으로 틀린 표현은 아니지만, 주로 복수형으로 씁니다.

4 quizá iré ~ 아마도 ~를 갈 거 같다

quizá는 '아마도'라는 뜻으로, quizás로 쓸 수도 있습니다. ir 동사의 1인칭 단순 미래형 iré는 '확신할 수 없는 예상 혹은 추측'을 말하는 '아마도'라는 표현에 쓰였습니다.

5 ¿Con quién ~?
누구와~?, 누구랑~?

이 문장은 [¿전치사 + 의문사 ~?] 구조입니다. [¿의문사 + 동사 + 주어 + 목적어 ~?] 어순에서, '동사에 딸린 전치사'가 있을 경우 해당 전치사는 항상 문장의 맨 앞에 오게 됩니다. 이 문장은 '¿Con quién (vas a ir a Ibiza)?'에서 대화상 동사 이하 내용이 없어도 이해할 수 있어서, 생략한 것입니다.

Diálogo 11-2. MP3. 11-2

¿Con quién te vas de viaje?

Diego ¿Con quién [1]te vas de viaje?
디에고 꼰 끼엔 떼 바쓰 데 비아헤?

Sujin [2]En principio me voy sola.
수진 엔 쁘린씨삐오 메 보이 쏠라.

Diego [3]Ten mucho cuidado y [4]pásalo bien.
뗀 무초 꾸이다도 이 빠살로 비엔.

Sujin Sí, gracias.
씨, 그라씨아쓰.
Igualmente, espero que tú también [5]pases un buen verano.
이구알멘떼, 에스뻬로 께 뚜 땀비엔 빠세쓰 운 부엔 베라노.

유익한 정보

Información útil

스페인 사람들이 즐겨 찾는 스페인 관광지

스페인 사람들에게 사랑받는 관광지는 어디일까요? 바닷가로 휴가를 가는 편이며, 스페인 남동쪽의 알리칸테(Alicante), 남쪽의 카디스(Cádiz), 말라가(Málaga) 등이 유명합니다. 또한 스페인 동쪽에 위치한 란사로테(Lanzarote), 테네리페(Tenerife), 라 팔마(La Palma), 그란 카나리아(Gran Canaria) 등의 섬들도 많이 가는 휴가지입니다.

단어
Vocabulario

- □ viaje m. 여행
- □ solo, la adj. 혼자, 하나의
- □ mucho, cha adj. 많은
- □ cuidado m. 조심, 주의
- □ igualmente adv. 마찬가지
- □ verano m. 여름

해석
Traducción

누구랑 여행 가는데?

디에고 누구랑 여행 가는데?

수진 일단은 혼자 가.

디에고 몸 조심하고 재미있게 보내.

수진 응, 고마워.
너도 마찬가지야, 즐거운 여름 보내길 바라.

해설
Explicación

1 te vas de viaje 여행을 가다
(irse de viaje = irse de vacaciones)

irse는 재귀 동사로, ir의 '가다'라는 뜻이 주어에 반영되어 '주어가 가다, 떠나다'가 되었습니다. 이 의문문은 [¿전치사 + 의문사 + 동사 + 주어 ~?] 구조입니다.

- Voy al colegio. 나는 학교를 간다.
  (목적지 학교를 강조)
- Me voy a comer. 나 밥 먹으러 간다.
  ('간다'는 행위를 강조하여, '떠난다'는 뉘앙스)

2 en principio 일단은

잠정적인 것을 말할 때 사용합니다. 누군가가 생일에 초대했을 때 '(정확히 모르겠지만) 일단은 가능해'라는 뜻으로 'En principio, sí.'라고 합니다.

3 ten 가지다
(tener **2인칭 단수 긍정 명령형, 불규칙 변화**)

긍정 명령형 문장입니다. 명령형은 '명령'뿐만 아니라 '조언'에도 씁니다.

4 pásalo bien 잘 보내다
(2인칭 단수 긍정 명령형)

pasarlo bien은 숙어처럼 항상 같이 쓰는 표현으로, lo는 '그것'을 뜻하는 직접 목적 대명사입니다.

- Ayer no me lo pasé bien.
  나는 어제 잘 못 보냈다.
  (lo = 어제 내가 보냈던 시간)

5 pases 보내다
(pasar **2인칭 단수 접속법**)

'접속법' 문장으로, 명령형과의 차이는 que가 붙어 '내가 바라는 것(espero que) = 네가 여름을 잘 보내는 것(pases un buen verano)' 이렇게 두 문장의 주어가 다르다는 점입니다. '명령형' 문장으로 쓰면, 'Tu también pasa un buen verano. (너도 여름 잘 보내.)'입니다.

Vocabulario fundamental

Viaje 비아헤 여행

□ viaje 비아헤 m. 여행
□ agencia de viajes 아헨씨아 데 비아헤쓰 여행사
□ seguro de viaje 쎄구로 데 비아헤 여행자 보험
□ viaje de novios 비아헤 데 노비오쓰 신혼여행
□ excursión 엑쓰꾸르시온 f. 소풍, 수학여행
□ crucero 끄루쎄로 m. 크루즈 여행
□ turismo 뚜리스모 m. 관광
□ turista 뚜리스따 m. y f. 관광객
□ oficina de información 오피씨나 데 임포르마씨온 관광 안내소
□ mapa 마빠 m. 지도
□ ruta 루따 f. 경로, 노정
□ destino 데스띠노 m. 목적지, 행선지
□ guía 기아 m. 안내 m. y f. 가이드(사람)
□ pasaporte 빠사뽀르떼 m. 여권
□ visado 비사도 m. 비자
□ equipaje 에끼빠헤 m. 짐, 수하물
□ maleta 말레따 f. 트렁크, 캐리어
□ oficina de objetos perdidos 오피씨나 데 옵헤또쓰 뻬르디도쓰 분실물 보관소
□ pasajero 빠사헤로 m. 승객
□ horario 오라리오 m. 운행 시간표
□ tarifa 따리파 f. 가격, 요금
□ taquilla 따끼야 f. 매표소
□ billete 비예떼 m. 표

- □ reserva 레세르바 f. 예약
- □ hotel 오뗄 m. 호텔
- □ hostal 오스딸 m. 호스텔
- □ habitación 아비따씨온 f. 방
  - □ habitaciones 아비따씨오네쓰 pl. 객실
  - □ habitación individual 아비따씨온 인디비두알 싱글룸
  - □ habitación doble 아비따씨온 도블레 더블룸
- □ recepción 레쎕씨온 f. 리셉션, 안내데스크
- □ recepcionista 레쎕씨오니스따 m. y f. 안내원, 프런트 담당자
- □ portero, ra 뽀르떼로, 뽀르떼라 m. y f. 도어맨
- □ piscina 삐스씨나 f. 수영장
- □ restaurante 레스따우란떼 m. 식당, 레스토랑

- □ monumento 모누멘또 m. 기념비, 기념탑
- □ palacio 빨라씨오 m. 궁, 왕궁
- □ castillo 까르띠요 m. 성
- □ catedral 까떼드랄 f. 대성당
- □ templo 뗌쁠로 m. 사원; 신전
- □ museo 무세오 m. 박물관; 미술관
- □ exposición 엑쓰뽀시씨온 f. 전시회
- □ parque 빠르께 m. 공원
- □ plaza 쁠라싸 f. 광장
- □ playa 쁠라야 f. 해변
- □ mar 마르 m. 바다
- □ montaña 몬따냐 f. 산
- □ recuerdo 레꾸에르도 m. 기념품
- □ souvenir 쑤베니르 m. 기념품
- □ regalo 레갈로 m. 선물

Unidad 1. 직접 / 간접 목적 대명사

목적어는 문장에서 '~을' 혹은 '~에게'라고 해석이 됩니다. '~을'에 해당하는 직접 목적어(complemento directo)는 동사 행위가 목적어에 바로 직접 반영되는 것이고, '~에게'에 해당하는 간접 목적어(complemento indirecto)는 동사 행위가 목적어에 간접 반영되는 것입니다. 목적 대명사는 이런 목적어를 문장 내에서 같은 단어로 반복되지 않도록 '대체'하는 역할을 합니다.

- Leo un libro. 나는 책을 읽는다.
  (내가 읽는다는 행위가 책에 직접 반영)
- Leo un libro a mi hija. 나는 내 딸에게 책을 읽어준다.
  (내가 읽는 행위가 '딸에게'가 간접 반영)

✔ 형태와 쓰임

1. 형태

구분·의미 / 인칭		직접 목적 대명사(= 직목), ~을	간접 목적 대명사(= 간목), ~에게
1인칭	단수	me	me
2인칭		te	te
3인칭		lo 또는 le, la	le 또는 se
1인칭	복수	nos	nos
2인칭		os	os
3인칭		los, las	les 또는 se

¡Atención! 직접 목적 대명사에서 '남자 사람(3인칭 남성)'일 경우, 원어민도 lo, los 대신 le, les를 많이 씁니다. 이를 'leísmo'라고 하는데 이 표현은 잘못된 사용이었으나, 2004년 왕립 스페인어 아카데미(RAE)에서 단수형 le도 올바른 표현이라고 승인했습니다. 복수형 les는 아직도 틀린 표현입니다.

- Escribe **una carta** a César. 그녀는 세사르에게 **카드를** 쓴다.
  = **La** escribe a César. 그녀는 세사르에게 **그것을** 쓴다. (직목)
  = Le escribe una carta. 그녀는 그에게 카드를 쓴다. (간목)
  = Se **la** escribe. 그녀는 그에게 **그것을** 쓴다. (간목 + 직목)

2. 쓰임

동사 중에는 목적어 없이 동사만으로 문장의 뜻이 완성되는 자동사, 동사만으로는 문장의 뜻이 완성될 수 없어 직접 목적어가 필요한 타동사가 있습니다. contar(이야기하다), dar(주다), decir(말하다), pedir(부탁하다, 주문하다), traer(가져오다) 등의 동사는 직접 목적어뿐만 아니라 간접 목적어도 같이 쓰는 경우가 많습니다.

- Nosotros dormimos. 우리는 잠을 잔다.
  (dormir 동사, 목적어 필요 없음)
- Veo **una película**. 나는 영화를 하나 본다.
  (ver 동사, 무엇을 보는지에 대한 직접 목적어 필요)
- Te digo **adiós**. 나는 너에게 작별을 말한다. (decir 동사)
- ¿Le traigo **algo de beber**?
  당신에게 마실 것을 가져다드릴까요? (traer 동사)

✔ 규칙

1. 위치

둘 다 동사 앞에 옵니다. 문장 내에 간목과 직목이 같이 오는 경우 **간목이 직목 앞**에 위치(간목 + 직목)합니다.

2. 대체 가능 범위

직목은 **사람, 동물, 사물** 모두 가능하고, 간목은 사람 혹은 동물만 가능하며 사물은 대체 불가능합니다.

3. 생략 여부

직목을 의미하는 목적어는 **반드시 생략**합니다. 간목을 의미하는 목적어는 일반적으로 생략하는데, **생략하지 않아도** 틀린 것은 아닙니다.

- Se **la** escribe a César. (○)
  / Se **la** escribe una carta. (×, una carta를 반드시 생략)

4. 3인칭 간목과 직목이 같이 오는 경우

간목이 **se**로 바뀝니다. le lo 레 로, le la 레 라, les los 레쓰 로쓰, les las 레쓰 라쓰처럼 'l(ㄹ)'발음이 여러 번 중복되는 것을 막기 위함입니다.

- Pido la cuenta al camarero. 웨이터에게 계산서를 요청한다.
  = Se la pido. 쎄 라 삐도 (○)
  / Le la pido. 레 라 삐도 (×)

5. 동사원형, 현재분사에서 간목이나 직목이 오는 경우

간목과 직목이 **동사 앞에 오거나 뒤에 붙**습니다.

- Voy a dar **las camisetas** a Julia.
  나는 훌리아에게 내 **티셔츠들을** 줄 것이다.
  = Se **las** voy a dar. 나는 그녀에게 **그것들을** 줄 것이다. (동사 앞)
  = Voy a darse**las**. (동사 뒤)
- Estoy comiendo **palomitas**. 나는 팝콘을 먹고 있다.
  = **Las** estoy comiendo.
  = Estoy comiéndo**las**.

6. 긍정 명령법에서 간목이나 직목이 오는 경우

반드시 동사 뒤에 붙습니다.

- ¡Láva**te** las manos! (너) 손 닦아라!
  = ¡Láva**te**las! (상대가 las가 무엇인지 알고 있다면)

✔ 직접 / 간접 목적 대명사가 포함된 부정문

- 주어 + no + 직접 / 간접 목적 대명사 + 동사

일반적으로 문장을 부정문으로 만들 때는 동사 앞에 no가 와서, [주어 + **no** + **동사** + 직접 / 간접 목적어] 구조가 됩니다. 반면, '직접 / 간접 목적 대명사'가 있는 문장은 그 앞에 no가 옵니다.

- Martina **no** pone **el collar** a su perro.
  마르티나는 그녀의 개에게 **목줄을** 하지 않는다.

  = Martina **no lo** pone a su perro.
  마르티나는 그녀의 개에게 **그것을** 하지 않는다.

  = Martina **no** le pone el collar.
  마르티나는 그것에게 **목줄을** 하지 않는다.

  = Martina **no** se **lo** pone.
  마르티나는 그것에게 **그것을** 하지 않는다.

Gramática

Unidad 2. 현재 진행형

현재 진행형(presente de estar + gerundio)은 '나는 밥을 먹는 중이다'처럼 그 순간에 일어나는 일을 말할 때 사용합니다. estar의 시제에 따라 과거, 현재, 미래 진행형으로 나타낼 수 있습니다.

✔ 형태

- estar 동사 + 현재분사(gerundio)

주어			현재 진행형	
			estar	현재분사
1인칭	단수	yo 나	estoy	+ habl**ando** (-ar 동사) 말하다 + com**iendo** (-er 동사) 먹다 + viv**iendo** (-ir 동사) 살다
2인칭		tú 너	estás	
3인칭		él, ella, usted(= ud.) 그, 그녀, 당신	está	
1인칭	복수	nosotros, nosotras 우리들	estamos	
2인칭		vosotros, vosotras 너희들	estáis	
3인칭		ellos, ellas, ustedes (= uds.) 그들, 그녀들, 당신들	están	

✔ 쓰임

1. 말하는 그 순간에 일어나는 일

- A: ¿Qué **estás** hac**iendo**? 뭐 **하고 있어요**?

  B: **Estoy** trabaj**ando**. 일하고 있는 **중이에요**.

2. 지금과 관련 있는 시간 속 일시적인 일을 설명할 때

- **Esta semana está** llov**iendo** mucho.
  이번 주에 비가 많이 **오고 있다.**
- **Últimamente** no **estoy** com**iendo** bien.
  최근에 나는 잘 먹지 못**하고 있다.**

✔ 현재 진행형과 쓰는 표현

hoy 오늘, esta semana 이번 주, este mes 이번 달, este año 올해, últimamente 최근에, estos días 요즘에는

✔ 현재분사 불규칙 변화형

일부 동사의 현재분사형은 e → i, o → u, 뿌리가 모음으로 끝날 때 → y로 불규칙 변화합니다.

형태	동사원형	현재분사
e → i 변화	decir 말하다	diciendo
	elegir 선택하다	eligiendo
	hervir 끓다	hirviendo
	mentir 거짓말하다	mintiendo
	pedir 부탁하다	pidiendo
	preferir 선호하다	prefiriendo
	vestir 옷을 입다	vistiendo
	venir 오다	viniendo
o → u 변화	dormir 자다	durmiendo
	morir 죽다	muriendo
뿌리가 모음으로 끝날 때 → y 변화	leer 읽다	leyendo
	oir 듣다	oyendo
	traer 가져오다	trayendo

✔ 간접 / 직접 목적 대명사와 함께 쓰는 경우

목적 대명사가 쓰인 경우, 동사의 앞에 오거나 현재분사 뒤에 붙습니다.
동사의 앞에 올 경우에는 간접, 직접 목적 대명사를 각각 따로 띄어 씁니다.
현재분사의 뒤에 올 때는 간접, 직접 목적 대명사를 붙여서 씁니다.

- Se **lo** estoy dando. 나는 그에게 **그것을** 주는 중이다.
  = Estoy dándose**lo**.

✔ 현재형과 현재 진행형의 차이

반복해서 일어나는 일은 '일반적인 것'으로 현재형, 일시적인 일은 '그 순간이나 일정 기간에 일어나는 것'으로 현재 진행형을 씁니다.

- Desayuno pan todas las mañanas.
  나는 매일 아침 빵을 아침으로 먹는다. (현재형)
- Estos días no estoy desayunando.
  요즘에는 아침을 먹지 않는다. (현재 진행형)

Ejercicios

1. 다음 빈칸에 알맞은 직접 또는 간접 목적 대명사를 쓰세요.

(1) Belen escribe una carta a su abuela.
벨렌은 그녀의 할머니에게 카드를 한 장 쓴다.

= Belen ________ escribe a su abuela.

= Belen ________ escribe una carta.

= Belen ________ ________ escribe.

(2) Voy a comprar un regalo para mi madre.
나는 엄마에게 선물을 사 드릴 거야.

= ________ voy a comprar para mi madre.

= ________ voy a comprar un regalo.

= ________ ________ voy a comprar.

2. 다음 문장에서 알맞은 목적 대명사를 고르세요.

(1) Me / Se / Te doy mi amor. 너에게 내 사랑을 줄게.

(2) Se / Lo / La lo / le / la pregunté ayer. 내가 어제 그녀에게 그거 물어봤어.

(3) ¿Te / Me / Lo has dicho algo? 너 나한테 무슨 말 했어?

(4) ¿Te / Me / Lo lo / le / se traes? 너 나에게 그것 좀 가져다줄래?

3. 다음 빈칸에 알맞은 현재분사형을 쓰세요.

(1) leer 읽다 → ________

(2) decir 말하다 → ________

(3) elegir 선택하다 → ________

(4) morir 죽다 → ________

(5) oir 듣다 → ________

정답 1. (1) la, le, se / la (2) Lo, Le, Se / lo 2. (1) Te (2) Se / lo (3) Me (4) Me / lo
3. (1) leyendo (2) diciendo (3) eligiendo (4) muriendo (5) oyendo

Cultura

바르셀로나 가우디 투어

이베리아반도 오른쪽 끝, 지중해를 끼고 있는 작은 항구 도시 바르셀로나는 도시 자체가 안토니 가우디 Antoni Gaudí 작품이라고 해도 과언이 아닙니다. 가우디는 빛, 물과 같은 자연을 사랑하고 선의 아름다움을 표현한 천재 건축가입니다. 그만의 독특한 양식은 그가 활동하던 시절 '기괴하다'는 혹평도 받았습니다. 하지만 지금은 도시 곳곳에서 주변 환경과 잘 녹아든 그의 건축물을 보기 위해 전 세계 관광객들이 바르셀로나로 향하고 있습니다.

사그라다 파밀리아

가우디의 가장 유명한 작품은 '사그라다 파밀리아 La Sagrada Familia(성가족 성당)'로 1882년부터 공사를 시작하여 가우디 사망한 이후 현재까지 진행 중입니다. 우뚝 솟은 첨탑 4개가 상징인 이 건축물은 사후 100주년이 되는 2026년 완성할 예정입니다. 그 밖에 모자이크 양식의 화려함을 자랑하는 구엘 공원 Park Güell과 벤치, 해골 뼈를 연상시키는 카사 바트요 Casa Batlló, 곡선이 아름답게 흐르는 카사 밀라 Casa Milà 등이 유명합니다.

구엘 공원

카사 밀라

가우디의 다양한 건축물들을 둘러보는 '가우디 투어'가 있습니다. 건축에 관심이 없는 사람들도 감탄하며 본다는 그의 건축물들을 설명과 함께 둘러볼 기회이자 바르셀로나에서 꼭 해야 할 여행상품입니다.

Capítulo 12.
길 찾기

¿Cómo voy hasta allí?
저기까지 어떻게 가나요?

학습 목표

Diálogo 12-1. **¿Cómo voy hasta allí?**
저기까지 어떻게 가나요?

12-2. **¿Dónde hay un cajero automático?**
ATM이 어디 있어요?

Gramática 1. 재귀 대명사

2. 재귀 동사

Diálogo 12-1. MP3. 12-1

¿Cómo voy hasta allí?

Sujin [1]¡Disculpe!, ¿cómo voy hasta allí?
수진 디스꿀뻬! 꼬모 보이 아스따 아지?

Peatón [2]Tiene que coger el metro.
뻬아똔 띠에네 께 꼬헤르 엘 메뜨로.

Sujin ¿Cuánto tiempo [3]se tarda?
꾸안또 띠엠뽀 쎄 따르다?

Peatón Más o menos se tarda [4]unos treinta minutos.
마쓰 오 메노쓰 쎄 따르다 우노쓰 뜨레인따 미누또쓰.

유익한 정보

Información útil

aquí, ahí, allí

모두 부사이며, 각각
여기, 거기, 저기를 의미합니다.
'아끼', '아이', '아지'로 발음합니다.

단어

Vocabulario

- hasta prep. ~까지
- allí adv. 저기
- coger v. 잡다, 타다
- metro m. 지하철
- más adv. 더
- menos adv. 덜

해석

Traducción

저기까지 어떻게 가나요?

수진 실례합니다, 저기까지 어떻게 가나요?

행인 지하철을 타셔야 해요.

수진 시간이 얼마나 걸리나요?

행인 30분가량 걸릴 거예요.

해설

Explicación

1 ¡Disculpe! 실례합니다!

모르는 상대에게 말을 걸 때 쓰는 표현입니다. 3인칭 명령형으로, 명령형은 말하는 사람(주어)이 아닌, 명령을 듣는 사람에 따라 동사 변화를 합니다.
2인칭 tú보다 usted 동사 변화가 정중한 표현이므로, 여기에서는 상대방을 usted으로 했습니다.

2 tiene que ~을 해야 한다

tener que는 '의무'를 표현하며, deber 동사로도 쓸 수 있습니다. 반면, hay que는 '필요성'을 말하며, necesitar 동사로 대체가 가능합니다. 해석은 비슷하지만 tener que(= deber)와 hay que는 다른 표현입니다.

- **Tenemos que** comer pronto.
  우리는 점심을 빨리 먹어야 한다.
- **Debemos** comer pronto.
  우리는 점심을 빨리 먹어야 한다.
- **Hay que** comer pronto.
  점심을 빨리 먹을 필요가 있다.
- **Necesitamos** comer pronto.
  우리는 점심을 빨리 먹을 필요가 있다.

3 se tarda 시간이 걸리다

이 문장은 '누가 얼마나 걸리다'가 아닌 '얼마의 시간이 걸리다'라는 주어가 없는 문장입니다. '무주어 문장'으로, [무인칭 se + 3인칭 단수 동사] 구조입니다.
이 문장에 주어를 쓴다면, '¿Cuánto tiempo tardo (yo)? (나는 시간이 얼마나 걸릴까?)'가 됩니다.

4 unos, nas 가량, 대략

정확한 숫자가 아닌 '그즈음의 수', 대략적인 수를 표현할 때 숫자 앞에 씁니다.

- A: ¿Sabes cuántos años tiene María?
  너는 마리아가 몇 살인지 알아?
  B: No sé, tendrá **unos** treinta años.
  몰라, 서른 몇 살쯤 되었겠지.

Diálogo 12-2. MP3. 12-2

¿Dónde hay un cajero automático?

Sujin [1]¡Perdone!, ¿sabe dónde hay [2]un [3]cajero automático?
수진 뻬르도네!, 싸베 돈데 아이 운 까헤로 아우또마띠꼬?

Peatón Está [4]al lado de este edificio.
빼아똔 에스따 알 라도 데 에스떼 에디피씨오.

Sujin ¿Está a la derecha o a la izquierda?
에스따 아 라 데레차 오 아 라 이쓰끼에르다?

Peatón A la izquierda.
아 라 이쓰끼에르다.

유익한 정보

Información útil

은행 계좌 사용료

스페인에서는 은행 계좌 사용료를 내야 합니다. 계좌를 개설할 때 나이가 만 25세 이상이거나 월수입이 없다면, 계좌 유지비뿐만 아니라 체크 카드 사용료도 내야 합니다. 은행 인출은 특별한 조건의 카드가 아니라면 일반적으로 수수료가 부과됩니다.

단어

Vocabulario

- □ saber v. 알다
- □ edificio m. 건물
- □ derecha f. 오른쪽
- □ izquierda f. 왼쪽

해석

Traducción

ATM이 어디 있어요?

수진 죄송합니다, ATM이 어디 있는지 아세요?

행인 이 건물 옆에 있어요.

수진 오른쪽인가요 왼쪽인가요?

행인 왼쪽이요.

해설

Explicación

1 ¡Perdone! 죄송합니다!, 실례합니다!

¡Disculpe!와 같은 표현으로 동사 변화도 동일합니다. 상대에게 '용서나 실례를 구한다'고 명령, 요청을 하는 것입니다. 그래서 3인칭 명령형을 씁니다. 동사원형은 perdonar(용서하다, 실례하다)입니다.

- ¡Perdona! 미안해!, 실례해! (2인칭 tú 명령형)
- ¡Perdón! 미안! (명사형으로 인칭 변화가 없고, 실례한다는 뜻도 없음)

2 un 부정관사

특정 ATM이 아닌 아무 기계를 말하기 때문에, 부정관사 un이 옵니다.
정관사 el을 쓴다면 대화상 알 수 있는 '그 ATM'을 말합니다.

3 cajero automático
ATM, 현금자동지급기

cajero(ra)는 상점의 계산원을 의미합니다. 계산대는 caja라고 합니다.

4 al lado de ~의 옆에

표현 자체를 외우는 게 좋습니다.

- a la derecha de ~의 오른쪽에
- a la izquierda de ~의 왼쪽에
- detrás de ~의 뒤에
- delante de ~의 앞에

Vocabulario fundamental

Transporte y ciudad 뜨란스뽀르떼 이 씨우닫 대중교통 & 도시

□ transporte 뜨란스뽀르떼 m. 교통
□ atasco 아따스꼬 m. 교통 체증

□ bici 비씨 f. 자전거
= bicicleta 비씨끌레따
□ moto 모또 f. 오토바이
= motocicleta 모또씨끌레따
□ coche 꼬체 m. 자동차
□ autobús 아우또부쓰 m. 버스
□ taxi 딱씨 m. 택시
□ metro 메뜨로 m. 지하철, 전철
□ tren 뜨렌 m. 기차
□ avión 아비온 m. 비행기
□ aeropuerto 아에로뿌에르또 m. 공항

□ aparcamiento 아빠르까미엔또 m. 주차장
□ gasolinera 가솔리네라 f. 주유소
□ parada 빠라다 f. 정류장
□ estación 에스따씨온 f. 역
□ plano 쁠라노 m. 노선도
□ mapa 마빠 m. 지도

□ calle 까예 f. 길
□ acera 아쎄라 f. 인도, 보도
□ semáforo 쎄마포로 m. 신호등
□ cruce 끄루쎄 m. 교차로
□ rotonda 로똔다 f. 로터리(원형 교차로)
□ esquina 에스끼나 f. 코너
□ conductor, ra 꼰둑또르, 꼰둑또라 m. y f. 운전자; 운전기사
□ peatón 뻬아똔 m. y f. 보행자, 행인
□ puente 뿌엔떼 m. 다리
□ señal de velocidad 쎄냘 데 벨로씨닫 속도 제한 표지판
□ radar 라다르 m. 단속 카메라

□ ciudad 씨우닫 f. 도시
□ edificio 에디피씨오 m. 건물
□ mercado 메르까도 m. 시장
□ centro comercial 쎈뜨로 꼬메르씨알 쇼핑몰
□ tienda 띠엔다 f. 상점
□ supermercado 쑤뻬르메르까도 m. 슈퍼
□ frutería 프루떼리아 f. 과일 가게
□ pescadería 뻬스까데리아 f. 생선 가게
□ panadería 빠나데리아 f. 빵 가게
□ carnicería 까르니쎄리아 f. 정육점
□ ayuntamiento 아윤따미엔또 m. 시청
□ comisaría 꼬미사리아 f. 경찰서
□ hospital 오스삐딸 m. 병원
□ farmacia 파르마씨아 f. 약국
□ oficina de correos 오피씨나 데 꼬레오쓰 우체국
□ banco 방꼬 m. 은행
□ cajero automático 까헤로 아우또마띠꼬 ATM, 현금인출기
□ cine 씨네 m. 영화관
□ teatro 떼아뜨로 m. 극장
□ parque 빠르께 m. 공원
□ zoo 쏘 m. 동물원
= parque zoológico 빠르께 쏠로히꼬
□ parque de atracciones 빠르께 데 아뜨락씨오네쓰 놀이공원
□ fuente 푸엔떼 f. 분수

Unidad 1. 재귀 대명사

재귀 대명사(pronombres reflexivos)에서 reflexivo는 '반사하는'이란 뜻으로, 동사가 하는 행위가 행위의 주체자, 즉 주어로 되돌아가는 것을 말합니다. 따라서 재귀 대명사가 곧 문장의 인칭(나, 너, 그...)을 의미합니다.

✔ 형태

주어			재귀 대명사
1인칭	단수	yo 나	me
2인칭		tú 너	te
3인칭		él, ella, usted(= ud.) 그, 그녀, 당신	se
1인칭	복수	nosotros, nosotras 우리들	nos
2인칭		vosotros, vosotras 너희들	os
3인칭		ellos, ellas, ustedes(= uds.) 그들, 그녀들, 당신들	se

✔ 쓰임

1. 다시 주어로 되돌아갈 때

- Me baño todos los días. 나는 매일 나를 씻긴다. (나는 매일 씻는다.)

2. 주어의 신체 일부로 되돌아갈 때

- Me lavo las manos. 나는 나의 손을 씻긴다. (나는 손을 씻는다.)
- ¿Te has lavado las manos? 너는 너의 손을 씻겼어? (너 손 씻었어?)

3. 주어가 입거나 가지고 있는 것으로 되돌아갈 때

- Se ponen los uniformes para trabajar.
  그들은 그들에게 일을 하기 위한 유니폼을 입힌다.
  (그들은 일을 하기 위한 유니폼을 입는다.)

- Me he manchado la camiseta.
  나는 내 티셔츠에 얼룩을 묻혔다. (내 티셔츠에 얼룩이 묻었다.)

¡Atención! 신체 일부, 그 사람이 착용한 의복 혹은 소품에는 소유격 대신 정관사가 붙습니다. '내 손', '내 지갑'이라 하지 않아도 말하는 사람의 것임을 알 수 있기 때문입니다. 그래서 예문에서 mis manos, tus manos가 아닌 las manos로, sus uniformes, mi camiseta가 아닌 los uniformes, la camiseta로 쓰고 소유격으로 해석하면 됩니다.

✔ 규칙

1. 동사와 항상 같은 인칭

재귀 대명사는 주어의 동사가 주어로 돌아가는 것으로, 항상 동사와 인칭이 같습니다.

- **Me lavo** las manos. 나는 나의 손을 씻긴다. (나는 손을 씻는다.)
  (1인칭 + 1인칭 동사 현재형)

- ¿**Te has** lavado las manos? 너는 너의 손을 씻겼어? (너 손 씻었어?)
  (2인칭 + 2인칭 동사 현재완료)

2. 동사 앞에 위치

재귀 대명사는 동사와 같은 인칭이기에 주어처럼 보이지만 주어가 생략된 것으로, 동사의 앞에 위치합니다.

- (Yo) **Me** baño todos los días. 나는 매일 나를 씻긴다. (나는 매일 씻는다.)

3. 직접 목적 대명사와 같이 사용 가능

- 재귀 대명사 + 직목 대명사(lo, la, los, las) + 동사

재귀 대명사를 쓴 문장에도, 직접 목적어를 직접 목적 대명사로 대체하여 함께 쓸 수 있습니다. 대신 위치가 바뀝니다.

- ¿Me pongo **los pantalones** o no me **los** pongo?
  나는 바지를 입을까요 아니면 그것을 입지 말까요?

Gramática

Unidad 2. 재귀 동사

재귀 동사(verbos reflexivos)는 재귀 대명사와 결합되어 있는 동사를 말합니다.

✔ 형태

[동사원형 + -se] 형태로, bañar가 일반 동사라면 bañarse가 재귀 동사입니다. '-se(재귀 대명사)'는 동사의 주어에 따라 me, te, se, nos, os, se로 변경되어 동사 앞으로 이동됩니다. 재귀 동사의 시제는 '-se'를 제외한 부분을 과거나 현재형으로 변화시켜 쓰면 됩니다.

주어			재귀 동사 현재형 재귀 대명사 + bañarse 목욕하다
1인칭	단수	yo 나	**me** baño
2인칭	단수	tú 너	**te** bañas
3인칭	단수	él, ella, usted(= ud.) 그, 그녀, 당신	**se** baña
1인칭	복수	nosotros, nosotras 우리들	**nos** bañamos
2인칭	복수	vosotros, vosotras 너희들	**os** bañáis
3인칭	복수	ellos, ellas, ustedes(= uds.) 그들, 그녀들, 당신들	**se** bañan

- Me baño. 나는 목욕을 한다. (현재형으로 쓰는 경우)
- Me bañé. 나는 목욕을 했었다. (과거형으로 쓰는 경우)
- Me he bañado. 나는 목욕을 했다. (현재완료로 쓰는 경우)

✔ 쓰임

1. 목적어 대체

목적어가 필요한 문장에서 직접, 간접 목적 대명사를 대체하는 역할을 합니다. 이때, 재귀 대명사와 목적 대명사를 구분하는 것이 중요합니다. 목적 대명사는 동사와 인칭이 다르지만, 재귀 대명사는 주어 자신이기 때문에 항상 같습니다.

① 직접 목적어 대체

peinarse (동사 주어의 머리를) 빗겨 주다

- (Yo) **Me** peino.
  내가 나의 머리를 빗겨 준다. (내 머리를 빗는다., 재귀 대명사)

peinar (목적어의 머리를) 빗겨 주다

- (Yo) Peino a mi hermana. 내가 내 동생의 머리를 빗겨 준다.

= (Yo) **La** peino. (la = mi hermana, 직접 목적 대명사)

② 간접 목적어 대체

ponerse (주어에게) 옷을 입히다

- Jorge **se** pone los pantalones.
  호르헤는 호르헤에게 바지를 입힌다. (호르헤는 바지를 입는다., 재귀 대명사)

poner (목적어에게) 옷을 입히다

- Jorge pone los pantalones a su hija.
  호르헤는 그의 딸에게 바지를 입힌다.

= Jorge **le** pone los pantalones. (le = a su hija, 간접 목적 대명사)

¡Atención! 모든 동사에 재귀 대명사를 붙일 수 있는 것은 아닙니다.
dormir(자다)의 경우, 목적어가 없어도 문장이 완성됩니다.

- Juan duerme. 후안은 잔다.

③ 많이 쓰는 동사

일반 동사	재귀 동사
acostar 자게 하다	acostarse 잠자리에 들다
bañar 목욕시키다	bañarse 목욕하다
cepillar 이를 닦이다	cepillarse 이를 닦다
duchar 샤워시키다	ducharse 샤워하다
lavar 씻기다	lavarse 씻다
levantar 일어나게 하다(일으키다)	levantarse 일어나다
llamar 부르다	llamarse 불리다
maquillar 화장해 주다	maquillarse 화장하다
mirar 보다	mirarse 자신의 모습을 보다
peinar 머리를 빗기다	peinarse 머리를 빗다
*poner (la ropa) 옷을 입히다	ponerse (la ropa) 옷을 입다
quitar (la ropa) 옷을 벗기다	quitarse (la ropa) 옷을 벗다
sentar 앉히다	sentarse 앉다
*vestir 옷을 입히다	vestirse 옷을 입다

* poner는 의류나 소품들을, vestir는 정확히 '옷'을 입는 것입니다.

2. '상호'의 의미

동사의 행위가 '상호' 서로 모두에게 영향을 미치는 것을 의미하기도 합니다. 다음 동사들을 많이 씁니다. 두 명 이상 혹은 모든 주어에게 동사의 영향을 미치는 재귀 동사를 상호 동사(verbos recíproco)라고 하며, 항상 복수로만 사용합니다.

일반 동사	재귀 동사
amar 사랑하다	amarse 서로 사랑하다
ayudar 타인을 돕다	ayudarse 서로를 돕다
conocer 누구를 알다	conocerse 서로를 알다
encontrar 우연히 만나다	encontrarse 서로를 만나다
pegar 때리다	pegarse 서로 치고 박다
separar 누구와 헤어지다	separarse 서로 헤어지다

- Juan y Ana se aman mucho.
  후안과 아나는 서로 무척 사랑한다.

3. 동사의 행위를 강조

재귀 대명사가 없어도 주어의 행위임을 알 수 있는 동사에 재귀 대명사가 붙는다면, 그 동사 자체의 행위를 강조하게 됩니다. 다음 동사들을 많이 쓰며, 특히 ir, irse 동사를 많이 사용합니다.

일반 동사	재귀 동사
comer 먹다	comerse 먹어 치우다
beber 마시다	beberse 다 마셔 버리다
domir 자다	dormirse 자 버리다
tomar 마시다	tomarse 다 마셔 버리다
fumar 피우다	fumarse 피워 버리다
ir 가다	irse 가 버리다
morir 죽다	morirse 죽어 버리다
creer 믿다	creerse 믿어 버리다
aprender 배우다	aprenderse 다 배워 버리다
apostar 내기하다	apostarse 내기를 걸다

- Voy al cine todos los miércoles.
  나는 매주 수요일마다 영화관에 간다. ('어디로 향한다'는 움직임에 초점)
- Ya es tarde. Me voy.
  이미 늦었어요. 나 가요. ('떠난다'는 행위를 강조, 어디로 가는지는 말하지 않아도 됨)

- Duermo mucho.
  나는 많이 잔다. (일반적으로 하는 일, 습관)
- Quiero dormirme pero no puedo.
  자고 싶어 죽겠는데 그럴 수가 없어요. ('잔다'는 행위 강조)

4. 의미가 완전 다른 경우

일부 동사는 재귀형이 되면서, 그 뜻 자체가 완전히 변하는 경우가 있습니다.

일반 동사	재귀 동사
acordar 합의하다, 결정하다	acordarse 기억하다
dejar 놓다	dejarse (물건을) 가져오는 것을 잊다
encontrar 발견하다	encontrarse (몸이) ~ 상태에 있다
llevar 운반하다	llevarse 휴대하다
marchar 걷다 (어디를 향해 걷다)	marcharse 외출하다 (어디에서 떠나다)
parecer 보이다	parecerse 닮다

- Ayer encontré el libro que había perdido.
  나는 어제 잃어버렸던 책을 발견했다.
- Me encuentro muy mal.
  나 몸이 너무 안 좋아.

- Los trabajadores marcharon hacia el centro de Barcelona.
  근로자들은 바르셀로나 중심부를 향해 걸었다. ('어디를 향해' 걷는 것이 중요)
- Me marcho. Hasta mañana.
  나 간다. 내일 봐. ('어디에서' 떠나는 것이 중요)

5. 재귀 동사로만 사용

일부는 항상 재귀 동사로만 사용합니다.

재귀 동사	
acordarse (de) ~을 기억하다	esforzarse 노력하다
arrepentirse (de) ~을 후회하다	quejarse (de) ~에 대해 불평하다
atreverse (a) 감히 ~하다	suicidarse 자살하다
equivocarse 실수하다, 오류를 범하다	

- Me acuerdo de tu padre. 나는 네 아버지가 기억나.
- No me arrepiento de nada. 나는 아무것도 후회하지 않아.
- Me atreví a discutir con mi jefe. 나는 감히 내 상사랑 싸웠다.
- Lo siento. Me he equivocado. 죄송해요. 내가 실수했어요.
- Me esfuerzo en ser buena persona. 나는 좋은 사람이 되려고 노력한다.
- No puedo quejarme de nada. 난 아무것도 불평할 수 없다.
- No te preocupes. No me voy a suicidar.
  걱정하지 마세요. 자살하진 않을 거예요.

6. 위치

① 동사원형, 현재분사와 쓸 경우

재귀 대명사가 **동사 앞이나 뒤**에 붙습니다.

- Este verano **te** vas a enamorar.
  이번 여름 너는 사랑에 빠질 거야. (직설법)
- Quiero enamorar**me**. 나는 사랑에 빠지고 싶어요.
  = **Me** quiero enamorar. (동사원형)
- Estoy enamorándo**me** de ti. 나는 너에게 빠져 있어.
  = **Me** estoy enamorando de ti. (현재분사)

② 긍정 명령법

반드시 동사 뒤에 붙습니다.

- Enamóra**te**. (너) 사랑에 빠져라. (긍정 명령)

Ejercicios

1. 우리말을 보고, 빈칸에 알맞은 방향 표현을 쓰세요.

(1) 가방은 테이블 왼쪽에 있다.
El bolso está ______________________ la mesa.

(2) 가방은 테이블 오른쪽에 있다.
El bolso está ______________________ la mesa.

(3) 가방은 테이블 앞에 있다.
El bolso está ______________________ la mesa.

(4) 가방은 테이블 뒤에 있다.
El bolso está ______________________ la mesa.

2. 다음 빈칸에 알맞은 재귀 대명사를 쓰세요.

(1) ¿______________ bañas todos los días?
너는 매일 목욕하니?

(2) ______________ he afeitado mal.
나는 면도를 잘 못 했어.

(3) Mis amigas ______________ maquillan todos los días.
내 친구들은 매일 화장을 한다.

3. 다음 빈칸에 주어진 동사의 알맞은 재귀 동사를 골라 쓰세요.

(1) Mario ______________ su gato. (lavar / lavarse)
마리오는 그의 고양이를 씻긴다.

(2) ______________ por la mañana. (duchar / ducharse)
그들은 아침에 목욕해.

(3) ¿A qué hora ______________ anoche? (acostar / acostarse)
너 어젯밤 몇 시에 잤어?

정답 1. (1) a la izquierda de (2) a la derecha de (3) delante de (4) detrás de 2. (1) Te (2) Me (3) se
3. (1) lava (2) Se duchan (3) te acostaste

Cultura

이슬람 분위기 도시, 그라나다

스페인 안달루시아 Andalucía 지역의 그라나다 Granada에 위치한 알람브라 Alhambra 궁전은 무슬림 색채가 고스란히 남아 있어 많은 관광객이 방문하는 곳입니다. 석회로 표백된 회색의 알람브라가 석양에 비춰지면 붉은색으로 보여, 아랍어 al-humra(붉은색)에서 이름이 유래했다는 설이 있습니다. 이곳은 알카사바, 헤네랄리페, 카를로스 5세 궁전, 나스르 궁전 이렇게 네 부분으로 나뉩니다.

알람브라 알카사바

1. 알카사바 Alcazaba

9세기 건축으로 알람브라에서 가장 오래된 곳입니다. 주변이 한눈에 보이는 군사 요새로 반원형 탑의 정원 Terraza de la Torre del Cubo과 벨라의 탑 Torre de la Vela이 유명합니다.

2. 헤네랄리페 Generalife

왕의 정원으로 유네스코 세계문화유산에 지정되었습니다. 12~14세기 나스르 왕조의 양식을 엿볼 수 있으며, 물이 아치형으로 떨어지는 아세키아 정원 Patio de la Acequia이 유명합니다.

3. 카를로스 5세 궁전 Palacio de Carlos V

카를로스 황제가 거주할 목적으로 1527년부터 르네상스 양식으로 지었습니다. 아랍풍의 다른 알람브라 건축물과 다른 모습이지만, 700여 년간 스페인을 지배한 이슬람 세력을 몰아내고 일부를 헐고 지은 의미 있는 곳입니다.

4. 나스르 궁전 Palacios Nazaríes

알람브라 아라야네스 정원

화려한 이슬람 건축의 절정을 볼 수 있는 곳으로 마지막 이슬람 왕조인 나스르 왕조가 기거했던 궁전입니다. 지금은 메수아르 Mexuar, 코마레스 궁 Palacio de Comares, 사자의 궁 Palacio de los Leones만 남아 있습니다.

물 위에 코마레스 탑 Torre de Comares이 거울처럼 비치는 '아라야네스 정원 Patio de los Arrayanes', 12마리의 사자상 분수 Fuente de los Leones 등이 유명합니다.

Capítulo 13.
가격

¿Cuánto vale un kilo de fresas?
딸기 1킬로에 얼마예요?

학습 목표

Diálogo	13-1. ¿Cuánto vale un kilo de fresas? 딸기 1킬로에 얼마예요?
	13-2. Son cinco euros. 5유로예요.
Gramática	1. 전치사 + 인칭 대명사
	2. 역구조 동사

Diálogo 13-1. MP3. 13-1

¿Cuánto vale un kilo de fresas?

Sujin [1]¿Cuánto [2]vale [3]un kilo de fresas[1]?
수진 꾸안또 발레 운 낄로 데 프레사쓰?

Dependiente Son dos con noventa y nueve euros el kilo.
데뻰디엔떼 쏜 도쓰 꼰 노벤따 이 누에베 에우로쓰 엘 낄로.

Sujin [4]Entonces, ¿me das medio kilo, por favor?
엔똔쎄쓰, 메 다쓰 메디오 낄로, 뽀르 파보르?

Dependiente Aquí tienes.
아끼 띠에네쓰.

유익한 정보

Información útil

스페인 사람들이 가장 많이 먹는 과일은?

스페인에서 소비가 가장 많은 과일은 무엇일까요? 바로 오렌지입니다. 균형 잡힌 아침 식사로 잼과 버터를 바른 빵, 시리얼, 커피 또는 차, 우유 등과 함께 꼭 오렌지 주스 한 잔을 포함합니다. 오렌지는 그대로 까먹기보다 즙을 짜서 주스로 마십니다.
오렌지는 까먹는 용(naranjas de mesa)과 주스로 짜 먹는 용(naranjas de zumo)이 구분되어 있으며, 까먹는 오렌지는 주스용에 비해 과육이 크고 껍질이 두꺼워 벗기기 쉽습니다.

단어

Vocabulario

- □ fresa f. 딸기
- □ medio, dia adj. 반
- □ kilo m. 킬로그램(kilogramo의 약어)
- □ aquí adv. 여기

해석

Traducción

딸기 1킬로에 얼마예요?

수진 딸기 1킬로에 얼마예요?

점원 킬로에 2.99유로예요.

수진 그러면, 반 킬로만 주시겠어요?

점원 여기 있습니다.

해설

Explicación

1 ¿Cuánto ~? 얼마~?

수량을 묻는 의문사로, 문장 맨 앞에 쓰여 의문문을 만듭니다. 아래 구조로 씁니다.

¿Cuánto + 동사 ~?
¿Cuánto, ta + 셀 수 없는 명사 ~?
¿Cuántos, tas + 셀 수 있는 명사 ~?

2 vale ~의 값이다, ~의 가치가 있다

가격을 물어볼 때는 동사 valer, costar(비용이 들다)를 사용합니다. 그 외에 다양한 valer 표현입니다.

- ¿Cuánto vale? 얼마예요?
  = ¿Cuánto cuesta?
- No vale para nada.
  그것은 아무짝에도 쓸모가 없다.
  (그것은 아무 가치가 없다.)
- ¡No vale! 무효입니다!
- A: ¿Comemos a las 12?
  우리 12시에 점심 먹을까요?
  B: Vale. 그래요. (예, 좋다, 이해했다)

3 un kilo de fresas 딸기 1킬로에

스페인에서는 과일 혹은 채소를 킬로당 가격으로, 무게를 재어 판매합니다. 그래서 1킬로그램을 기준으로 가격을 물어봅니다.

4 entonces 그러면, 그때

① 접속사

대화상 추론을 시작하거나 바로 전에 말했던 또는 일어났던 일의 결과를 말할 때 씁니다.

- Entonces, ¿esto qué es?
  그렇다면, 이것은 무엇이에요?
- A: Su solicitud está registrada.
  (당신의) 신청이 접수되었습니다.
  B: Entonces, ¿puedo ir ya?
  그러면, 이제 가도 되나요?

② 부사

'그때', '그 시점에', '(어떤 시점의) 그다음에'라는 뜻입니다.

- Desde entonces, no me gustó Alejandra.
  그때부터, 나는 알레한드라를 좋아하지 않았다.

Diálogo 13-2. MP3. 13-2

Son cinco euros.

Dependiente ¿Qué le [1]pongo?
데뻰디엔떼 께 레 뽕고?

Sujin Deme una hamburguesa y patatas fritas.
수진 데메 우나 암부르게사 이 빠따따쓰 프리따쓰.

Dependiente ¿Es para [2]tomar aquí o [3]para llevar?
에쓰 빠라 또마르 아끼 오 빠라 예바르?

Sujin Para llevar, por favor. ¿Qué le [4]debo?
빠라 예바르, 뽀르 파보르. 께 레 데보?

Dependiente Son cinco euros.
쏜 씽꼬 에우로쓰.

유익한 정보

Información útil

스페인에서 먹는 패스트푸드

스페인에서 패스트푸드는 영어 그대로 'fast food' 혹은 '코미다 라피다(comida rápida, 빠른 음식)'라고 합니다. 가장 인기 있는 곳으로 맥도날드, 버거킹, 텔레피자, 도미노피자 등이 있습니다. 최근에는 배달앱(Just Eat, Deliveroo, Glovo, Uber Eats 등)의 등장으로 식탁이 많이 변화하고 있으며, 예전에는 찾기 힘들던 스타벅스도 대도시를 중심으로 급성장 중입니다. 그 밖에 스페인식 샌드위치 보카디요(bocadillo)를 파는 판스앤콤파니(Pans & Company), 식빵으로 만든 샌드위치를 파는 로디야(Rodilla) 등도 크게 인기를 끌고 있습니다. 스페인에 갔다면, 이곳에 가서 스페인식 샌드위치를 한번 즐겨 볼까요?

단어

Vocabulario

- □ hamburguesa f. 햄버거
- □ patata f. 감자
- □ frito, ta adj. 튀긴

해석

Traducción

5유로예요.

점원 뭐 드릴까요?

수진 햄버거와 감자튀김 주세요.

점원 여기서 드세요 아니면 가져가세요?

수진 가져갈게요. 얼마인가요?

점원 5유로예요.

해설

Explicación

1 pongo ~을 원하다, 놓다 (직설법 현재형 1인칭 단수, 불규칙)

패스트푸드점이나 바처럼 직접 가서 주문을 할 때, 종업원이 나에게 '무엇을 원해요?'라는 의미입니다. 즉, '내가 무엇을 네 앞에 놓을까?'라는 질문이 됩니다.

2 tomar 마시다, 먹다, 잡다, (어떤 의미로) 받아들이다

다양한 뜻이 있습니다.

- No puedo beber alcohol porque estoy tomando una medicina. 나는 술 못 마셔 왜냐하면 약을 먹는 중이기 때문이야.
- ¡Toma la mochila! (네가) 가방 좀 잡아!
- No te lo tomes en serio. (어떤 일에 대해) 그것을 너무 심각하게 생각하지 말아라.

3 para llevar 가져가다, 포장하다, 테이크 아웃하다

llevar 동사는 '가지고 있다, 운반하다, ~(옷, 악세사리 등)을 입고 있다, ~을 지속하고 있다' 등 다양한 뜻이 있습니다.

4 debo 빚을 지고 있다, ~해야 한다

보통 deber 동사는 의무를 표현하는데, 본문 '얼마 드려야 해요?(= 어떤 빚을 당신에게 졌나요?)'처럼 채무 같은 물질적인 것과 '신세를 지다' 같은 정신적인 것에도 씁니다.

- Tomás debe estar en casa. Está castigado. 토마스는 집에 있어야 해요. 벌 받는 중이에요.
- Te debo una. 너에게 신세를 졌어. (너한테 빚 한번 졌네., una = una ayuda) = Te la debo.

Vocabulario fundamental

Comida 꼬미다 음식

□ comida 꼬미다 f. 음식

Carnes y embutidos 까르네쓰 이 엠부띠도쓰 고기류 & 소시지류

□ carne 까르네 f. 고기

□ ternero, ra 떼르네로, 떼르네라 m. y f. 송아지

  □ carne de ternera 까르네 데 떼르네라 소고기

□ cerdo 쎄르도 m. 돼지

□ cordero 꼬르데로 m. 염소

□ pato 빠또 m. 오리

□ pavo 빠보 m. 칠면조

□ pollo 뽀요 m. 닭

□ embutido 엠부띠도 m. 소시지

□ chorizo 초리쏘 m. 초리쏘(스페인식 소시지)

□ salchicha 쌀치차 f. 소시지

□ jamón 하몬 m. 하몬(스페인식 햄)

□ morcilla 모르씨야 f. 모르씨야(스페인식 순대)

Pescados y mariscos 뻬스까도쓰 이 마리스꼬쓰 생선 & 해산물

□ pescado 뻬스까도 m. 생선

□ marisco 마리스꼬 m. 해산물

□ sardina 싸르디나 f. 정어리

□ salmón 쌀몬 m. 연어

□ atún 아뚠 m. 참치

□ bacalao 바깔라오 m. 대구 ↷ Tip. 보통 소금에 염장해서 보관합니다.

□ merluza 메를루싸 f. 메를루사(대구류 생선)

□ caballa 까바야 f. 고등어

□ calamar 깔라마르 m. 오징어

□ pulpo 뿔뽀 m. 문어

□ gamba 감바 f. 새우 ↷ Tip. 큰 새우는 gambón 감본이라 합니다.

□ langostino 랑고스띠노 m. (가재류) 새우

□ bogavante 보가반떼 m. 바닷가재

□ mejillón 메히욘 m. 홍합
□ almeja 알메하 f. (모시) 조개
□ ostra 오스뜨라 f. 굴

Frutas y verduras 프루따쓰 이 베르두라쓰 과일 & 채소

□ fruta 프루따 f. 과일
□ fresa 프레사 f. 딸기
□ sandía 싼디아 f. 수박
□ manzana 만싸나 f. 사과
□ uva 우바 m. 포도
□ pera 뻬라 f. 배
□ piña 삐냐 f. 파인애플
□ mango 망고 m. 망고
□ naranja 나랑하 f. 오렌지
□ cereza 쎄레싸 f. 체리
□ plátano 쁠라따노 m. 바나나 → Tip. 영어 banana 바나나로 발음해서 말하기도 합니다.

□ verdura 베르두라 f. 채소
□ tomate 또마떼 m. 토마토
□ pepino 뻬삐노 m. 오이
□ cebolla 쎄보야 f. 양파
□ ajo 아호 m. 마늘
□ zanahoria 싸나오리아 f. 당근
□ lechuga 레추가 f. 양상추
□ guindilla 긴디야 f. 매운 고추
□ pimiento 삐미엔또 m. 피망(고추의 일종)
□ brócoli 브로꼴리 m. 브로콜리
□ espinaca 에스삐나까 f. 시금치
□ calabacín 깔라바씬 m. 서양호박
□ calabaza 깔라바싸 f. 늙은 호박
□ maíz 마이쓰 m. 옥수수
□ patata 빠따따 f. 감자

Gramática

Unidad 1. 전치사 + 인칭 대명사

'나와 함께', '나에게', '나 없이' 등과 같이 인칭 대명사와 전치사를 같이 쓰는 경우 (pronombres personales con preposiciones) 1, 2인칭 단수의 인칭 대명사 형태가 변합니다.

✔ 기본 규칙 전치사

전치사 뒤에 오는 1, 2인칭 단수는 yo, tu가 아니라 mí, ti로 씁니다.

1. 종류

전치사	인칭 대명사
a ~에게, ~에	**mí** 나 **ti** 너 él, ella, usted(= ud.) 그, 그녀, 당신 nosotros, nosotras 우리들 vosotros, vosotras 너희들 ellos, ellas, ustedes(= uds.) 그들, 그녀들, 당신들
de ~의	
desde ~에서, ~부터	
en ~안에	
para ~을 위해, ~에	
por ~을 위해, ~의, ~으로, ~에 의해	
sin ~없이	
sobre ~에 관하여, ~위에	

- ¿Me lo das (**a mí**)? 너 그것을 나에게 줄래?
  (간접 목적 대명사 a mí는 me와 중복으로 생략 가능, lo는 대화에서 이미 무엇인지 알고 있는 직접 목적 대명사)
- Depende **de ti**. 너에게 달렸어.
- No puedo vivir **sin ti**. 나는 너 없이 살 수 없어.
- Estoy **en ello**. 나는 지금 그거 하는 중이다.
  ('하고 있다'는 표현으로 ello는 사람이 아닌 '그것'이나 '그 일')

2. para와 por의 차이

둘 다 '~을 위해'로 해석되는데, 차이는 para가 '끝'이라면 por는 '동기'의 뉘앙스입니다.

- Esa comida es **para usted**. 그 음식은 당신을 위한 것입니다.
- ¿Es **para mí**? 이거 내 거야? (나를 위한 것으로, 이걸로 끝)
- No te preocupes **por mí**. (너) 내 걱정은 하지 마.
- Trabajo mucho **por mi hija**.
  나는 나의 딸을 위해 일을 열심히 한다. (동기 부여, 원인)

3. sobre의 두 가지 의미

'~에 관하여', '~위에'라는 두 가지 뜻이 있습니다.

- ¿Me cuentas algo **sobre ti**? 나에게 너에 대해서 말해 줄래?
- Hay un libro **sobre** la mesa. 책상 위에 책이 있다.

✔ 전치사 con

전치사 con은 '~와 함께', '~와 같이'라는 뜻이며, mí, ti를 만나면 con mí, con ti가 아닌 conmigo, contigo로 씁니다. 나머지 인칭 대명사는 그대로 씁니다.

- ¿Quieres ir **conmigo** a la fiesta? 너 나와 함께 파티에 가고 싶어?
- ¿Quieres ir **con nosotros** a la fiesta?
  너 우리와 함께 파티에 가고 싶어?

✔ 예외 전치사 entre, excepto

뒤에 오는 1, 2인칭 단수의 인칭 대명사 형태가 변하지 않습니다.

전치사	인칭 대명사
entre ~의 사이에 excepto ~을 제외하고	yo 나 tú 너 나머지 인칭은 기본 규칙과 동일

- Todos han venido **excepto tú**. 너만 빼고 다 왔어.
- **Entre tú** y **yo**. 너와 나 사이.

  ¡Atención! '너와 나', '그와 나' 등과 같이 '누구와 나'를 말할 때 스페인어에서는 '나'를 반드시 마지막에 언급합니다.

Gramática

Unidad 2. 역구조 동사

대표적인 역구조 동사(construcciones valorativas como gustar)는 'gustar(좋아하다)'로, 일반 동사와 다르게 주어가 동사 뒤에 오는 구조입니다.

✔ gustar 동사

1. 구조와 형태

- 간접 목적 대명사 + gustar (역구조 동사) + 주어

일반 문장이 '주어 + 동사 + 목적어' 순서라면, gustar 같은 역구조 동사를 쓰는 문장은 **주어**가 **동사 뒤**에 위치합니다.

간접 목적 대명사		**역구조 동사**	
생략 가능	**생략 불가능**	gustar 좋아하다 **(직설법 현재형)**	
a mí	me	gusto gustas **gusta** gustamos gustáis **gustan**	**+ 주어**
a ti	te		
a él, ella, usted	le		
a nosotros, nosotras	nos		
a vosotros, vosotras	os		
a ellos, ellas, ustedes	les		

- Yo estudio español.
  나는 스페인어를 공부한다. (일반 문장)
- Me gusta estudiar español.
  나는 스페인어 공부하는 것을 좋아한다.
  (스페인어 공부하는 것은 나에게 기쁨을 준다., 역구조 동사 문장)

2. 의미

보통 '좋아하다'로 해석합니다. 직역하면 '**주어가 목적어에게 기쁨을 주다**'이지만, 어감상 편의를 위해 '**목적어가 주어를 좋아한다**'로 해석합니다.

- (A mí) Me gusta el helado. 나는 아이스크림을 좋아한다.
  (아이스크림은 나에게 기쁨을 준다.)

3. 대부분 gusta / gustan을 사용

주어에 따라 동사가 변하지만 3인칭 단수, 복수 형태가 대부분 쓰입니다.
이는 1, 2인칭 주어는 '나(우리)', '너(너희)'일 때만 가능하지만, 3인칭은 이를 제외한 나머지 전부로 목적어를 기쁘게 하는 다양한 것들을 표현할 수 있기 때문입니다.
주어가 동사원형이나 단수 명사일 경우에는 gusta, 복수 명사일 경우에는 gustan을 사용합니다. 주어가 명사일 경우, 해당 명사가 일반적인 의미로 모든 명사를 지칭한다면 정관사를 붙입니다.

- Me **gusta** correr.
  나는 달리는 것을 좋아한다. (correr 달리는 것 = 3인칭 단수)
- Les **gustan** las manzanas.
  그들은 사과를 좋아한다. (las manzanas 사과들 = 3인칭 복수)
- Me gustas tú.
  나는 너를 좋아해. (= 너는 나에게 기쁨을 줘., 주어가 3인칭이 아닌 경우)

  = Me gustas. (○, 문장에서 주어 tú는 생략 가능)
  / Gustas tu. (×, 목적어 me는 생략 불가능)

4. 부정문

생략이 불가능한 간접 목적 대명사 앞에 부정문을 만드는 no가 위치합니다.

- A mí **no** me gusta salir por la noche.
  나는 밤에 나가는 것을 안 좋아한다.
- **No** le gustan las verduras.
  그녀는 채소를 안 좋아한다.

✔ 생략 가능한 간접 목적 대명사를 쓰는 경우

1. 강조하고 싶을 때

- **A Juan** le gusta dormir.
  후안, 그는 자는 것을 좋아한다.

2. 3인칭 목적어가 복수이거나 불분명하여, 해당 대상을 분명히 할 때

- Anoche María y Marta discutieron porque **a Marta** le gusta el novio de María.
  어젯밤 마리아랑 마르타랑 싸웠어요 왜냐하면 마르타가 마리아의 남자친구를 좋아하거든요. (a Marta처럼 가리키는 대상의 이름을 넣음)

3. 앞 문장과 대조를 이룰 때

- A: Me gusta la cerveza.
  나는 맥주를 좋아해요.

  B: **A mí** no me gusta la cerveza.
  나는 맥주를 좋아하지 않아요.

✔ 자주 쓰는 역구조 동사

보통 감정, 느낌 등을 표현하는 동사입니다.

apetecer 원하다, asustar 놀라게 하다, doler 아프다, encantar 매우 좋아하다, fastidiar 무척 화나다, importar 중요하다, interesar 흥미 있다, molestar 귀찮게 하다, parecer ~처럼 보이다, preocupar 걱정하다

¡Atención! encantar는 '가장 좋아한다'로 이미 최상급 의미가 있어 '매우'를 뜻하는 부사 mucho 등과 함께 쓸 수 없습니다.

Ejercicios

1. 다음 빈칸에 들어갈 알맞은 전치사를 보기에서 골라 쓰세요.

〈보기〉 para de a en sobre sin

(1) ~없이 → ________

(2) ~에 관하여 → ________

(3) ~안에 → ________

(4) ~에게 → ________

(5) ~의 → ________

(6) ~을 위해 → ________

2. 우리말을 보고, 빈칸에 알맞은 전치사와 주격 인칭 대명사를 쓰세요.

(1) 나와 함께 → ________

(2) 그들과 함께 → ________

(3) 너만 빼고 → ________

(4) 책상 위에 → ________

(5) 너와 나 사이 → ________

3. 다음 빈칸에 알맞은 gustar 동사를 쓰세요.

(1) ________ leer. 나는 읽는 것을 좋아한다.

(2) ________ viajar. 우리는 여행을 좋아한다.

(3) ¿________ la playa? 너는 바다를 안 좋아하니?

(4) ________ los niños. 그들은 아이들을 싫어한다.

정답 1. (1) sin (2) sobre (3) en (4) a (5) de (6) para 2. (1) conmigo (2) con ellos (3) excepto tú (4) sobre la mesa (5) entre tú y yo 3. (1) Me gusta (2) Nos gusta (3) No te gusta (4) No les gustan

문화

Cultura

마드리드 산미겔 시장

마드리드 시내 마요르 광장 Plaza Mayor 옆에 있는 산미겔 시장 Mercado de San Miguel은 재래시장을 현대식으로 재건축한 곳으로 눈과 입이 즐겁습니다. 신선한 음식 재료도 팔지만, 옆에는 음료 한 잔, 간단한 먹거리를 즐길 수 있는 공간도 있습니다. 이 시장은 아주 질 좋은 식자재를 팔기 때문에 일반 시장보다 3~4배 정도 가격이 비쌉니다.

시장을 내부가 보이는 통유리로 지어, 외부 경관이 예쁘고 시장의 활기도 느껴집니다. 멋있는 외관 속에서 맛있는 음식과 와인을 즐기며 북적북적한 시장 분위기를 느낄 수 있어 마드리드에서 반드시 가야 할 곳입니다.

산미겔 시장 입구

시장 내부 1

시장 내부 2

시장 내부 3

시장 내부 4

Capítulo **14.**
쇼핑

¿Puedo probarme esta camiseta?
이 티셔츠 입어 봐도 되나요?

학습 목표

Diálogo
14-1. ¿Puedo probarme esta camiseta?
이 티셔츠 입어 봐도 되나요?
14-2. ¿Puedo pagar con tarjeta?
카드로 결제되나요?

Gramática
1. 관계 대명사
2. 동사원형 & 과거분사 & 현재분사 & 동사구

Diálogo 14-1. MP3. 14-1

¿Puedo probarme esta camiseta?

Sujin [1]Perdona, ¿puedo [2]probarme esta camiseta?
수진 뻬르도나, 뿌에도 쁘로바르메 에스따 까미세따?

Dependiente Claro que sí, ¿qué [3]talla [4]llevas?
데뻰디엔떼 끌라로 께 씨, 께 따야 예바쓰?

Sujin Pues, ¿tienes la talla S o M?
뿌에쓰, 띠에네쓰 라 따야 에쎄 오 에메?

Dependiente Sí, espera [5]un segundo.
씨, 에스뻬라 운 쎄군도.

유익한 정보

Información útil

스페인의 의류 사이즈

스페인에서는 아이 의류 사이즈는 '개월 수' 혹은 '나이'로 표기합니다. 0~3M은 신생아~3개월까지이며, 7Y는 7세용을 말합니다. 성인 의류는 보통 XS, S, M, L, XL이나 숫자 34, 36, 38처럼 34부터 2씩 올라갑니다. 34는 성인 의류 XXS 크기입니다.

단어

Vocabulario

- □ poder v. 할 수 있다
- □ probar v. 옷을 입어 보다;
  ~을 시험 삼아 해 보다, 시도하다
- □ esperar v. 기다리다

해석

Traducción

이 티셔츠 입어 봐도 되나요?

수진 실례합니다, 이 티셔츠 입어 봐도 되나요?

점원 당연하죠, 몇 사이즈 입어요?

수진 음, S나 M 사이즈 있어요?

점원 네, 잠시만요.

해설

Explicación

1 perdona 실례합니다

perdonar 2인칭 명령형입니다. 명령형이 꼭 명령만 말하는 건은 아닙니다. '용서하다'란 뜻이지만 모르는 상대에게 말한다면 '죄송한데요', '실례지만'이 됩니다.

2 probarme 옷을 입어 보다

probarme는 재귀 동사로 주어가 스스로에게 옷을 입힌다, 주어가 옷을 입는다는 뜻입니다. probar 동사는 '옷, 신발, 장신구 등을 몸에 착용해 보다', '음식, 음료를 맛보다', '시험 삼아 해 보다' 등 다양한 뜻이 있습니다.

- ¿Quieres probar?
  (음식을 내밀며) 한번 먹어 볼래?
- La impresora no funciona.
  Ya la he probado.
  프린터기가 안 돼.
  내가 이미 테스트해 봤어.

3 talla 옷 사이즈

크기를 말할 때 상자는 tamaño, 발 사이즈는 número(신발 번호)로 표현합니다.

4 llevas 입다

어떤 사이즈를 입는지 물어볼 때 llevar, tener 동사 둘 다 쓸 수 있습니다. 의문사 qué 대신 cuál도 가능합니다.

- ¿Qué talla llevas?
  몇 사이즈 입어요?
  = ¿Qué talla tienes?
- ¿Cuál es tu talla?
  네 사이즈가 어떤 것이니?

5 un segundo 잠시만

직역하면 '1초'이지만, 정확한 시간이 아닌 '잠시만'이란 뜻으로도 씁니다.

- Dame un segundo.
  나한테 1초만 줘. (잠깐만 기다려.)

Diálogo 14-2. MP3. 14-2

¿Puedo pagar con tarjeta?

Dependiente Son [1]veintinueve euros con ocho céntimos.
데뻰디엔떼 쏜 베인띠누에베 에우로쓰 꼰 오초 쎈띠모쓰.

Sujin [2]¿Puedo pagar con tarjeta?
수진 뿌에도 빠가르 꼰 따르헤따?

Dependiente Sí, ¿me enseñas tu carné, [3]por favor?
씨, 메 엔세냐쓰 뚜 까르네, 뽀르 파보르?

(Sujin lo enseña.)
(수진 로 엔세냐.)

Dependiente Pon el PIN [4]cuando puedas.
뽄 엘 삔 꾸안도 뿌에다쓰.

(Sujin lo pone.)
(수진 로 뽀네.)

Sujin ¿Me da [5]el ticket, por favor?
메 다 엘 띠껫, 뽀르 파보르?

유익한 정보

Información útil

스페인에서의 결제 방법

스페인에서 가장 인기 있는 결제 방법 중 하나는 비숨(Bizum)입니다. 스페인의 한 스타트 업에서 만든 비숨은 상대방의 핸드폰 번호만 알면 계좌이체를 할 수 있습니다. 스페인의 대부분 은행 계좌와 연결해서 사용할 수 있으며 계좌이체뿐만 아니라 온라인 쇼핑몰 결제도 가능합니다. 2022년 2천만 명의 사용자를 확보했으며 10억 건이 넘는 거래가 비숨을 통해 이루어졌습니다.

단어

Vocabulario

- pagar v. 지불하다
- tarjeta f. 카드
- enseñar v. 보이다, 제시하다
- carné m. 신분증
- poner v. 놓다, 누르다

해석

Traducción

카드로 결제되나요?

점원 29.08유로입니다.

수진 카드로 결제되나요?

점원 네, 신분증 좀 보여 주시겠어요?
(수진이 보여 준다.)

점원 비밀번호 눌러 주세요.
(수진이 번호를 누른다.)

수진 영수증 좀 주시겠어요?

해설

Explicación

1 veintinueve euros con ocho céntimos 29.08유로

스페인은 유럽 통합 화폐 유로(euro)를 사용합니다. 1유로 이하 단위는 센트(céntimo)가 사용됩니다. 센트는 1~99센트가 있으며 100센트가 1유로입니다. 유로와 센트 사이에는 한국과 다르게 쉼표(,)를 찍습니다.

- 29,08 euros = 29.08유로

2 ¿Puedo pagar con tarjeta? 카드로 결제되나요?

손님이 가게에서 카운터에 카드도 가능하냐고 묻는 표현입니다.

- ¿**En** efectivo o **con** tarjeta?
  현금이요 아니면 카드요?
  (점원이 나에게 묻는 표현, 전치사가 각각 다르므로 주의)

3 por favor 제발, 좀

요청하는 문장을 정중하게 만드는 표현으로, 보통 문장 마지막에 붙습니다.

4 cuando puedas

네가 가능할 때, 네가 할 수 있을 때

대화를 직역하면 '가능하실 때 비밀번호요.'입니다. 접속법 문장으로, 상대방에게 무엇을 요청할 때 정중한 느낌으로 만들어 줍니다. 일상생활에서 많이 쓰는 표현으로, 웨이터를 보며 'Cuando puedas. (가능하실 때 와 주세요.)'라고도 말할 수 있습니다.

- El PIN cuando puedas. 가능하실 때 비밀번호요. (실제 많이 쓰는 표현)
  = Por favor, pulsa el PIN.
  비밀번호 좀 눌러 주세요.

5 el ticket 영수증

'띠껫'이라고 강하게 발음하며, 영어 그대로 사용합니다. 보통 물건 구매 후 받는 영수증을 스페인어로 'factura simplificada'라 하지만, 일상에서는 ticket을 훨씬 많이 씁니다. 이외에 세금 계산서는 factura, 면세는 영어 그대로 tax free라고 합니다.

Vocabulario fundamental

Ropa 로빠 옷

□ ropa 로빠 f. 옷

□ vestimenta 베스띠멘따 f. 의복, 의류

□ abrigo 아브리고 m. 코트

□ chaqueta 차께따 f. 재킷, 점퍼

□ americana 아메리까나 f. 정장 재킷

□ traje 뜨라헤 m. 양복

□ vestido 베스띠도 m. 원피스

□ blusa 블루사 f. 블라우스

□ camisa 까미사 f. 셔츠, 와이셔츠

□ camiseta 까미세따 f. 티셔츠

□ capa 까빠 f. 케이프, 망토

□ chal 찰 m. 숄

□ chaleco 찰레꼬 m. 조끼

□ rebeca 레베까 f. 카디건

□ jersey 헤르세이 m. 스웨터

□ pantalón, pantalones 빤딸론, 빤딸로네쓰 m., pl. 바지

□ pantalón corto, pantalones cortos 빤딸론 꼬르또, 빤딸론네쓰 꼬르또쓰 반바지

Tip. 의복에서 주로 복수형(pl.)을 사용하는 경우, 함께 표시했습니다.

□ vaquero, vaqueros 바께로, 바께로쓰 m., pl. 청바지

□ falda 팔다 f. 치마

□ uniforme 우니포르메 m. 교복; 유니폼

□ bañador 바냐도르 m. 수영복

□ bikini 비끼니 m. 비키니

□ pijama 삐하마 m. 잠옷, 파자마

□ calzoncillo, calzoncillos 깔쏜씨요, 깔쏜씨요쓰 m., pl. 남성용 팬티

□ braga, bragas 브라가, 브라가쓰 f., pl. 여성용 팬티

□ sujetador 쑤헤따도르 m. 브래지어

□ cinturón 씬뚜론 m. 허리띠, 벨트
□ tirantes 띠란떼쓰 m. 멜빵
□ corbata 꼬르바따 f. 넥타이
□ cremallera 끄레마예라 f. 지퍼
□ bufanda 부판다 f. 목도리
□ gorro 고로 m. (챙이 없는) 모자, 비니
□ gorra 고라 f. (앞 부분만 챙이 있는) 모자, 야구 모자
□ sombrero 쏨브레로 m. (챙이 둥글게 둘러진) 모자
□ guante, guantes 구안떼, 구안떼쓰 m., pl. 장갑
□ calcetín, calcetines 깔쎄띤, 깔쎄띠네쓰 m., pl. 양말
□ medias 메디아쓰 f. 스타킹
□ leotardos 레오따르도쓰 m. 타이즈(주로 아동용 면스타킹)
□ zapato, zapatos 싸빠또, 싸빠또쓰 m., pl. 신발
□ zapatilla, zapatillas 싸빠띠야, 싸빠띠야쓰 f., pl. 구두
□ bota, botas 보따, 보따쓰 f., pl. 부츠
□ chancleta, chancletas 창끌레따, 창끌레따쓰 f., pl. 슬리퍼
□ sandalia, sandalias 싼달리아, 싼달리아쓰 f., pl. 샌들
□ algodón 알고돈 m. 면
□ lana 라나 f. 양털
□ seda 쎄다 f. 비단, 실크

Unidad 1. 관계 대명사

관계사는 두 문장을 한 문장으로 묶어 주거나 표현을 추가하는 등, 문장을 보다 자세하고 풍부하게 만드는 '다리' 역할을 합니다. 선행사를 대명사로 받아서 이 역할을 하므로, 관계 대명사(pronombres relativos)라 합니다.

✔ 형태

'선행사'란 관계사 앞에 위치하여 '관계사 이하 문장의 꾸밈을 받는 명사'를 말합니다.

선행사	관계 대명사			
	단수		복수	
	남성	여성	남성	여성
사람, 동물, 사물	que			
	el que	la que	los que	las que
추상적인 것을 설명하는 문장 (생각, 개념 등)	lo que			
사람	quien		quienes	

✔ 쓰임

1. 가장 많이 쓰는 que

선행사로 사람, 사물, 동물 등 모두 사용 가능하며 형태가 변하지 않습니다. 두 문장을 결합할 때, 정보를 추가할 때, 정의를 내릴 때 쓰며, **문장의 주어 혹은 목적어**를 선행사로 갖습니다.

- Tengo **un amigo**. **Mi amigo** se llama Juan.
  나는 친구가 한 명 있다. 내 친구의 이름은 후안이다.

  → Tengo **un amigo** **que se llama Juan**.
  선행사(관계 대명사 que 이후 문장이 꾸밈)

  나는 후안이라고 불리는 친구가 한 명 있다.

• El chico **que está allí** es hermano de Juan.
선행사 **추가 정보** 문장 전체의 동사

저기 있는 그 남자는 후안의 남동생(혹은 형)이다.

¡Atención! 이 문장은 '그 남자'에 대한 정보를 추가한 것으로, que가 들어가면 문장이 길어져 해석 시 동사부터 찾는 것이 좋습니다. 모든 문장은 '주어 + 동사'로 시작하므로, 'que ~ 문장 전체의 동사 앞'이 추가 정보입니다.

2. 정관사 + que

① 이미 언급된 선행사가 있을 때

[선행사 + que]가 [정관사(el, la / los, las) + que]로 바뀐 구조로, 정관사 용법을 생각하면 됩니다. 막연한 '한 권의 책'일 때 부정관사를 쓴다면 특정한 '그 책'은 정관사를 씁니다. 즉, 이미 언급된 선행사를 정관사로 대신 쓴 형태입니다. 선행사로 사람, 사물, 동물 등 모두 가능하며 **대체하는 선행사의 성, 수에 따라 관사를 씁니다.**

• A: ¿Quién es el hermano de Juan? 누가 후안의 동생이야?
B: **El que** está allí.
(= El hermano de Juan está allí.)
저기 있는 사람이에요.

• A: ¿Tienes un billete de 5 euros? 너 5유로짜리 지폐 있어?
B: No, **el que** tengo es de 10 euros.
(= No, el billete que tengo es de 10 euros.)
아니, 내가 가지고 있는 것은 10유로짜리야.

② 이미 언급된 선행사가 없을 때

선행사가 사람인 경우, '누구를 말하는지 알 수 있을 때'나 '일반적인 내용을 말할 때' 사용할 수 있습니다. '~하는 사람'으로 해석됩니다.

• **El que** estudia mucho, aprueba. 공부를 열심히 한 사람은, 합격한다.

3. 문장을 대체하는 lo que

① 이미 언급된 선행사가 있을 때

• Hoy no he desayunado, **lo que** nunca hago.
오늘 나는 아침을 먹지 않았어요. (평소에는) 절대 하지 않는 일이에요.
(lo que = no he desayunado)

② **이미 언급된 선행사가 없을 때**

'~의 것'으로 해석합니다.

- **Lo que** necesito es agua. 내가 필요한 것은 물이다.

4. quien / quienes

선행사가 사람인 경우로, que보다 제한적으로 씁니다. 문장 사이 부연 설명으로 쉼표(,)와 함께 쓰거나, 전치사와 함께 쓰거나, 일반적인 것을 말할 때 사용합니다.

① **문장 사이에서 부연 설명하는 경우**

- Mi hermana, **quien** estudió en EE.UU., se casa en julio.
  미국에서 공부했던 내 여동생(혹은 누나, 언니)은 7월에 결혼한다.

  = Mi hermana, **que** estudió en EE.UU., se casa en julio.

¡Atención! 두 문장은 모두 가능한데, que가 일반적이라면 quien은 형식적인 느낌입니다.

② **전치사와 함께 쓰는 경우**

일부 동사는 전치사가 반드시 필요합니다. hablar 동사는 '말하다'라는 뜻으로 '누구와'에 해당하는 목적어가 반드시 필요하기 때문에 '~와'를 의미하는 전치사 con과 함께 사용해야 합니다. 이 경우 전치사의 위치는 항상 관계사 앞입니다.

- El chico **con quien** hablabas es amigo de Marta.
  너와 이야기하던 남자는 마르타의 친구이다.
- El chico **con el que** hablabas es amigo de Marta.
  (○, [정관사 + que] 구조)
  너와 이야기하던 그 남자는 마르타의 친구이다.

  / El chico **con que** hablabas es amigo de Marta. (×)

¡Atención! 선행사가 '사람'이면 [전치사 + quien]만 가능하며, quien 대신 que는 불가능합니다. 선행사가 '사물'일 경우에만 [전치사 + que]를 쓸 수 있습니다.

③ **일반적인 내용을 말하는 경우**

이때 quien은 '~하는 사람'으로 해석하면 됩니다. 특정인을 지칭하는 것이 아닌 일반적인 상황을 의미합니다.

- **Quien** no coma bien, no crecerá.
  잘 먹지 않는 사람은 크지 않을 겁니다.

Unidad 2. 동사원형 & 과거분사 & 현재분사 & 동사구

✔ 동사원형

동사원형(infinitivo)이란 estudiar(공부하다), comer(먹다), vivir(살다)처럼 시제나 주어에 따라 변하기 전인 동사의 원래 형태를 말합니다.

1. 모든 동사는 -ar, -er, -ir 셋 중 하나의 형태로 끝남

2. 단수 명사처럼 쓸 수 있어 주어로 사용 가능

- **Comer** bien es importante.
  잘 먹는 것은 중요합니다. (동사원형이 주어)
- La comida buena es importante.
  좋은 음식은 중요합니다. (명사가 주어)

3. 단독으로 사용 가능

- A: ¿Qué vas a hacer el fin de semana?
  주말에 뭐 할 거야?
  B: **Descansar**.
  휴식.

4. 목적어로 사용 가능

- Quiero **cantar**.
  나는 노래하는 것을 원해요. (나는 노래하고 싶어요.)

5. 전치사와 같이 사용 가능

- No te tumbes después **de comer**.
  밥을 먹고 난 후에 눕지 마라.

✔ 과거분사

과거분사(participio)란 동사의 -ar, -er, -ir 자리에 각각 -ado, -ido, -ido가 대신 붙어 trabajado, comido, vivido처럼 변한 형태입니다. haber 동사와 만나서 완료형을 표현하거나 형용사 역할을 합니다.

1. 불규칙 변화형

필수로 외워야 하는 불규칙 변화형입니다.

동사원형	과거분사	동사원형	과거분사
abrir 열다	abierto	poner 놓다	puesto
cubrir 덮다	cubierto	morir 죽다	muerto
descubrir 밝혀내다	descubierto	resolver 해결하다	resuelto
decir 말하다	dicho	romper 깨지다	roto
escribir 쓰다	escrito	ver 보다	visto
hacer 하다	hecho	volver 돌아오다	vuelto

2. haber 동사와 만나 완료형 표현

haber 동사의 시제에 따라 현재완료, 과거완료가 됩니다.

- Hoy no **he comido** nada.
  나는 오늘 아무것도 안 먹었다. (현재 시제 + 과거분사 = 현재완료)
- Cuando llegué, ya se **habían comido** todo.
  도착했을 때, 이미 모든 것을 다 먹었다. (과거 시제 + 과거분사 = 과거완료)

3. 형용사 역할

의미하는 것의 성, 수에 영향을 받습니다.

- El vaso está **roto**. 그 컵은 깨졌다.
- Me gusta la carne bien **hecha**. 잘 익힌 고기를 좋아한다.

✔ 현재분사

현재분사(gerundio)란 -ar, -er, -ir 자리에 -ando, -iendo, -iendo가 붙어 trabajando, comiendo, viviendo처럼 변한 형태입니다. estar 동사와 만나서 진행형을 표현하거나 행동을 묘사할 때 쓰입니다.

1. 불규칙 변화

일부 동사는 e → i, o → u, 뿌리가 모음으로 끝날 때 → y로 불규칙하게 변합니다.

형태	동사원형	현재분사
e → i 변화	decir 말하다	diciendo
	elegir 선택하다	eligiendo
	hervir 끓다	hirviendo
	mentir 거짓말하다	mintiendo
	pedir 부탁하다	pidiendo
	preferir 선호하다	prefiriendo
	vestir 옷을 입다	vistiendo
	venir 오다	viniendo
o → u 변화	dormir 자다	durmiendo
	morir 죽다	muriendo
뿌리가 모음으로 끝날 때 → y 변화	leer 읽다	leyendo
	oir 듣다	oyendo
	traer 가져오다	trayendo

2. estar 동사와 만나 진행형 표현

estar 동사와 함께 쓰여 그 순간에 일어나는 일을 말합니다. estar의 시제에 따라 현재 진행형, 과거 진행형이 됩니다.

- **Estoy hablando** con Mario.
  나는 마리오랑 얘기하는 중이다. (지금 일어나는 일, 진행 중)
- **Estaba hablando** con Mario.
  나는 마리오랑 얘기하던 중이었다. (과거 그 순간에 일어난 일, 지금은 끝남)

3. 성, 수에 따라 형태가 변하지 않음

- Fernando está **bailando**. 페르난도는 춤을 추고 있다.
- Fernando y Ana están **bailando**. 페르난도와 아나는 춤을 추고 있다.

4. 시간적, 인과적, 조건적, 연속적 상황을 축약할 때

- **Cambiando** de tema, ¿Has visto a Elena?
  그건 그렇고 말이야(대화의 주제를 바꿔서), 엘레나 봤어?
- **Siendo** sincero, yo no pienso así. 솔직히, 나는 그렇게 생각하지 않아.

5. 시제와 상관없이 행동을 묘사할 때

주로 대화상에서 쓰이는 말이 아닌 '제목' 등에 사용합니다. 심화 수준의 문법입니다.

- Los hijos de la Reina **jugando** al tenis.
  테니스를 치고 있는 여왕의 자녀들. (잡지의 사진 제목)
- **Buscando** a Nemo 니모를 찾아서 (영화 제목)

✔ 동사구

보통 한 문장에는 동사를 한 개 쓰는데, '동사구(las perífrasis verbales)'는 다음 구조로 동사를 두 개 쓰는 표현입니다. 다양한 동사구 표현을 살펴봅니다.

- 동사 + 동사원형 / 과거분사 / 현재분사
- 동사 + 전치사 / 접속사 + 동사원형 / 과거분사 / 현재분사

1. estar a punto de + **동사원형**

'막 ~하려던 참이다'로, 시작하는 행동을 표현합니다.

- Estoy a punto de comer. 나는 막 먹기 시작하려던 참이다.

2. estar / ir / seguir / llevar + **현재분사**

'계속 ~하는 중이다'로, 행동하는 중인 상황을 표현합니다.

- Estoy comiendo. 나는 먹는 중이다.
- Ve, ve comiendo. 먹어, 계속 먹어라.
- Sigo pensando que está mal.
  나는 여전히 그게 잘못되었다고 생각한다.
- Te llevo diciendo una semana que limpies el baño.
  내가 일주일 동안 너한테 화장실 청소하라고 말하고 있잖아.

¡Atención! 'llever + 현재분사' 구문은 항상 '기간'을 언급해야 합니다.

3. acabar de / dejar de + **동사원형**

'~을 끝내다', '~을 그만두다'로, 행동이 끝났음을 표현합니다.

- Acabo de comer. 나는 지금 막 점심 먹었다. (완전히 끝남)
- He dejado de buscar trabajo. 나는 구직하는 거 그만뒀다. (멈춤)

4. soler + **동사원형**

'대개 ~하다'로, 습관을 나타냅니다.

- Suelo comer a las 12. 나는 12시쯤 점심을 먹곤 한다.

5. volver a + **동사원형**

'~에 다시 오다', '~을 다시 두다'로, 반복을 나타냅니다.

- Volveré a visitarte otro día. 다른 날 다시 올게.

6. haber que / tener que + **동사원형**

'~해야 한다'로, 필요, 의무를 나타냅니다.

- Hay que comer sano. 건강하게 먹어야 한다.
- Tengo que comer. 나는 점심을 먹어야 한다.

7. poder + **동사원형**

'~할 수 있다'로, 가능성, 예측을 나타냅니다.

- Puedo hablar con él si quieres.
  네가 원한다면 내가 그와 말할 수 있다.

8. ir a + **동사원형**

'~할 것이다'로, 화자의 의도를 표현합니다.

- Voy a dormir pronto. 나 일찍 잘 거야.

Ejercicios

1. 다음 빈칸에 알맞은 관계 대명사를 쓰세요.

(1) Me gusta ______________ son sinceros.
나는 솔직한 사람들이 좋다.

(2) ______________ necesito es agua.
내가 필요한 것은 물이다.

(3) La chica ______________ tiene bolso rojo es hermana de Ana.
빨간색 가방을 들고 있는 여자는 아나의 여동생이다.

(4) La tienda ______________ suelo ir de compras está en esta calle.
내가 주로 장을 보러 가는 가게는 이 길에 있다.

2. 다음 빈칸에 주어진 동사의 알맞은 완료형을 쓰세요.

(1) ____________________________ muy tarde. (llegar)
너는 너무 늦게 왔어.

(2) El bebé ya ____________________________ solo. (despertarse)
아기는 이미 스스로 깨어 있었다.

(3) Cuando llegamos, ya ____________________________ todos. (salir)
우리가 도착했을 때, 그들은 이미 모두 나갔었다.

3. 다음 빈칸에 주어진 동사의 알맞은 현재분사형을 쓰세요.

(1) Pepe está ______________. (bailar)
페페는 춤추는 중이다.

(2) Estoy ______________. (hablar)
나는 말하는 중이다.

(3) Olivia está ______________. (dormir)
올리비아는 자는 중이다.

정답 1. (1) quienes (2) Lo que (3) que (4) en la que 2. (1) Has llegado (2) se había despertado (3) habían salido
3. (1) bailando (2) hablando (3) durmiendo

Cultura

스페인 쇼핑 리스트

스페인 기념품으로 가격은 저렴하지만, 최상의 질을 자랑하는 올리브 관련 제품이 좋습니다. 올리브유, 올리브로 만든 비누, 소금, 화장품 등 다양한 제품이 있습니다. 올리브 제품 브랜드로 라치나타 La chinata를 추천합니다.

라치나타 올리브 제품

와인 역시 빼놓을 수 없습니다. 스페인에는 유명한 보데가 bodega(와인 만드는 곳)들이 많은데, 그중 유명한 곳이 라리오하 La rioja로 여기서 생산된 와인은 품질이 아주 우수합니다. 보통 10유로(약 1만 3천 원)만 줘도 아주 훌륭한 와인을 살 수 있습니다.

와인과 하몬, 치즈를 파는 상점

그다음으로 유명한 것은 가죽입니다. 목축업의 발달로 질 좋고 저렴한 스페인산 고기뿐만 아니라 가죽도 가격대비 아주 훌륭한 질을 자랑합니다.

진공 포장된 하몬 jamón(스페인식 햄)도 빼놓을 수 없습니다. 좋은 하몬은 짜고 감칠맛이 나는데, 하몬 이베리코 jamón ibérico는 도토리를 먹인 흑돼지로 만듭니다. 햄류는 한국으로 반입이 불가능하기 때문에 스페인에서 최대한 많이 즐겨 보세요.

자라 매장

그 밖에 자라 ZARA, 마시모 두띠 Massimo Dutti 등 한국에서도 유명한 브랜드 의류를 전 세계에서 가장 저렴한 가격으로 구매할 수 있습니다.

Capítulo 15.
병원

¿Qué te pasa?
무슨 일이야?

학습 목표

Diálogo 15-1. **¿Qué te pasa?**
무슨 일이야?
15-2. **Te llevo a la farmacia.**
내가 약국에 데려다줄게.

Gramática 1. 관계 부사
2. 긍정 명령형

Diálogo 15-1. MP3. 15-1

¿Qué te pasa?

Sujin Ay..., [1]me duele la tripa.
수진 아이..., 메 두엘레 라 뜨리빠.

Quizá la hamburguesa estaba mala.
끼싸 라 암부르게사 에스따바 말라.

Rodrigo ¿Qué te pasa?
로드리고 께 떼 빠사?

Sujin [2]De repente, me duele mucho la tripa.
데 레뻰떼, 메 두엘레 무초 라 뜨리빠.

Rodrigo ¿Has tomado [3]alguna pastilla?
아쓰 또마도 알구나 빠스띠야?

Sujin No.
노.

Rodrigo Te acompaño al hospital.
떼 아꼼빠뇨 알 오스삐딸.

유익한 정보

Información útil

스페인에서 배탈이 나면?

우리는 배탈이 나면 죽 같은 부드러운 음식을 먹습니다. 스페인에도 배탈이나 설사가 날 때 권장하는 부드러운 음식이 있습니다. 'dieta blanda'라고 불리는 이 식이요법은 식빵, 요크 햄(익힌 햄), 사과, 바나나, 흰 생선, 쌀밥 등이며, 식용 식염수나 이온음료 섭취도 권장됩니다.

단어

Vocabulario

- □ doler v. 아프다
- □ tripa f. 배
- □ pastilla f. 약
- □ acompañar v. 함께 가다, 같이 가다
- □ hospital m. 병원

해석

Traducción

무슨 일이야?

수진 아..., 배가 아프네.
아마 햄버거가 상했나 봐.

로드리고 무슨 일이야?

수진 갑자기, 배가 너무 아파.

로드리고 약은 먹었어?

수진 아니.

로드리고 병원에 같이 가 줄게.

해설

Explicación

1 me duele 나에게 아픔을 주다

doler는 '역구조 동사'이며, o가 ue로 불규칙 변화합니다. 역구조 동사란 [주어 + 동사 + 목적어]의 문장 구조가 거꾸로 되어, 목적어와 주어의 자리가 바뀌는 것입니다. 이 문장을 직역하면, '배가 나에게 아픔을 준다'로 '나는 배가 아프다'라는 뜻이 됩니다.

2 de repente 갑자기

남성 명사 repente는 예상 못 한 충격, 돌발 등을 의미합니다. 전치사 de와 함께 쓰면, '갑자기'라는 부사구가 됩니다.

3 alguna 어떤 사람, 어떤 것

alguna는 여성 명사 앞에 오는 부정어입니다. 여기서 '부정'은 정해지지 않았다는 뜻으로 불특정 사람, 사물 등을 가리킬 때 씁니다. 남성형 alguno는 남성 단수 명사 앞에서는 o가 탈락하여 algún으로 씁니다.

- Algún día lo sabrás.
  언젠가는 네가 그걸 알게 되겠지.
  (alguno + 남성 명사 → o 탈락)
- Alguno de vosotros me ha mentido.
  너희 중 누군가가 나에게 거짓말을 했어. (alguno + 전치사)

Diálogo 15-2. MP3. 15-2

Te llevo a la farmacia.

Médico Tiene el estómago [1]revuelto.
메디꼬 띠에네 엘 에스또마고 레부엘또.
Tome esta receta y [2]entréguela en la farmacia.
또메 에스따 레쎄따 이 엔뜨레겔라 엔 라 파르마씨아.

Sujin Muchas gracias.
수진 무차쓰 그라씨아쓰.

Rodrigo [3]Te llevo a la farmacia.
로드리고 떼 예보 아 라 파르마씨아.

유익한 정보

Información útil

스페인 약국과 드러그스토어, 그리고 의료 시스템

스페인에는 약국(farmacia)과 드러그스토어(parafarmacia)가 있습니다. 두 곳 모두 분유, 미용제품, 화장품, 영양제 등 다양한 제품을 판매하지만, 약은 약국에서만 살 수 있습니다. 모든 국립 의료 시스템이 무료인 스페인에서는 약값 역시 상당 부분 국가에서 부담하기에 국립 병원에서 처방을 받았다면 별다른 처방전 없이 본인의 의료보험카드(tarjeta sanitaria)만 가져가면 약국에서 전산으로 조회가 가능합니다. 사립 병원의 처방전은 의사의 사인이 있는 종이 처방전이 필요합니다.

단어

Vocabulario

- □ estómago m. 위
- □ receta f. 처방, 처방전; 요리법, 레시피
- □ farmacia f. 약국
- □ acompañar v. 함께 가다, 같이 가다

해석

Traducción

내가 약국에 데려다줄게.

의사 배탈입니다.
이 처방전 받으시고 약국에
보여 주세요. (건네주세요.)

수진 정말 감사합니다.

로드리고 내가 약국에 데려다줄게.

해설

Explicación

1 revuelto, ta 범벅이 된, 혼란이 된

'범벅이 된 위장'으로 '배탈'을 의미합니다. 남성 명사로 쓰면 '스크램블'과 비슷한 요리로, 달걀에 버섯, 아스파라거스, 새우 등 여러 재료를 같이 마구 흐트러트리며 만드는 '레부엘토'를 말합니다.

2 entréguela 그것을 건네주다

[명령형 + -직접 목적어] 형태입니다. 스페인어는 모음 기준으로 음절 개수를 세는데, 3음절 이상일 때 끝에서 3번째 모음에 강세가 붙습니다. 여기서 모음은 총 4개이며, entréguela 끝에서 3번째 모음인 e에 악센트 기호가 붙었습니다. gue는 '구에'가 아닌 '게' 발음으로, 이중모음 ue는 모음 하나로 취급합니다. entregar는 '건네주다', '인도하다'란 뜻입니다.

- la fecha de entrega 인도 날짜

3 te llevo (사람을) 데리고 가다

이 문장은 동사 acompañar(동행하다)로도 표현할 수 있습니다.

- Te acompaño.
  내가 너랑 같이 가줄게.

Vocabulario fundamental

Cuerpo humano 꾸에르뽀 우마노 신체

- □ cuerpo 꾸에르뽀 m. 신체
- □ humano 우마노 m. 인간
- □ cabeza 까베싸 f. 머리
- □ cabello 까베요 m. 머리카락
- □ pelo 뻴로 m. 머리카락; 털, 체모
- □ frente 프렌떼 f. 이마
- □ oreja, orejas 오레하, 오레하쓰 f., pl. 귀
- □ ojo, ojos 오호, 오호쓰 m., pl. 눈
  - □ ceja, cejas 쎄하, 쎄하쓰 f., pl. 눈썹

Tip. 신체 중 쌍이나 여러 개로 이루어져 있는 경우 특별히 하나를 의미하지 않는다면 주로 복수형을 사용합니다. 그래서 복수형(pl.)을 함께 표시했습니다.

- □ nariz 나리쓰 f. 코
- □ boca 보까 f. 입
- □ labio, labios 라비오, 라비오쓰 m., pl. 입술
- □ lengua 렝구아 f. 혀
- □ diente, dientes 디엔떼, 디엔떼쓰 m., pl. 이
- □ brazo, brazos 브라쏘, 브라쏘쓰 m., pl. 팔
- □ espalda 에스팔다 f. 등
- □ pecho, pechos 뻬초, 뻬초쓰 m., pl. 가슴
- □ hombro, hombros 옴브로, 옴브로쓰 m., pl. 어깨
- □ mano, manos 마노, 마노쓰 f., pl. 손
- □ dedo, dedos 데도, 데도쓰 m., pl. 손가락; 발가락
- □ cuello 꾸에요 m. 목
- □ muñeca, muñecas 무녜까, 무녜까쓰 f., pl. 손목
- □ tobillo, tobillos 또비요, 또비요쓰 m., pl. 발목
- □ pie, pies 삐에, 삐에쓰 f., pl. 발
- □ rodilla, rodillas 로디야, 로디야쓰 f., pl. 무릎
- □ pierna, piernas 삐에르나, 삐에르나쓰 f., pl. 다리

□ cerebro 쎄레브로 m. 뇌
□ corazón 꼬라쏜 m. 심장
□ riñón, riñones 리뇬, 리뇨네쓰 m., pl. 콩팥
□ hígado 이가도 m. 간
□ pulmón, pulmones 뿔몬, 뿔모네쓰 m., pl. 폐
□ estómago 에스또마고 m. 위
□ órgano 오르가노 m. 장기
□ piel 삐엘 f. 피부
□ sangre 쌍그레 f. 피
□ carne 까르네 f. 살
□ hueso 우에소 m. 뼈
□ músculo 무스꿀로 m. 근육

Gramática

Unidad 1. 관계 부사

관계사는 두 문장을 한 문장으로 합치거나 표현을 추가하는 등 문장을 보다 자세하고 풍부하게 만드는 '다리' 역할을 합니다. 그 관계사가 장소, 시간, 방법에 해당하는 내용을 받아 부사 역할을 하는 경우를 관계 부사(adverbios relativos)라고 합니다.

✔ 형태

관계 부사	구분
donde ~하는 곳 adonde, a donde ~하는 곳에	장소 (어디)
cuando ~할 때	시간 (언제)
como ~처럼	방법, 방식 (어떻게)

- La oficina **donde** trabajo está allí.
  내가 일하는 사무실은 저기에 있다.
- Estás muy guapa **cuando** sonríes.
  웃을 때 너는 정말 예쁘다.
- Sara baila **como** un mono.
  사라는 원숭이처럼 춤을 춘다.

¡Atención! '관계 부사'의 경우 특히 표기법에 주의합니다. 반드시 악센트 없이 써야 하는데, dónde, adónde, cuándo, cómo와 같이 악센트를 쓰면, 의문문과 감탄문에 쓰는 '의문사'가 되기 때문입니다.

- ¿**Dónde** vives? 너는 어디 살아?
- ¿**Cuándo** comemos? 우리 언제 밥 먹어요?
- ¿**Cómo** llegar a Madrid? 마드리드에 어떻게 가요?

✔ 구조와 쓰임

아래 구조를 꼭 암기하세요!

- 관계 부사 = **전치사** + 정관사 **el, la, los, las** + **que**

1. donde

문장 내에서 '장소' 정보를 추가하는 역할입니다. 선행사 유무와 상관없이 모두 사용 가능합니다.

① 선행사가 있는 경우

- donde
= 장소 전치사 **en(~안에)** + 선행사의 성·수에 따른 정관사 + **que**

• **La ciudad** **donde** nací se llama Seúl.
선행사 / 추가 정보로 선행사 수식 / 전체 동사 llamarse
내가 태어났던 그 도시 이름은 서울이다.

= **La ciudad** **en la que** nací se llama Seúl.
선행사 / 장소 전치사 en + la ciudad을 받는 정관사 la

② 선행사가 없는 경우

문장에 '장소'의 정보를 추가하며, '~하는 곳'으로 해석합니다. 가리키는 것이 없어서 '전치사 + 정관사 + que'로는 바꿔 쓸 수 없습니다.

• Siéntate donde quieras. 네가 앉고 싶은 곳에 앉아라.

2. adonde, a donde

방향 전치사 'a(∼에)'와 관계 부사 donde가 결합된 형태입니다.

① 선행사가 필요한 adonde

- adonde
= 방향 전치사 **a(∼에)** + 선행사의 성·수에 따른 정관사 + **que**

donde가 '∼하는 곳'이라면 adonde는 '∼하는 곳에'라는 뜻입니다. adonde는 al que, a la que, a los que, a las que로 바꿔 쓸 수 있습니다. donde에 a가 결합되었기 때문에 방향 전치사인 'a'와 많이 쓰이는 동사인 ir (ir a ∼에 가다), venir (venir a ∼에 오다)와 주로 같이 쓰입니다.

- **La ciudad** se llama Seúl. 도시의 이름은 서울이다.
  + **Voy** de vacaciones **a** **una ciudad**. 도시에 휴가를 간다.
  → **La ciudad** **adonde** voy de vacaciones se llama Seúl.
  내가 휴가를 가는 도시의 이름은 서울이다. (ciudad 선행사)
  = **La ciudad** **a la que** voy de vacaciones se llama Seúl.

② 선행사가 없어도 쓸 수 있는 a donde

adonde는 선행사가 반드시 있어야 하지만, a donde는 선행사가 없어도 쓸 수 있습니다. 참고로 donde는 선행사 유무와 상관없이 모두 사용 가능합니다.

- **A donde** vayas, iré contigo.
  네가 가는 곳이라면, 너와 함께 가겠다.

3. cuando(= en el momento en que)

문장 내에서 '시간'에 해당하는 정보를 추가하는 역할입니다. 선행사 유무와 상관없이 모두 사용 가능합니다.

- Vamos a comer **cuando** queráis.
  네가 원할 때 밥 먹으러 가자. (선행사 없음)
- Nací en **año 1988** **cuando** se celebraron los Juegos Olímpicos de Seúl.
  나는 서울 올림픽을 개최했던 1988년에 태어났다.

4. como(= la manera en que, del modo en que)

문장 내에서 '방법', '방식'에 해당하는 정보를 추가하는 역할입니다. 선행사 유무와 상관없이 쓸 수 있습니다. 대부분 선행사 없이 쓰며, 선행사가 온다면 주로 방법, 방식을 뜻하는 명사 modo, manera, forma 혹은 부사 tal, así 등을 씁니다.

- Pinté la casa **como** me dijiste.
  네가 나한테 말했던 것처럼 집을 칠했어. (선행사 없음)
- No entiendo **la forma** **como** el profesor me ha enseñado.
  나는 선생님이 나에게 설명해 준 방법이 이해되지 않는다.

Gramática

Unidad 2. 긍정 명령형

긍정 명령형(imperativo afirmativo)은 지시, 충고, 허락 등을 2인칭 상대방에게 직접 말할 때 사용합니다. 그래서 1인칭 '나', '우리들' 혹은 3인칭 '그', '그들'에게는 쓰지 않습니다. 해당 주어들은 명령형이 아닌 접속법에 속합니다.

✔ 형태

주어			동사 변화 규칙	긍정 명령형		
				trabajar 일하다	comer 먹다	vivir 살다
2인칭	단수	tú 너	3인칭 단수 현재형과 동일	trabaja	come	vive
3인칭	단수	usted (= ud.) 당신	3인칭 단수 접속법과 동일	trabaje	coma	viva
2인칭	복수	vosotros, vosotras 너희들	-r를 탈락시키고 -d를 붙임	trabajad	comed	vivid
3인칭	복수	ustedes (= uds.) 당신들	3인칭 복수 접속법과 동일	trabajen	coman	vivan

✔ 긍정 명령형의 쓰임

1. 명령 혹은 지시를 내릴 때

- ¡Abre la ventana! (너) 창문 열어라!
- ¡Habla! (너) 말해!

2. 충고, 제안을 할 때

- Coge más. Hay mucho.
  (너) 더 가져가. 많이 있어.
- Siéntese aquí.
  여기 앉으세요. (동사원형 sentarse)
- Viva la vida loca.
  세상을 미치게 살자.

¡Atención! 축구나 운동 경기를 응원할 때 '¡Viva!'라고 외칩니다. 이는 'vivir(살다)' 동사의 접속법(3인칭 단수 명령형은 접속법과 동일)으로 '그렇게 계속 살기를, 하기를 원한다'라는 바람의 뜻으로 사용하는 말입니다.

3. 요청 혹은 초대를 할 때

- Venid a mi casa a comer.
  (너희들) 우리집에 밥 먹으러 와.
- Dígame su nombre.
  (당신) 성함을 말해 주세요.

4. 허락을 할 때

- A: ¿Puedo pasar?
  제가 지나가도 될까요?

  B: Sí, pase.
  네, 지나가세요.

✔ 목적 대명사와 재귀 대명사의 위치

간접, 직접 목적 대명사와 재귀 대명사는 기본적으로 동사 앞에 위치하며,
동사원형, 현재분사와 같이 쓰일 경우에는 동사의 앞 혹은 뒤에 위치할 수 있습니다.
하지만 **긍정 명령형과 쓰일 때는 반드시 동사 뒤에** 위치합니다.

- ¡Cómete**lo** todo!
  (너) **그거** 다 먹어라! (긍정 명령)
- Se **lo** doy.
  내가 걔한테 **그거** 줄게. (대명사)
- Voy a comprárte**lo**.
  내가 너에게 **그걸** 사 줄게. (동사원형)

  = Te **lo** voy a comprar.
- Estoy mirándote.
  나는 너를 보고 있는 중이다. (현재분사)

  = Te estoy mirando.

✔ 강조하기 위해 반복해서 사용 가능

강조 혹은 응급함을 말할 때 반복해서 쓸 수 있습니다.

- A: ¿Puedo comer uno? 하나 더 먹어도 돼?

  B: Claro que sí, coge, coge. 당연하지, 집어, 집어.
- ¡Jorge, corre, corre ahora mismo! 호르헤, 뛰어, 지금 당장 뛰어!

✔ 전치사 a + 동사원형

긍정 명령형과 동일한 역할을 합니다.

- ¡A comer! 밥 먹어라!
- ¡A ducharse! 샤워해라!

Ejercicios

1. 다음 빈칸에 알맞은 관계 부사를 쓰세요.

(1) Siéntate ______________ hay tu nombre. 네 이름이 있는 곳에 앉아라.

(2) Podéis venir ______________ queráis. 너희들이 원할 때 올 수 있어.

(3) Pinta ______________ quieras. 네가 원하는 대로 칠해.

(4) Voy ______________ me dijeron. 나는 그들이 나에게 말해준 곳에 간다.

2. 다음 빈칸에 주어진 동사의 알맞은 긍정 명령형을 쓰세요.

(1) ¡______________ alto! (hablar)
너희들 크게 말해!

(2) ¡______________ las manos! (lavarse)
너 손 씻어라!

(3) ______________ que no lo sabía. (decir)
그걸 몰랐다고 말씀하세요.

(4) ¡______________ toda la comida! (comer)
너 음식을 다 먹어라!

3. 다음 문장에서 알맞은 2인칭(tú) 명령형을 고르세요.

(1) ¡Pon / Pones / Pone tu bolso encima de la mesa!
가방을 책상 위에 놓아라!

(2) Venid / Vas / Ven a jugar conmigo.
와서 나랑 같이 놀자.

(3) ¡Lea / Lee / Lees otro libro!
다른 책 읽어라!

(4) ¡Abres / Abre / Abren los ojos!
눈 떠라!

정답 1. (1) donde (2) cuando (3) como (4) a donde 2. (1) Hablad (2) Lávate (3) Diga (4) Cómete
3. (1) Pon (2) Ven (3) Lee (4) Abre

Cultura

세계 3대 미술관, 프라도

스페인 마드리드의 '프라도 미술관 Museo Nacional del Prado'은 미국 뉴욕의 '근대 미술관 Museum of Modern Art', 러시아 상트페테르부르크의 '에르미타주 미술관 The State Hermitage Museum'과 함께 세계 3대 미술관 중 하나로 꼽힙니다. 1819년 개관하여 총 2만 7천여 작품을 보유하고 있으며, 그중 대중에게 공개된 것이 1천 점 정도입니다.

프라도 미술관 1

12~19세기 작품들이 많은데, 미술관의 명물 중 하나가 바로 '디에고 벨라스케스 Diego Velázquez'가 그린 〈라스 메니나스 Las Meninas(시녀들)〉입니다. 이 작품은 벨라스케스가 왕과 왕비의 초상화를 그리던 중 그 방에 마가리타 공주가 놀러 온 순간을 표현합니다. 즉, 작품에 펠리페 4세 부부와 자녀, 화가 본인이 모두 들어가 있는 그림으로 굉장히 상징적인 작품입니다. 훗날 피카소가 같은 방식으로 이 작품을 여러 번 모방했습니다.

프라도 미술관 2

'고야 Goya'의 〈옷을 입은 마야 La Maja Vestida〉와 〈옷을 벗은 마야 La Maja Desnuda〉, '히에로니무스 보스 Hieronymus Bosch'의 〈쾌락의 정원 El Jardín de las Delicias〉, '후안 데 후아네스 Juan de Juanes'의 〈최후의 만찬 La Última Cena〉 등은 꼭 봐야 하는 작품입니다.

Capítulo 16.
음식점

Me gustaría reservar una mesa.
식사 예약을 하고 싶어요.

학습 목표

Diálogo 16-1. Me gustaría reservar una mesa.
식사 예약을 하고 싶어요.

16-2. ¿Han decidido qué pedir?
주문하시겠어요?

Gramática 1. 의문문

2. 부정 명령형

회화

Diálogo 16-1. MP3. **16-1**

Me gustaría reservar una mesa.

Sujin Hola, [1-1]me gustaría reservar una mesa para dos personas.
수진 올라, 메 구스따리아 레세르바르 우나 메사 빠라 도쓰 뻬르소나쓰.

Camarero ¿Qué día [2]desea?
까마레로 께 디아 데세아?

Sujin [1-2]¿Podría ser [3]mañana a las nueve de la noche[1-2]?
뽀드리아 쎄르 마냐나 아 라쓰 누에베 데 라 노체?

Camarero Perfecto. [4]Dígame su nombre, por favor.
뻬르펙또. 디가메 쑤 놈브레, 뽀르 파보르.

유익한 정보

Información útil

스페인에서 가장 비싼 레스토랑은?

이비사섬(Ibiza)의 하드록 호텔 이비사(Hard Rock Hotel Ibiza)에 있는 서블리모션(Sublimotion)은 한 번에 최대 12인까지 앉을 수 있는 테이블이 1개인 식당입니다. 별도의 메뉴 없이 1인당 가격을 받는데, 무려 1,650유로에 달합니다. 식사는 약 3시간이 걸린다고 하는데, 단순히 음식을 서빙하는 것이 아니라 식도락과 기술이 조합된 콘셉트입니다. 모션 그래픽으로 채워진 방 안에서 나오는 음식에 따라 방 전체의 영상이 바뀌고, 음향효과, 그 밖에 기술효과 등이 곁들여집니다.

단어

Vocabulario

- □ reservar v. 예약하다
- □ mesa f. 책상; 식탁
- □ desear v. 바라다, 소망하다
- □ noche f. 밤
- □ nombre m. 이름

해석

Traducción

식사 예약을 하고 싶어요.

수진 여보세요, 2명 식사 예약을 하고 싶어요.

웨이터 어떤 날을 원하시나요?

수진 내일 밤 9시 가능한가요?

웨이터 좋습니다. 성함 말씀해 주세요.

해설

Explicación

1 me gustaría ~ ~하고 싶어요 ¿Podría ~? ~할 수 있어요?

조건절 문장으로 바람, 정중한 요청, 조언 등을 표현합니다. 역구조 동사 gustar에서 gusta와 gustaría는 의미가 다릅니다.

- **Me gusta** hacer deporte.
  나는 운동하는 것을 좋아한다.
  Me gustaría hacer deporte.
  나는 운동을 하고 싶다. (바람)
- **¿Puede** ser a las 17**?**
  17시에 할 수 있어요? (요청)
  ¿Podría ser a las 17**?**
  17시에 할 수 있을까요? (정중한 요청)

2 desea 바라다, 소망하다

다음 표현도 '¿Qué día desea?'와 같은 의미입니다.

- ¿Qué día desearía?
  (조건절, 정중한 표현)
  = ¿Qué día prefiere?
  어떤 날을 선호하세요?
  = ¿Qué día quiere?
  어떤 날을 원하세요?
  = ¿Qué día le viene bien?
  어떤 날이 적합하신가요?

3 mañana 내일

명사로 '아침(자정~정오)', 부사로 '내일'입니다. 일반적으로 관사가 있으면 명사로 사용된 경우입니다.

- mañana por la mañana
  내일 아침 (앞에 부사, 뒤에 명사)
- Trabajo por la mañana.
  나는 아침에 일한다.
- Tengo que trabajar mañana.
  나는 내일 일해야만 한다.

4 dígame 나에게 말하다

decir algo a alguien이 원형으로, '~에게 ~을 말하다'입니다.
다음 표현도 'Dígame su nombre.'와 같은 의미입니다.

- ¿Me deja su nombre? 당신의 이름을 나에게 허락해 주시겠어요? (dejar 허락하다)
  = ¿Me podría decir su nombre?
  당신의 이름을 나에게 말해 주실 수 있나요?

Diálogo 16-2. MP3. 16-2

¿Han decidido qué pedir?

Camarero ¿Han decidido [1]qué pedir?
까마레로 안 데씨디도 께 뻬디르?

Sujin Sí, queremos un salmón [2]a la plancha y unas costillas con salsa barbacoa.
수진 씨, 께레모쓰 운 쌀몬 아 라 쁠란차 이 우나쓰 꼬스띠야쓰 꼰 쌀사 바르바꼬아.

Camarero ¿Y de beber?
이 데 베베르?

Sujin Agua con gas, por favor.
아구아 꼰 가쓰, 뽀르 파보르.

Rodrigo ¿[3]Me trae un vino blanco [4]también?
로드리고 메 뜨라에 운 비노 블랑꼬 땀비엔?

(después de la cena)
(데스뿌에쓰 데 라 쎄나)

Sujin La cuenta, por favor.
라 꾸엔따, 뽀르 파보르.

유익한 정보

Información útil

탄산수인지 확인하세요!

스페인 사람들은 탄산수를 많이 마시는데, 식당에서 물을 주문하면 'con gas(가스가 있는)'인지 아닌지 물어봅니다. 즉, 탄산수를 원하는지 묻는 거로, 일반 물을 원하면 'agua sin gas(가스 없는 물), agua mineral(미네랄워터)'이라고 말합니다. '물'은 음료수처럼 사 먹는데, 만약 돈을 내고 싶지 않다면 'jarra de agua(물 한 동이)'를 시키면 됩니다. 그러면 파는 물이 아닌 수돗물을 무료로 줍니다. 스페인 일반 가정에서는 수돗물을 마시는 경우가 많습니다.

단어

Vocabulario

- □ decidir v. 결정하다
- □ pedir v. 주문하다
- □ salmón m. 연어
- □ costilla f. 갈비뼈, 등갈비
- □ salsa f. 소스
- □ beber v. 마시다
- □ agua f. 물
- □ gas m. 가스
- □ vino m. 와인
- □ blanco, ca adj. 흰, 하얀
- □ cuenta f. 계산서

해석

Traducción

주문하시겠어요?

웨이터 주문하시겠어요?
(무엇으로 주문할지 결정하셨나요?)

수진 네, 저희는 연어 구이랑 바비큐 소스의 등갈비를 원해요.

웨이터 음료는요?

수진 탄산수요.

로드리고 저에게는 화이트 와인 한잔 가져다주시겠어요?

(식사 후)

수진 계산서 주세요.

해설

Explicación

1 qué 무엇

의문 대명사는 qué, 관계 대명사는 que로, 악센트 사용에 주의합니다. 여기서는 문장의 중간에 쓰였지만 '무엇'이라는 의문사입니다. 관계 대명사를 쓰면 다음과 같습니다.

- ¿Han decidido lo que van a pedir?
  주문할 것을 결정하셨나요?

2 a la plancha ~구이 (팬에 굽는 조리법)

여러 가지 조리법 표현을 살펴봅니다.

- (salmón) frito (연어) 튀김
- (salmón) al horno (연어) 오븐 구이
- (salmón) al vapor (연어) 찜

3 me trae 나에게 가져오다

traer 동사는 '(무엇을) 가져오다'로, 이 문장은 간접 대명사 me가 동사 앞에 놓인 구조입니다.

4 también 역시, 또한

부사로 상대방이 한 말에 '동조'하는 역할을 합니다. '부정문'에 대해 동조할 때는 부사 tampoco를 씁니다.

- A: Tengo hambre. 나 배고파요.
  B: Yo también. 나도 그래요.
  (나도 역시 배가 고파요.)
- A: No tengo hambre.
  나는 배가 고프지 않아요.
  B: Yo tampoco. 나도 그래요.
  (나도 역시 배가 고프지 않아요.)

Vocabulario fundamental

Restaurante 레스따우란떼 음식점, 식당

□ restaurante 레스따우란떼 m. 음식점, 식당
□ menú 메누 m. 메뉴, 식단
□ reserva 레세르바 f. 예약
□ pedir 뻬디르 v. 부탁하다, 주문하다
□ recomendar 레꼬멘다르 v. 추천하다
□ desayuno 데사유노 m. 아침 식사
□ almuerzo 알무에르쏘 m. (오전) 간식
□ comida 꼬미다 f. 점심 식사; 음식
  □ comida para llevar 꼬미다 빠라 예바르 포장 음식
□ cena 쎄나 f. 저녁 식사
□ aperitivo 아뻬리띠보 m. 식전 음식, 식전 음료
□ entrante 엔뜨란떼 m. 전채
□ plato 쁠라또 m. (단품) 요리; 접시
  □ primer plato 쁘리메르 쁠라또 첫 번째 음식
  □ plato principal 쁠라또 쁘린씨빨 메인 요리
□ postre 뽀스뜨레 m. 디저트, 후식
□ camarero, ra 까마레로, 까마레라 m. y f. 종업원, 웨이터
□ cuenta 꾸엔따 f. 계산서
□ propina 쁘로삐나 f. 팁

□ tenedor 떼네도르 m. 포크
□ cuchara 꾸차라 f. 숟가락
  □ cucharilla 꾸차리야 f. 찻숟가락
□ cuchillo 꾸치요 m. 칼
□ servilleta 쎄르비예따 f. 냅킨
□ mantel 만뗄 m. 식탁보
□ mesa 메사 f. 탁자, 책상; 식탁
□ silla 씨야 f. 의자

Cafetería y bar 까페떼리아 이 바르 **카페 & 바**

- □ cafetería 까페떼리아 f. 카페
- □ café 까페 m. 커피
  - □ café con leche 까페 꼰 레체 카페라테
- □ azúcar 아쑤까르 f. 설탕
- □ té 떼 m. 차
- □ taza 따싸 f. 찻잔
- □ vaso 바소 m. 잔, 컵
- □ pajita 빠히따 f. 빨대
- □ bebida 베비다 f. 음료
- □ refresco 레프레스꼬 m. 음료
- □ zumo 쑤모 m. 주스
- □ agua 아구아 f. 물
- □ agua con gas 아구아 꼰 가쓰 탄산수
- □ batido 바띠도 m. 셰이크
- □ chocolate caliente 초꼴라떼 깔리엔떼 핫초코
- □ limonada 리모나다 f. 레모네이드

- □ bar 바르 m. 바, 술집
- □ alcohol 알꼬올 m. 술
- □ cerveza 쎄르베싸 f. 맥주
- □ caña 까냐 f. (작은 잔에 따른) 생맥주
- □ vino 비노 m. 와인

Gramática

Unidad 1. 의문문

스페인어에서 의문문(interrogativos)을 만드는 방법으로 다음의 몇 가지가 있습니다.

✔ 문장 끝 올려 말하기

평서문의 끝만 올려서 말하면 의문문이 됩니다.

- Comemos. 우리 밥 먹어요.
  → ¿Comemos? 우리 밥 먹을까요?
- Tenemos dinero. 우리는 돈이 있어요.
  → ¿Tenemos dinero? 우리 돈 있어요?

✔ 부가 의문문 추가

평서문 끝에 부가 의문문 '¿no(아니에요)?' 또는 '¿verdad(정말이에요)?'을 붙입니다.

- Tenemos dinero, ¿no? 우리 돈 있죠, 아닌가요?
- Tenemos dinero, ¿verdad? 우리 돈 있죠, 정말이죠?

✔ 의문사 종류와 의문문 구조

- ¿의문사 + 동사 (+ 주어) ~?

의문문은 평서문 '주어 + 동사 ~' 순서에서 문장 앞에 해당 의문사를 쓰고 주어와 동사의 자리를 바꿉니다. 스페인어는 보통 주어를 생략하기 때문에, 평서문 앞에 의문사만 결합한 형태를 보입니다.

의문사	예문
¿Dónde ~? 어디?	**¿Dónde** está la llave**?** 열쇠가 어디 있어요?
¿Cuándo ~? 언제?	**¿Cuándo** comemos**?** 우리 언제 밥 먹어요?
¿Cuánto, ta / Cuántos, tas ~? 얼마나?	**¿Cuántos** años tienes**?** 너 몇 살이니?
¿Quién / Quiénes ~? 누가?	**¿Quién** es Andrea**?** 안드레아가 누구예요?
¿Qué ~? ¿Cuál / Cuáles ~? 무엇?	**¿Qué** hacemos**?** 우리 뭐 할까요? **¿Cuál** es tu nombre**?** 네 이름이 뭐야?
¿Cómo ~? 어떻게?	**¿Cómo** vamos a Sevilla**?** 우리 세비야에 어떻게 갈까요?
¿Por qué ~? 왜?	**¿Por qué** está cerrado**?** 왜 닫혀 있어요?

1. ¿Dónde ~?

장소를 묻는 의문사로 문장의 맨 앞 혹은 단독으로 쓸 수 있습니다. **강세에 주의합니다. dónde가 아닌 donde는 관계 부사를 말합니다.** 전치사가 필요한 동사와 쓴 경우 전치사는 문장의 맨 앞에 위치합니다. 문장을 완성하기 위해 '동사'와 필수로 쓰는 전치사만 문장 맨 앞으로 옵니다. 문장에 '목적지, 방향'을 뜻하는 전치사 a(~에)가 필요한 경우에는 adónde를 사용합니다. 주로 **방향을 나타내는 동사 ir(가다), venir(오다) 등과 같이 씁니다.**

- A: ¿Mañana comemos juntos? 내일 점심 같이 먹을까요?
  B: Vale. **¿Dónde?** 그래요. 어디서요?
- **¿De dónde** es María**?** 마리아는 어디 출신이에요? (ser de ~출신이다)
- **¿Dónde** puedo ver una película **con** subtítulos**?**
  자막 있는 영화는 어디에서 볼 수 있어요?
- **¿Adónde** vas**?** 너 어디에 가니?

2. ¿Cuándo ~?

시간을 묻는 의문사로 문장의 맨 앞 혹은 단독으로 쓸 수 있습니다.

cuándo가 아닌 cuando는 관계 부사를 말합니다.

- A: Ya he desayunado. 나 이미 아침 먹었어.

  B: **¿Cuándo?** No te he visto. 언제? 너 못 봤는데.

3. ¿Cuánto, ta / Cuántos, tas ~?

수량을 묻는 의문사로 의문사 뒤에 동사 혹은 명사가 올 수 있습니다.

다음과 같이 뒤에 오는 명사의 성, 수에 따라 형태가 변합니다.

① ¿Cuánto **+ 동사** ~?

- **¿Cuánto vale** la chaqueta**?**

  그 재킷은 얼마예요? (동사 valer, ~의 값이다)

② ¿Cuánto, ta **+ 셀 수 없는 명사** ~?

- **¿Cuánto dinero** necesitamos**?**

  우리는 얼마의 돈이 필요해요? (셀 수 없는 남성 명사)

- **¿Cuánta agua** debemos beber al día**?**

  하루에 얼마만큼의 물을 마셔야 해요? (셀 수 없는 여성 명사)

③ ¿Cuántos, tas **+ 셀 수 있는 명사** ~?

- **¿Cuántos** años tienes**?**

  너 몇 살이니? (남성 명사 año의 복수형)

- **¿Cuántas** veces te duchas al día**?**

  너는 하루에 몇 번 샤워를 하니? (여성 명사 vez의 복수형)

4. ¿Quién / Quiénes ~?

사람을 묻는 의문사로 단수, 복수 구분해서 사용합니다. 전치사가 필요한 동사의 경우, 해당 전치사는 문장의 맨 앞에 옵니다. 이때 문장을 완성하기 위해 '동사'와 필수로 쓰는 전치사만 문장 맨 앞에 옵니다. 강세가 없는 quien, quienes는 관계대명사를 말합니다.

- **¿Quién** me ha llamado**?**
  누가 나를 불렀어요?
- **¿Quiénes** son tus padres**?**
  너희 부모님이 누구니?
- **¿Con quién** estabas hablando**?**
  누구와 말하고 있었어요? (hablar con ~와 말하다)
- **¿Quién** es el marido **de** Barbara**?**
  누가 바바라의 남편이에요?

5. ¿Qué ~?

사물, 상황, 행동을 묻는 의문사로 '무엇'이라는 뜻입니다. 전치사를 필요로 하는 동사의 경우 **전치사는 문장의 맨 앞**에 위치합니다. 이때 문장을 완성하기 위해 '동사'와 필수로 쓰는 전치사만 문장 맨 앞에 옵니다. 강세가 없는 que는 관계대명사를 말합니다. [**¿Qué + 명사 ~?**] 구조도 가능한데, 그 명사의 종류를 묻는 문장이 됩니다.

- **¿Qué** es esto**?**
  이것이 무엇인가요?
- **¿De qué** estáis hablando**?**
  너희들은 무엇에 대해 말하는 중이니? (hablar de ~에 대해 말하다)
- **¿Qué** pasa con tu tío**?**
  네 삼촌한테 무슨 일 있어?
- **¿Qué** libro vas a leer**?**
  어떤 책을 읽을 거야?

6. ¿Cuál / Cuáles ~?

cuál도 qué와 같이 '무엇'을 의미하지만, 가장 큰 차이는 **여러 개 중에서 하나를 선택**한다는 의미합니다. [**¿Cuál + 명사 ~?**] **구조는 불가능**합니다.

- Aquí hay dos camisetas. **¿Cuál** te gusta más**?** (○)
  여기 티셔츠 두 장이 있네. 너는 어떤 게 더 좋아?
- **¿Qué camiseta** te gusta**?** (○) 무슨 티셔츠를 너는 좋아하니?
  / ¿Cuál camiseta te gusta? (×)
- **¿Cuál** es tu nombre**?** 네 이름이 뭐야?

¡Atención! 스페인에서는 이름을 한국처럼 문자의 조합으로 짓는 것이 아니라, 성인, 왕 혹은 유명인 등 기존 이름 중 '선택'해서 사용하기 때문에 qué가 아닌 cuál입니다.

7. ¿Cómo ~?

방법, 상태, 사람 혹은 사물의 특징을 묻는 의문사로 문장의 맨 앞 혹은 단독으로도 쓸 수 있습니다. cómo가 아닌 강세가 없는 como는 관계 부사를 말합니다.

- A: Han venido antes que nosotros. 그들이 우리보다 빨리 왔어요.
  B: **¿Cómo?** 어떻게? (방법)
- **¿Cómo** estás**?** 어떻게 지내? (상태)
- **¿Cómo** es Ian**?** 이안이는 어때요? (특징)

¡Atención! 상태를 말할 때 의문사 cómo는 qué tal로 대체할 수 있습니다.

- ¿Qué tal estás? 어떻게 지내? (상태)

8. ¿Por qué ~?

이유를 묻는 의문사로, '왜'라는 뜻입니다. por qué는 의문사이며 porque는 '왜냐하면'이라는 접속사입니다. 의견을 제시할 때도 쓰는데, 이때는 반드시 no를 붙여야 합니다.

- A: **¿Por qué** es tan caro**?** 왜 이렇게 비싼 거예요?
  B: Porque esto es hecho a mano. 왜냐하면 수제로 만든 거라 그래요.
- **¿Por qué no** vamos al cine**?**
  우리 영화관에 갈래요?

Unidad 2. 부정 명령형

부정 명령형(imperativo negativo)은 지시, 충고, 거부 등을 상대에게 직접 말하는 것으로 명령형이 가능한 2, 3인칭 주어에만 씁니다.

✔ 형태

모든 명령형의 동사 변화는 해당 주격의 접속법과 동일합니다.

주어			부정	부정 명령형 (변화 규칙은 접속법과 동일)		
				trabajar 일하다	comer 먹다	vivir 살다
2인칭	단수	tú 너	no	trabajes	comas	vivas
3인칭	단수	usted (= ud.) 당신	no	trabaje	coma	viva
2인칭	복수	vosotros, vosotras 너희들	no	trabajéis	comáis	viváis
3인칭	복수	ustedes (= uds.) 당신들	no	trabajen	coman	vivan

✔ 쓰임

1. 명령 혹은 지시를 내릴 때

- ¡No grites! (너) 소리 지르지 마!
- No olvides traer tu pasaporte. (너) 여권 가져오는 거 잊지 마.

2. 충고, 제안을 할 때

- No comas demasiado. Luego te duele la tripa.
  너무 많이 먹지 말아라. 나중에 배 아프다.
- No lo compres. Tienes algo parecido.
  사지 마. 너 비슷한 거 있잖아.

3. 거부를 할 때

- A: ¿Puedo verlo? 그거 봐도 될까요?
  B: No, no lo mires todavía. 아니요, 아직 보지 마세요.

✔ 직접 / 간접 목적 대명사와 재귀 대명사의 위치

1. 동사원형, 현재분사와 같이 쓰일 경우에는 동사의 앞이나 뒤에 붙음

- Me **lo** llevo.
  내가 **그거** 가지고 갈게요. (대명사)
- Voy a darte un regalo.
  내가 너에게 선물을 하나 줄게요. (동사원형)
  = Te voy a dar un regalo.
- ¿Estás hablándome en inglés?
  너 나한테 영어로 말하는 중이니? (현재분사)
  = ¿Me estás hablando en inglés?

2. 긍정 명령형과 쓰일 때는 반드시 동사 뒤

- Llévate el paraguas. 너 우산 가져가.

3. 부정 명령형은 **동사의 앞에만 위치**

- No te lleves el paraguas. **Lo** necesito yo.
  너 우산 가져가지 마. 나 **그거** 필요해.

Ejercicios

1. 다음 빈칸에 알맞은 간접 목적 대명사와 gustar 동사를 쓰세요.

(1) ______________ el jamón. 나는 하몬을 좋아한다.

(2) ______________ comer jamón. 나는 하몬을 먹고 싶다.

(3) ¿______________ trabajar en Zara? 너 자라에서 일하는 거 좋아?

(4) ¿______________ trabajar en Zara? 너 자라에서 일하고 싶어?

2. 다음 빈칸에 들어갈 알맞은 의문사를 보기에서 골라 쓰세요.

〈보기〉 Cuándo Quién Qué Dónde Cuál

(1) ¿______________ está España? 스페인은 어디에 있나요?

(2) ¿______________ es Belen? 벨렌이 누구예요?

(3) ¿______________ es tu color favorito? 네가 가장 좋아하는 색깔은 뭐야?

(4) ¿______________ es el DELE? 델레가 뭐예요?

(5) ¿______________ vamos? 우리 언제 가요?

3. 다음 빈칸에 주어진 동사의 알맞은 부정 명령형을 쓰세요..

(1) ¡No ______________ la ventana! (abrir)
너 창문 열지 마라!

(2) No ______________ todavía. (cantar)
너희들 아직 노래 부르지 마라.

(3) No ______________ aquí. (fumar)
여기서 담배 피지 마세요.

(4) No ______________ triste. (estar)
너 슬퍼하지 마라.

정답 1. (1) Me gusta (2) Me gustaría (3) Te gusta (4) Te gustaría 2. (1) Dónde (2) Quién (3) Cuál (4) Qué (5) Cuándo
3. (1) abras (2) cantéis (3) fume (4) estés

Cultura

스페인 음식

스페인은 사계절 날씨, 풍부한 일조량, 넓은 영토, 지중해를 끼고 있는 지리적 특성으로 양질의 식자재를 이용한 다양한 조리법이 지역별로 발달한 세계 최고 '미식의 나라'입니다.

1. 북부 지역 (갈리시아, 파이스 바스코 등)

스페인 북부는 바다와 맞닿아 해산물이 풍부합니다. 문어를 삶아 나무 접시 위에 잘라 놓고 고춧가루와 굵은 소금을 뿌린 '풀포 pulpo', 양팔을 높게 올려 탄산 알코올을 따르는 '시드라 sidra', 그 외에도 수많은 '핀초스 pinchos(핑거푸드)'들이 유명합니다.

핀초스

2. 중북부 지역 (바르셀로나 등)

넓은 대지에 소, 염소, 돼지 등 목축업이 발달하여 육류를 이용한 '오븐 요리'를 즐겨 먹습니다. 카탈루냐 지역의 바르셀로나에는 구운 빵에 생마늘과 토마토를 문질러 먹는 '판콘토마테 pan con tomate', 대파를 불에 새까맣게 태운 뒤 탄 부분을 벗겨 먹는 '칼숏 calsot' 등이 유명합니다.

판콘토마테

3. 중부 지역 (마드리드, 발렌시아 등)

목축업이 발달하여 치즈 등이 유명합니다. 마드리드의 따뜻한 국물 요리 '코시도 마드릴레뇨 cocido madrileño', 세고비아의 '코치니요 cochinillo(새끼 돼지 구이)'가 있으며, 스페인 최대 쌀 생산지 발렌시아는 '파에야 paella'의 본고장입니다.

4. 남부 지역 (안달루시아)

세계 최고의 '올리브'를 생산하는 곳으로 '올리브유 aceite de oliva'가 유명하고 스페인에서 가장 더운 지역으로 여름에 차갑게 먹는 수프 '가스파초 gazpacho'와 '살모레호 salmorejo'도 유명합니다.

Capítulo 17.
감정

Estoy nerviosa.
긴장된다.

학습 목표

Diálogo 17-1. **Estoy nerviosa.**
긴장된다.

17-2. **¡Estoy contentísima!**
나 너무 행복해!

Gramática 1. 감탄문

2. 명령형의 불규칙 변화

Diálogo 17-1. MP3. 17-1

Estoy nerviosa.

Rodrigo [1]Te invito a tomar [2]algo.
로드리고 떼 임비또 아 또마르 알고.

¿Qué quieres tomar?
께 끼에레쓰 또마르?

Sujin Yo quiero un café. ¿Hay wifi?
수진 요 끼에로 운 까페. 아이 위피?

[3]Necesito ver mis notas.
네쎄시또 베르 미쓰 노따쓰.

Rodrigo [4]Lo pregunto.
로 쁘레군또.

Sujin Gracias. Estoy nerviosa.
그라씨아쓰. 에스또이 네르비오사.

유익한 정보

Información útil

무선 인터넷 wifi

무선 인터넷을 '와이파이'라고 하죠. 스페인에서도 이 단어를 영어 그대로 'wifi'로 사용하는데, 발음은 스페인식으로 '위피'라고 읽습니다. 레스토랑 등에서는 대부분 무료 wifi를 제공하지만, 보통은 비밀번호(contraseña)를 물어봐야 합니다.
즉, 'contraseña de wifi(와이파이 비밀번호)'를 요청하면 됩니다.

단어

Vocabulario

- □ tomar v. 마시다, 먹다, 잡다, (어떤 의미로) 받아들이다
- □ ver v. 보다
- □ nota f. 성적
- □ preguntar v. 질문하다
- □ nervioso, sa adj. 긴장한, 불안한
- □ querer v. 원하다

해석

Traducción

긴장된다.

로드리고 내가 마실 거 살게.
뭐 마실래?

수진 나는 커피. 여기 와이파이 될까?
성적 확인해야 하는데.

로드리고 그거 물어볼게.

수진 고마워. 긴장된다.

해설

Explicación

1 te invito a ~ 너에게 ~을 한턱내다

invitar a algo a alguien 구조로, invitar는 '한턱내다', a algo는 '~을(직접 목적어)', a alguien은 '~에게(간접 목적어)'입니다. 간접 목적어는 목적 대명사 'te'로 바뀌어 동사 앞에 왔습니다. invitar는 '초대하다'라는 뜻도 있지만, '한턱내다'로 더 많이 씁니다.

2 algo 어떤 것

algo는 무엇인지 알 수 없는 하나, 다수의 물건 혹은 일 등을 말합니다. 반면, nada는 아무것도 없음을 말합니다.

- A: ¿Quieres tomar **algo**?
  너 뭐 마시고 싶니?

  B: No, no quiero **nada**.
  아니, 나는 아무것도 원하지 않아.

3 necesito ver
나는 보는 것이 필요하다

보통 한 문장에는 동사 하나를 쓰는데, 여기는 [동사구 = 동사 + 동사원형] 으로 한 개 이상의 동사를 사용했습니다. '(동사원형)이 필요하다'로 해석됩니다.

4 lo 그거

대화상 lo는 와이파이 유무를 묻는 '¿Hay wifi?'를 대신합니다.

Diálogo 17-2.

MP3. 17-2

¡Estoy contentísima!

Sujin [1]Acabo de ver mis notas y son [2]buenas.
수진 아까보 데 베르 미쓰 노따쓰 이 쏜 부에나쓰.

Rodrigo [3]¡Enhorabuena!
로드리고 엔오라부에나!

Sujin ¡Estoy [4]contentísima!
에스또이 꼰뗀띠시마!

Rodrigo Estás muy guapa [5]cuando sonríes.
에스따쓰 무이 구아빠 꾸안도 쏜리에쓰.

Sujin Gracias.
그라씨아쓰.

유익한 정보

Información útil

감정을 나타내는 형용사

많이 쓰는 감정 형용사를 살펴볼까요? 모두 수식하는 명사의 성, 수에 영향을 받습니다.

aburrido, da 지루한 / avergonzado, da 부끄러운 / cansado, da 피곤한 / confundido, da 혼란스러운 / enamorado, da 사랑에 빠진 / enfermo, ma 아픈 / feliz 행복한 / miedoso, sa 겁먹은, 두려워하는 / molesto, ta 성가신 / sorprendido, da 놀란 / triste 슬픈

단어

Vocabulario

- □ ver v. 보다; 확인하다
- □ nota f. 성적
- □ guapo, pa adj. 잘생긴, 예쁜
- □ contento, ta adj. 만족한
- □ sonreír v. 미소를 짓다, (소리 없이) 웃다

해석

Traducción

나 너무 행복해!

수진 이제 막 성적을 확인했고 좋은 성적을 받았어.

로드리고 축하해!

수진 나 너무 행복해!

로드리고 웃을 때 너 정말 예쁘구나.

수진 고마워.

해설

Explicación

1 acabo de ver 막 확인을 했다

동사구 [acabar de + 동사원형]은 '지금 막 (동사원형)을 했다'라는 뜻입니다. 동사구란 '동사'가 또 다른 '동사' 혹은 '전치사 + 동사원형' 등을 만나 기존 동사와는 다른 새로운 뜻을 만들어 내는 표현을 말합니다.

- A: ¿Dónde está Rodrigo?
  로드리고 어디 있어요?
  B: (Rodrigo) Acaba de salir.
  (로드리고) 지금 막 나갔어요.

2 buenas 좋은

bueno는 '좋은'이라는 형용사로, 남성 단수 명사 앞에 쓰일 때만 'o'가 탈락하여 'buen'이 됩니다. 수식하는 명사의 성, 수에 따라 형태 변화를 합니다.

수 / 성	남성	여성
단수	buen(o)	buena
복수	buenos	buenas

- buen amigo 좋은 친구

3 ¡Enhorabuena! 축하해!

감탄문으로 많이 쓰입니다.

4 contentísima 너무 행복한

최상급 표현입니다. '기쁜'이라는 뜻의 형용사 contento(ta)에 -ísimo(ma)가 붙어 '너무 기쁜', '가장 기쁜'이 되었습니다.

5 cuando ~할 때

시간을 나타내는 관계 부사입니다.

Vocabulario fundamental

Sentimiento y carácter 센띠미엔또 이 까락떼르 감정 & 성격

□ sentimiento 센띠미엔또 m. 감정
□ agradable 아그라다블레 adj. 즐거운, 기분 좋은
□ feliz 펠리쓰 adj. 행복한
□ contento, ta 꼰뗀또, 꼰뗀따 adj. 기쁜
□ encantado, da 엥깐따도, 엥깐따다 adj. 매우 좋은
□ satisfecho, cha 싸띠스페초, 싸띠스페차 adj. 만족한; 기뻐하는
□ divertido, da 디베르띠도, 디베르띠다 adj. 즐거운, 재미있는
□ interesante 인떼레산떼 adj. 재미있는, 흥미로운
□ cómodo, da 꼬모도, 꼬모다 adj. 편리한; 편안한
□ tranquilo, la 뜨랑낄로, 뜨랑낄라 adj. 조용한; 침착한
□ entusiasmado, da 엔뚜시아스마도, 엔뚜시아스마다 adj. 고무되어 있는, 열광한
□ enamorado, da 에나모라도, 에나모라다 adj. 사랑에 빠진

□ triste 뜨리스떼 adj. 슬픈
□ doloroso, sa 돌로로소, 돌로로사 adj. 아픈, 고통스러운
□ enfermo, ma 엠페르모, 엠페르마 adj. 아픈
□ decepcionado, da 데쎕씨오나도, 데쎕씨오나다 adj. 실망한
□ desesperado, da 데세스뻬라도, 데세스뻬라다 adj. 절망한
□ enfadado, da 엠파다도, 엠파다다 adj. 화난, 성난
□ nervioso, sa 네르비오소, 네르비오사 adj. 불안한, 안절부절못하는
□ horrible 오리블레 adj. 무서운, 끔찍한
□ preocupado, da 쁘레오꾸빠도, 쁘레오꾸빠다 adj. 걱정하는
□ miedoso, sa 미에도소, 미에도사 adj. 겁먹은, 두려워하는
□ ansioso, sa 안시오소, 안시오사 adj. 안달이 난; 욕심이 많은
□ incómodo, da 잉꼬모도, 잉꼬모다 adj. 불편한
□ asustado, da 아수스따도, 아수스따다 adj. 놀라는
□ desanimado, da 데사니마도, 데사니마다 adj. 낙담한, 풀이 죽은
□ avergonzado, da 아베르곤싸도, 아베르곤싸다 adj. 부끄러운
□ aburrido, da 아부리도, 아부리다 adj. 지루한
□ cansado, da 깐사도, 깐사다 adj. 피곤한
□ confundido, da 꼰푼디도, 꼰푼디다 adj. 혼란스러운
□ molesto, ta 몰레스또, 몰레스따 adj. 성가신
□ sorprendido, da 쏘르쁘렌디도, 쏘르쁘렌디다 adj. 놀란

□ carácter 까락떼르 m. 성격
□ simpático, ca 씸빠띠꼬, 씸빠띠까 adj. 친절한
□ antipático, ca 안띠빠띠꼬, 안띠빠띠까 adj. 불친절한
□ cariñoso, sa 까리뇨소, 까리뇨사 adj. 사랑스러운
□ ordenado, da 오르데나도, 오르데나다 adj. 꼼꼼한
□ desordenado, da 데소르데나도, 데소르데나다 adj. 덜렁대는, 꼼꼼하지 못한
□ educado, da 에두까도, 에두까다 adj. 예의 바른; 교양 있는
□ egoísta 에고이스따 adj. 이기적인
□ introvertido, da 인뜨로베르띠도, 인뜨로베르띠다 adj. 내성적인
□ extrovertido, da 엑쓰뜨로베르띠도, 엑쓰뜨로베르띠다 adj. 외향적인
□ generoso, sa 헤네로소, 헤네로사 adj. 너그러운, 관대한
□ hipócrita 이뽀끄리따 adj. 위선적인
□ inteligente 인뗄리헨떼 adj. 지적인, 똑똑한
□ responsable 레스뽄사블레 adj. 책임감 있는
□ optimista 옵띠미스따 adj. 낙관적인
□ perezoso, sa 뻬레쏘소, 뻬레쏘사 adj. 게으른, 나태한
□ sensato, ta 쎈사또, 쎈사따 adj. 신중한; 분별력 있는
□ serio, ria 쎄리오, 쎄리아 adj. 진지한
□ sincero, ra 씬쎄로, 씬쎄라 adj. 성실한
□ tacaño, ña 따까뇨, 따까냐 adj. 인색한
□ tímido, da 띠미도, 띠미다 adj. 부끄러워하는
□ tonto, ta 똔또, 똔따 adj. 바보 같은

Gramática

Unidad 1. 감탄문

자신의 감정을 강한 어조로 내뱉는 감탄문(exclamaciones)을 만드는 방법에는 크게 두 가지가 있습니다.

✔ 억양만 다르게

모든 문장은 감탄문이 될 수 있는데, 문장의 앞부분을 강하게 뒷부분을 약하게 말하면 됩니다. 그리고 문장의 앞에는 '¡', 뒤에는 '!'와 같이 느낌표 부호를 씁니다.

- Mario y Sara se han separado.
  마리오와 사라는 헤어졌어요. (평서문)

  → ¡Mario y Sara se han separado!
  마리오와 사라는 헤어졌어요! (감탄문)

✔ 감탄사 종류와 감탄문 구조

감탄사	구분	예문
¡Qué ~!	강도	**¡Qué** bonito(, ta)**!** 예쁘다!
¡Cuánto, ta / Cuántos, as ~!	수량	**¡Cuántos** zapatos tienes**!** 너 신발이 몇 개인 거야!
¡Cómo ~!	감정	**¡Cómo** llueve**!** 비 오는 거 봐요!

1. 강도 감탄사 qué

- ¡Qué + 형용사 / 부사 / 명사 (+ 동사 + 주어)!

qué는 말하는 것의 '강도'를 더해 주는 감탄사입니다. 말하는 것이 무엇인지 알고 있는 상황에서는 동사와 주어를 함께 생략할 수 있습니다.

- **¡Qué** listo(, ta)! 똑똑하네!
- **¡Qué** hambre tengo! 나 너무 배고파!

2. 수량 감탄사 cuánto

- ¡Cuánto, ta + 셀 수 없는 명사 (+ 동사 + 주어)!
- ¡Cuántos, tas + 셀 수 있는 명사 (+ 동사 + 주어)!
- ¡Cuánto + 동사 (+주어)!

cuánto는 말하는 것의 '양'을 감탄할 때 사용합니다. 뒤에 명사나 동사가 오는데, 말하는 것이 무엇인지 알고 있는 상황에서는 동사와 주어를 함께 생략할 수 있습니다. 뒤에 오는 명사의 수, 성에 영향을 받으며 다음의 구조로 쓸 수 있습니다.

- **¡Cuánto dinero!**
  돈이 이게 얼마야! (돈이 가득 든 가방을 보며)
- **¡Cuántos bolsos** tienes!
  가방이 몇 개야! (많다)
- **¡Cuánto come** Sara!
  사라는 얼마나 먹는 거야! (많이 먹는다, comer 동사)

3. 감정 감탄사 cómo

- ¡Cómo + 동사 (+ 주어)!

cómo는 말하는 것에 '감정'을 더해 주는 감탄사입니다.

- **¡Cómo** nieva! 눈 오는 것 봐!

Unidad 2. 명령형의 불규칙 변화

일부를 제외하고 **명령형의 불규칙(imperativo: verbos irregulares)은 대부분 현재형의 불규칙 변화와 동일합니다.**

✔ 어간 모음 변화

1. 어간 모음 -e- → -ie-

주어			명령형	
			cerrar 닫다	
			긍정	부정
2인칭	단수	tú 너	cierra	no cierres
3인칭	단수	usted(= ud.) 당신	cierre	no cierre
2인칭	복수	vosotros, ras 너희들	cerrad	no cerréis
3인칭	복수	ustedes(= uds.) 당신들	cierren	no cierren

2. 어간 모음 -i- → -ie-

- adquirir 획득하다

(긍정) adquiere - adquiera - adquirid - adquieran

(부정) no adquieras - no adquiera - no adquiráis - no adquieran

3. 어간 모음 -o- → -ue-

contar 계산하다, 이야기하다, dormir 자다, morir 죽다, mover 움직이다, recordar 기억하다, resolver 해결하다, volver 돌아오다, devolver 돌려주다

- poder 할 수 있다

(긍정) puede - pueda - poded - puedan

(부정) no puedas - no pueda - no podáis - no puedan

4. 어간 모음 -u- → -ue-

- jugar 놀다

(긍정) juega - juegue - jugad - jueguen

(부정) no juegues - no juegue - no juguéis - no jueguen

5. 어간 모음 -e- → -i- (-ir 동사만 해당)

corregir 바로잡다, pedir 주문하다, 부탁하다, reír 웃다, sonreír 미소를 짓다, servir 봉사하다, 도움이 되다

- elegir 선택하다

(긍정) elige - elija - elegid - elijan

(부정) no elijas - no elija - no elijáis - no elijan

¡Atención! elegir 동사의 3인칭이 원칙에 따라 eliga, eligan으로 변하면 '엘리가', '엘리간'으로 발음됩니다. 그래서 'ㅎ' 발음으로 만들기 위해 'elija 엘리하', 'elijan 엘리한'으로 표기합니다. 동사 변화는 '발음'을 기준한다는 점 꼭 기억하세요.

✔ 규칙 없는 불규칙 변화

일부 동사는 2인칭 단수 tú에서만 다음과 같이 불규칙 변화를 합니다.

동사원형	2인칭 단수 명령형	동사원형	2인칭 단수 명령형
decir 말하다	di	ser ~이다	sé
hacer 하다	haz	tener 가지다	ten
poner 놓다	pon	venir 오다	ven
salir 떠나다	sal		

- decir 말하다

  (긍정) di - diga - decid - digan

  (부정) no digas - no diga - no digáis - no digan

  ¡Atención! decir 동사 명령문에서 목적어가 오면 항상 동사 바로 뒤에 붙습니다. 직목, 간목이 같이 올 경우에는 간목 다음에 직목을 씁니다.

  - ¡Dilo! (너) 그것을 말해! (직목 lo)
  - ¡Dime! 나에게 말해! (간목 me)
  - ¡Dímelo! 나에게 그것을 말해! (간목 me, 직목 lo)

- ¡**Ven** ahora mismo! (너) 지금 당장 와!

✔ 발음을 기준으로 한 동사 변화

- pagar 지불하다

  (긍정) paga - pague - pagad - paguen

  (부정) no pagues - no pague - no paguéis - no paguen

원칙대로라면 paga 빠가 - page 빠헤 - pagad 빠갇 - pagen 빠헨으로 변해야 합니다. 하지만 g는 a, e, i, o, u를 만나 각각 '가 - 헤 - 히 - 고 - 구'로 발음되므로, ge(헤)를 gue(게)로 써야 합니다. 그래서 발음 기준으로 변합니다.

¡Atención! ge와 je, gi와 ji는 동일하게 소리 납니다.

- g 발음 ga 가 - ge 헤 / gue 게 - gi 히, gui 기 - go 고 - gu 구 / güe 구에 / güi 구이
- j 발음 ja 하 - je 헤 - ji 히 - jo 호 - ju 후

Ejercicios

1. 다음 감정 형용사를 알맞게 연결하세요.

(1) 지루한 •		• sorprendido, da
(2) 혼란스러운 •		• triste
(3) 행복한 •		• confundido, da
(4) 놀란 •		• aburrido, da
(5) 슬픈 •		• feliz

2. 다음 빈칸에 알맞은 감탄사를 보기에서 골라 쓰세요.

〈보기〉 Cómo　Qué　Cuánto　Cuántos

(1) ¡_______________ caro! 비싸다!

(2) ¡_______________ come! 먹는 거 봐!

(3) ¡_______________ dinero tienes! 돈이 얼마나 있는 거야!

(4) ¡_______________ pendientes tienes! 귀걸이가 몇 개 있는 거야!

3. 다음 빈칸에 주어진 동사의 알맞은 2인칭(tú) 명령형을 쓰세요.

(1) ¡No me _______________! (llamar)
나 부르지 마!

(2) _______________ tus deberes. (hacer)
숙제해라.

(3) No _______________. (llorar)
울지 마.

정답 1. (1) aburrido, da (2) confundido, da (3) feliz (4) sorprendido, da (5) triste 2. (1) Qué (2) Cómo (3) Cuánto (4) Cuántos
3. (1) llames (2) Haz (3) llores

Cultura

스페인식 볶음밥, 파에야

한국인 입맛에 가장 잘 맞는 스페인 음식은? 아마도 볶음밥과 비슷한 '파에야 paella'가 아닐까 싶습니다. 스페인에서는 가정에서 '일요일 오후 온 가족이 먹는 음식'으로, 집마다 만드는 방법 역시 약간씩 차이가 있습니다.

여러 재료를 이용하여 한꺼번에 많은 양을 만들기 때문에 대부분의 음식점에서 2인분 이상 주문이 가능합니다. 주문 후에도 20~30분은 넉넉히 기다려야 합니다. 일반적으로 파에야는 '샤프란'으로 쌀을 노랗게 물들여 사용합니다.

원조 격인 '발렌시아식 파에야 La paella Valenciana', 아니면 '해산물 파에야 La paella marinera', '모듬 파에야 La paella mixta'가 보편적인 메뉴입니다. '발렌시아식'은 닭고기, 토끼고기, 콩줄기가 들어가고, '해산물'에는 보통 오징어(한치류), 새우, 조개, 홍합 등을 재료로 합니다. '모듬'에는 고기와 해산물을 같이 넣습니다. 북쪽 갈리시아 지역에는 오징어 먹물을 넣은 '먹물 파에야 La paella negra'를, 남쪽 안달루시아 지역에는 요크 햄과 살라미를 넣은 '흰색 파에야 La paella blanca'를 볼 수 있습니다.

발렌시아식 파에야

해산물 파에야

Capítulo **18.**
SNS & 사진

¿Cuál es tu usuario?
계정이 뭐야?

학습 목표

Diálogo	**18-1. ¿Cuál es tu usuario?** 계정이 뭐야?
	18-2. Vamos a hacernos una foto. 우리 같이 사진 찍자.
Gramática	**1. 비교급 & 최상급**
	2. 접속법

Diálogo 18-1.

MP3. 18-1

¿Cuál es tu usuario?

Rodrigo ¿Tienes facebook [1]o instagram?
로드리고 띠에네쓰 페이스북 오 인스따그람?

Sujin Sí, [2]tengo facebook.
수진 씨, 뗑고 페이스북.

Rodrigo [3]¿Me añades [4]como amigo?
메 아냐데쓰 꼬모 아미고?
Así podemos hablar por facebook.
아시 뽀데모쓰 아블라르 뽀르 페이스북.

Sujin Sí, ¿cuál es tu usuario?
씨, 꾸알 에쓰 뚜 우수아리오?

유익한 정보

Información útil

스페인 사람들의 소셜 네트워크

스페인에서 가장 인기 있는 소셜 네트워크(red social)는 무엇일까요? 바로 왓츠앱(WhatsApp)과 유튜브(YouTube)입니다. 그다음으로는 페이스북(Facebook), 인스타그램(Instagram), 트위터(Twitter) 순으로 인기 있으며, 구인구직을 위한 링크드인(LinkedIn)과 이미지 검색용 핀터레스트(Pinterest)도 많이 이용합니다. 10~20대는 틱톡(TikTok)도 많이 씁니다.

단어

Vocabulario

- añadir v. 추가하다
- usuario m. y f. 아이디, 이용자
- bailar v. 춤추다
- mono m. y f. 원숭이

해석

Traducción

계정이 뭐야?

로드리고 너 페이스북이나 인스타그램 있어?

수진 응, 페이스북 있어.

로드리고 나를 친구 추가해 줄래? 그럼 페이스북으로 이야기할 수 있잖아.

수진 그래, 계정이 뭐야?

해설

Explicación

1 o 혹은, 또는

'A o B' 하면 'A 혹은 B'라는 뜻입니다. 여러 개를 말할 때는 A, B, C o D처럼 가장 마지막 단어 앞에 o를 붙입니다. A o B, C, D라고 쓰지 않습니다. o 뒤에 단어가 o나 ho로 시작하면, 동일 발음이 중복되는 것을 막기 위해 o가 u로 변합니다.

- ¿Quieres almeja **u** ostra?
  너는 조개를 원해 아니면 굴을 원해?

2 tengo 가지고 있다

'페이스북을 한다'라고 표현할 때, tener(가지다) 혹은 usar(사용하다) 동사를 사용할 수 있습니다.

3 me añades 너는 나를 추가하다

이 문장은 'añadir a alguien(누구를 더하다)'이라는 뜻으로, 'Tú añades a mí.'에서 직접 목적어 a mí를 생략하고 직접 목적 대명사 me로 대체한 것입니다. 친구 추가를 묻는 표현으로 agregar 동사를 사용할 수도 있습니다.

- ¿Me **agregas** como amigo?
  나를 친구 추가해 줄래?

4 como ~처럼, ~로써

관계 부사입니다.

- Pepe baila como un mono.
  페페는 원숭이처럼 춤을 춘다.

Diálogo 18-2. MP3. 18-2

Vamos a hacernos una foto.

Rodrigo Sujin, vamos a [1]hacernos una foto.
로드리고 수진, 바모쓰 아 아쎄르노쓰 우나 포또.

Sujin Vale.
수진: 발레.

(Se hacen la foto.)
(쎄 아쎈 라 포또.)

Sujin ¿Me la puedes enviar por correo?
메 라 뿌에데쓰 엠비아르 뽀르 꼬레오?

Rodrigo [2]Sin problema.
씬 쁘로블레마.

[3]Te echaré de menos.
떼 에차레 데 메노쓰.

유익한 정보

Información útil

이메일 관련 용어들

스페인어로 이메일은 correo electrónico라고 합니다. 이메일을 사용할 때, 유용한 몇 가지 용어입니다.
archivo 파일 / re-enviar 재발송하다 / borrar 지우다 /
asunto 주제 / título 제목 / mensaje 메시지 /
correo no deseado 스팸메일 / bandeja de entrada 받은메일함 /
arroba @ (이메일 주소에 사용되는 골뱅이 모양 기호)

단어

Vocabulario

- □ foto f. 사진
- □ enviar v. 보내다
- □ correo m. 우편
- □ problema m. 문제

해석

Traducción

우리 같이 사진 찍자.

로드리고 수진, 우리 같이 사진 찍자.

수진 그래.

(사진 찍는다.)

수진 이메일로 보내줄 수 있어?

로드리고 문제없지.
보고 싶을 거야.

해설

Explicación

1 hacernos **우리가 우리에게 ~하다**

재귀 동사 hacerse가 쓰인 문장으로 행위가 주어에 반영되는 것, 즉 '우리가 우리의 사진을 찍는 것'을 말합니다.
hacer 동사는 여러 의미가 있습니다.

- Hago deporte todos los días.
  나는 매일 운동을 한다.
  (하다, 가장 많이 사용)
- Hecho a mano 수공예, 핸드 메이드
  (만들다, 물건 등에 표시)
- Hace calor.
  날씨가 덥다. (날씨 표현)
- hace dos horas
  2시간 전에 (시간 표현)

2 sin ~ **없이**

전치사입니다.
반의어는 con(~과 함께)입니다.

- No puedo vivir sin ti.
  나는 너 없이 살 수 없다.
- ¡No puedo vivir contigo!
  나는 너와 같이 살 수 없어!

3 Te echaré de menos.
보고 싶을 거야.

echar de menos a algo (a alguien)는 숙어 표현으로, '~가 그립다', '~가 보고 싶다'라는 뜻입니다. 그 외에 자주 사용하는 echar 표현을 알아볼게요.
echar una mano (a)
도와주다 (손 하나를 뻗어 주다)
echar la culpa a alguien
~에게 책임을 전가하다, 탓으로 돌리다
echar un vistazo 점검하다

- ¿Te echo una mano?
  너 도와줄까?
- No me eches la culpa.
  내 탓으로 돌리지 마라.
- Voy a bajar a echar un vistazo, por si acaso.
  혹시 모르니까 내가 내려가서 한번 보고 올게.

Vocabulario fundamental

Ordenador y móvil 오르데나도르 이 모빌 **컴퓨터 & 휴대 전화**

- □ ordenador 오르데나도르 m. 컴퓨터
- □ teclado 떼끌라도 m. 키보드
- □ ratón 라똔 m. 마우스
- □ clic 끌릭 m. 클릭
- □ clicar 끌리까르 v. 클릭하다
- □ monitor 모니또르 m. 모니터
- □ pantalla 빤따야 f. 화면
- □ impresora 임쁘레소라 f. 프린터
- □ disco 디스꼬 m. 디스크
- □ programa 쁘로그라마 m. 프로그램
- □ error 에로르 m. 에러
- □ formato 포르마또 m. 포맷; 서식
- □ antivirus 안띠비루쓰 m. (컴퓨터) 백신
- □ archivo 아르치보 m. 파일
- □ copiar 꼬삐아르 v. 복사하다
- □ pegar 뻬가르 v. 붙여넣다
- □ descargar 데스까르가르 v. 다운로드하다

- □ internet 인떼르넷 m. y f. 인터넷
- □ navegador 나베가도르 m. 브라우저
- □ navegar 나베가르 v. 웹 서핑하다
- □ página web 빠히나 웹 웹 페이지
- □ dominio 도미니오 m. 도메인
- □ acceso 악쎄소 m. 접근
- □ acceder 악쎄데르 v. 접속하다, 접근하다

□ enlace 엔라쎄 m. 링크
□ portal 뽀르딸 m. 포털
□ buscador 부스까도르 m. 검색창
□ palabra clave 빨라브라 끌라베 키워드
□ usuario 우수아리오 m. y f. 아이디, 이용자
□ contraseña 꼰뜨라세냐 f. 비밀번호
□ hacker 악께르 m. y f. 해커
□ correo electrónico 꼬레오 엘렉뜨로니꼬 전자 우편, 이메일
□ arroba 아로바 f. @ (이메일 주소에서 사용되는 골뱅이 모양 기호)
□ buzón 부쏜 m. 편지함
□ iniciar sesión 이니씨아르 쎄시온 로그인하다
□ cerrar sesión 쎄라르 쎄시온 로그아웃하다
□ spam 스빰 m. 스팸
□ blog 블록 m. 블로그

□ móvil 모빌 m. 휴대 전화
□ aplicación 아쁠리까씨온 f. 애플리케이션
□ chat 찻 m. 채팅
□ chatear 차떼아르 v. 채팅하다
□ mensaje 멘사헤 m. 메시지
□ emoticono 에모띠꼬노 m. 이모티콘
□ icono 이꼬노 m. 아이콘
□ dato 다또 m. 자료; 데이터
□ digital 디히딸 adj. 디지털의

Unidad 1. 비교급 & 최상급

'~과 같은', '~보다 나은'과 같은 문장을 비교급(comparativos), '가장 ~한'과 같은 문장을 최상급(superlativos)이라고 합니다.

✔ 비교급

비교급은 많거나 적은 정도, 동일한 정도 등을 설명합니다. **다른 것의 차이를 설명**하는 표현으로, 다음과 같은 구조로 쓸 수 있습니다.

의미	비교급		
~보다 더 / ~보다 덜	más / menos	형용사 / 부사 / 명사	que
~만큼	tan	형용사 / 부사	como
	tanto, ta / tantos, tas	명사	

1. más + 형용사 / 부사 / 명사 + que

'~보다 더'라는 뜻으로, 우등 비교입니다.

- Pedro es **más alto que** Jorge. 페드로는 호르헤보다 키가 더 크다.

2. menos + 형용사 / 부사 / 명사 + que

'~보다 덜'이라는 뜻으로, 열등 비교입니다.

- Había **menos gente que** ayer. 사람들이 어제보다 덜 있다.

3. tan + 형용사 / 부사 + como

'~만큼'이라는 뜻으로, 동등 비교입니다.

- Olivia habla inglés **tan bien como** Sara.
  올리비아는 사라만큼 영어를 잘 한다.

4. tanto, ta / tantos, tas + 명사 + como

'~만큼'이라는 뜻으로, 동등 비교입니다.

- Yo no tengo **tantas camisetas como** tú.
  나는 너만큼 티셔츠가 많지 않다.

✔ 최상급

최상급은 '가장' 높거나 낮은, '가장' 좋거나 안 좋은 것을 말하는 표현입니다. **다른 것과의 비교가 아닌 그 자체를 말할 때** 사용하며, 다음의 구조로 쓸 수 있습니다.

<table>
<tr><th>의미</th><th colspan="2">최상급</th></tr>
<tr><td rowspan="3">가장 ~한</td><td rowspan="2">정관사 + más / menos + 형용사</td><td>de + 지칭하는 그룹</td></tr>
<tr><td>que + 문장</td></tr>
<tr><td colspan="2">형용사 + -ísimo, ma / -ísimos, mas</td></tr>
</table>

1. 정관사 + más / menos + 형용사

'가장 ~한'은 유일한 것을 지칭하기 때문에 정관사가 사용되며, 해당 그룹을 말하기 위해 전치사 de가 붙거나 que 뒤에 문장이 와서 추가 설명을 할 수도 있습니다.

- Nuria es **la más alta de** la clase.
  누리아는 반에서 키가 가장 크다.
- Alberto es **el más rico que** conozco.
  알베르토는 내가 아는 사람 중 가장 부자이다.
- Clara es **la menos fiable de**l grupo.
  클라라는 그룹에서 가장 적게 믿을 만한 사람이다. (그룹에서 가장 못 믿겠다.)

2. 형용사 + -ísimo, ma / -ísimo, mas

말하는 대상의 성, 수에 맞추어 남성 단수는 -ísimo, 여성 단수는 -ísima, 남성 복수는 -ísimos, 여성 복수는 -ísimas를 형용사에 더해 줍니다. 이때, 형용사가 모음으로 끝나면 맨 마지막 모음 탈락시킨 후 붙여 씁니다.

- fácil 쉬운 → facil**ísimo** 너무 쉬운
- guap**o** 잘생긴 → guap**ísimo** 너무 잘생긴
- Estoy content**ísimo**. 나 너무 기뻐요. (content**o** 기쁜)
- Esta tarta está buen**ísima**. 이 케이크는 진짜 맛있다. (buen**a** 좋은)

✔ 불규칙 변형

1. 형태

<table>
<tr><th colspan="2">원급</th><th>비교급</th><th>최상급</th></tr>
<tr><td colspan="2">bueno
좋은</td><td>mejor
더 좋은</td><td>el / la mejor
los / las mejores
가장 좋은</td></tr>
<tr><td colspan="2">malo
나쁜</td><td>peor
더 나쁜</td><td>el / la peor
los / las peores
가장 나쁜</td></tr>
<tr><td rowspan="2">grande</td><td>큰</td><td>más grande
더 큰</td><td rowspan="2">el / la mayor
los / las mayores
가장 큰,
가장 나이 많은</td></tr>
<tr><td>많은</td><td>mayor
더 많은</td></tr>
<tr><td rowspan="2">pequeño</td><td>작은</td><td>más pequeño
더 작은</td><td rowspan="2">el / la menor
los / las menores
가장 작은,
가장 어린</td></tr>
<tr><td>어린</td><td>menor
더 어린</td></tr>
</table>

2. bueno, malo의 비교급, 최상급

bueno와 malo를 비교급, 최상급으로 만들 때는 mejor와 peor를 쓰면 됩니다. bueno와 malo의 다양한 뜻에 상관없이 모든 상황에 적용할 수 있습니다. 만약 bueno가 '착한 (사람)', malo가 '나쁜 (사람)', '(맛이) 없음'의 의미로 쓰인다면 최상급을 만들 때 각각 más bueno, más malo도 사용할 수 있지만 구어체에 가깝습니다.

- Juan es **malo**. 후안은 나쁘다.
- Juan es **más malo que** el diablo. 후안은 악마보다 나쁜 사람이다.
- Juan es **peor que** el diablo. 후안은 악마보다 더 나쁘다.
- Juan está peor que ayer. 후안은 어제보다 더 아프다. (○)
  / Juan está más malo que ayer.
  (×, malo가 '아픈'으로 쓰여서 más malo는 될 수 없음)

3. grande, pequeño의 비교급, 최상급

- Mi casa es grande.
  우리 집은 크다. (원급, 크기)

- ¿Qué quieres ser cuando seas **grande**?
  나중에 커서 뭐가 되고 싶니? (원급, 나이)
- Jose es **mayor** que Jorge.
  호세는 호르헤보다 나이가 많다. (비교급, 나이)
- Jose es **el mayor** de su clase.
  호세는 그의 반에서 가장 나이가 많다. (최상급, 나이)

- Mi hija es **más pequeña**.
  내 딸은 작다. (원급, 체구)
- Mi hija es **más pequeña** que la tuya.
  내 딸은 네 딸보다 작다. (비교급, 체구)
- Mi hija es **la más pequeña** de su clase.
  내 딸은 그녀의 반에서 가장 작다. (최상급, 체구)

- Tengo una niña **pequeña**.
  나는 어린 딸이 하나 있다. (원급, 나이)
- Mi hija es **menor que** la tuya.
  내 딸은 네 딸보다 어리다. (비교급, 나이)
- Mi hija es **la menor** de su clase.
  내 딸은 그녀의 반에서 가장 어리다. (최상급, 나이)

Gramática

Unidad 2. 접속법

접속법(subjuntivo)은 문장 안에 또 다른 주어의 새로운 문장이 더해져 있는 형태를 말합니다. 즉, 주절과 종속절이 합쳐진 문장입니다.

✔ 접속법 현재형

1. 형태

주어			접속법		
			trabaj**ar** 일하다	com**er** 먹다	viv**ir** 살다
1인칭	단수	yo 나	trabaj**e**	com**a**	viv**a**
2인칭	단수	tú 너	trabaj**es**	com**as**	viv**as**
3인칭	단수	él, ella, usted (= ud.) 그, 그녀, 당신	trabaj**e**	com**a**	viv**a**
1인칭	복수	nosotros, nosotras 우리들	trabaj**emos**	com**amos**	viv**amos**
2인칭	복수	vosotros, vosotras 너희들	trabaj**éis**	com**áis**	viv**áis**
3인칭	복수	ellos, ellas, ustedes (= uds.) 그들, 그녀들, 당신들	trabaj**en**	com**an**	viv**an**

2. 쓰임

다양한 쓰임이 있는데, 기본 전제는 '**주어의 의지로 좌우할 수 있는지 아닌지**'입니다. 이를 기본으로 바람, 감탄, 가능성을 말할 때 쓸 수 있습니다.

- Espero que **tengamos** buenas notas.
  나는 우리가 좋은 성적을 받았으면 좋겠다.
  ('우리가 좋은 성적을 받는 것'은 내가 어떻게 할 수 없음)

① 바람을 말할 때

바람을 나타내는 동사 querer(원하다), esperar(희망하다), desear(원하다) 등과 많이 쓰입니다.

- Espero que tengáis buen fin de semana.
  나는 너희들이 좋은 주말을 보내길 바란다.
- No quiero que me hables.
  나는 네가 나한테 말하는 걸 원하지 않는다. (나랑 말하지 말아 줄래.)

② 감탄을 말할 때

- ¡Que + 접속법!
- ¡Ojalá (que) + 접속법!

아랍 문화권에서 온 표현 Ojalá는 '제발', '부디'라는 감탄사로, 단독으로도 사용합니다.

- ¡Que tengas suerte!
  행운을 빌어!
- ¡Ojalá (que) consiga este trabajo!
  부디 내가 이 일을 할 수 있기를! (내가 이 직업을 얻을 수 있기를!)

③ 가능성을 말할 때

'아마도'라는 뜻의 부사 quizá(s), tal vez, posiblemente, probablemente를 함께 씁니다.

- Probablemente Juan esté en casa.
  아마 후안은 집에 있을 거예요.

④ 현재 혹은 미래에 대한 부정적 추측

- No + creer / pensar / parecer / considerar + que + 접속법 현재형
  그것이 그럴 것이라고 생각하지 않는다

현재 혹은 미래의 가능성에 대한 '부정적 추측'을 나타냅니다.

- No creo que Juan esté en casa.
  나는 후안이 집에 있을 거라고 생각하지 않는다.

⑤ 행동 혹은 상황에 대한 평가

- Me parece bien / mal que + 접속법 : 내 생각에 ~은 좋다 / 나쁘다
- Es bueno / malo que + 접속법 : ~은 좋다 / 나쁘다
- Es normal que + 접속법 : ~은 정상이다
- Es lógico que + 접속법 : ~은 당연하다

- Me parece mal que nos bajen el sueldo.
  내 생각에 우리 월급을 내리는 건 나쁜 것 같아요.
- Es bueno que coma muchas verduras.
  채소를 많이 먹는 것은 좋아요.
- Es normal que tengáis muchas dudas.
  여러분이 많은 의문을 갖는 건 정상이에요.
- Es lógico que Ana esté enfadada.
  아나가 화내는 건 당연하죠.

3. 불규칙 변화

직설법 현재형의 불규칙 변화 규칙과 동일하여 어간 모음이 -e- → -ie-, -i- → -ie-, -e- → -i-, -o- → -ue-, -u- → -ue-로 변합니다.

(앞에서 배운 Capítulo 05. Unidad 2. 직설법 불규칙 현재형을 참고하세요.)

- querer 원하다 quiera - quieras - quiera - queramos - queráis - quieran
- adquirir 획득하다 adquiera - adquieras - adquiera - adquiramos - adquiráis - adquieran
- poder 할 수 있다 pueda - puedas - pueda - podamos - podáis - puedan
- jugar 놀다 juegue - juegues - juegue - juguemos - juguéis - jueguen

아래의 6개는 규칙 없는 완전 불규칙 변화로 대부분 기본 동사들입니다.

- ser ~이다 **sea - seas - sea - seamos - seáis - sean**
- estar ~이다 (강세 불규칙) **esté - estés - esté - estemos - estéis - estén**
- ver 보다 **vea - veas - vea - veamos - veáis - vean**
- ir 가다 **vaya - vayas - vaya - vayamos - vayáis - vayan**
- haber 하다 **haya - hayas - haya - hayamos - hayáis - hayan**
- saber 알다 **sepa - sepas - sepa - sepamos - sepáis - sepan**

✔ 직설법과 접속법 현재형의 차이

1. 종속절의 긍정적, 부정적 추측

종속절이 긍정적 추측이면 직설법 현재형이나 단순 미래를 씁니다. 반면, 종속절이 부정적 추측이면 접속법 현재형을 씁니다.

- Creo que Marcos tiene hambre.
  내 생각에 마르코스는 배가 고프다.
- No creo que Marcos tenga hambre.
  나는 마르코스가 배가 고플 거라고 생각하지 않는다.

2. 주절과 종속절의 주어가 같거나 다를 때

주절과 종속절의 주어가 같으면 직설법, 다르면 접속법 현재형을 씁니다.

- Quiero bailar.
  나는 춤을 추고 싶다. (나는 원한다 = 나는 춤을 춘다)
- Quiero que bailes.
  나는 네가 춤췄으면 좋겠다. (나는 원한다 ≠ 너는 춤을 춘다)

Ejercicios

1. 다음 문장에서 알맞은 비교급을 고르세요.

(1) Fernando es más alto / menos alto que tú.
페르난도는 너보다 크다.

(2) Isabel es más joven / más vieja que tú.
이사벨은 너보다 어리다.

(3) Soy tan viejo / tan pequeño como tú.
나는 너만큼 작다.

(4) Yo tengo más / menos / tantos libros como tú.
나는 너만큼 책을 가지고 있다.

2. 다음 빈칸에 주어진 동사의 알맞은 접속법을 쓰세요.

(1) Espero que ____________ mucha suerte. (tener)
너에게 행운이 있기를 바라.

(2) ¡Ojalá que ____________! (llover)
비가 오기를!

(3) No me ____________. (mentir)
너 나한테 거짓말하지 마.

3. 다음 문장에서 알맞은 직설법 또는 접속법을 고르세요.

(1) ¡Que tengáis / tenéis un buen viaje!
너희들 즐거운 여행되렴!

(2) Me duele la tripa cuando como / coma algo.
나 뭐 먹을 때 배가 아파.

(3) Hoy haga / hace buen tiempo.
오늘 날씨가 좋다.

(4) Mi madre no sabe / sepa nada.
우리 엄마는 아무것도 몰라.

정답 1. (1) más alto (2) más joven (3) tan pequeño (4) tantos 2. (1) tengas (2) llueva (3) mientas
3. (1) tengáis (2) como (3) hace (4) sabe

Cultura

축구 전쟁, 마드리드 vs 바르셀로나

스페인 지역 축구 경기 중에서 최고의 시청률을 자랑하는 '레알 마드리드 Real Madrid'와 'FC 바르셀로나 FC Barcelona' 간 시합을 '엘 클라시코 El Clásico(전통)'라 합니다. 이 라이벌전이 치열한 이유에는, 두 팀이 모두 정상의 기량을 가졌다는 점뿐만 아니라 지역감정도 한몫합니다.

바르셀로나는 지중해를 통한 해상 무역으로 상당한 부를 축적했고, 이를 바탕으로 독립을 꾸준히 요구해왔습니다. 바르셀로나가 속한 카탈루냐 지역은 기존에 독립된 왕국으로 존재하다가 1469년 카스티야 왕국에 통합되어 스페인이 되었기 때문입니다. 지역 간 감정은 상상을 초월할 정도로 스페인 발전에 큰 걸림돌이기도 합니다.

이런 묵은 감정을 배출하는 것이 바로 '엘 클라시코'입니다. 유독 이 경기에서 많은 반칙과 부상자들이 속출하는데, 이는 '감정싸움'이 깔려 있기 때문입니다. 여기에 세계 최고의 몸값을 자랑하는 선수들의 현란한 실력과 자존심 싸움이 더해져 축구 마니아에게는 더없이 즐거운 '전통 승부', '세기 대결'을 보여주는 경기입니다.

스페인 지역 축구 경기

마드리드 축구 경기장

Capítulo 19.
직장

¡Por fin he encontrado trabajo!
나 드디어 취직했어!

학습 목표

Diálogo 19-1. **¡Por fin he encontrado trabajo!**
나 드디어 취직했어!

19-2. **Estoy pensando en cambiar de trabajo.**
나는 이직을 생각 중이야.

Gramática 1. 동사 + 전치사

2. 조건형

Diálogo 19-1.

MP3. 19-1

¡Por fin he encontrado trabajo!

Sujin Daniel, ¡por fin he [1]encontrado trabajo!
수진 다니엘, 뽀르 핀 에 엥꼰뜨라도 뜨라바호!

Daniel [2]¡Qué bien!, ¡enhorabuena!
다니엘 께 비엔! 엔오라부에나!

Sujin [3]Me acaban de llamar.
메 아까반 데 야마르.

Daniel [4]Vamos a celebrarlo.
바모쓰 아 쎌레브라를로.

유익한 정보

Información útil

스페인 구직 사이트

스페인에서 사회 초년생들에게 유명한 구직 사이트는 인포잡스(www.infojobs.net)입니다. 경력이 쌓이면 헤드헌터를 통해 이직하는 경우가 많아, 비즈니스 중심의 소셜 네트워크 링크드인(linkedin)을 관리하는 것도 굉장히 중요합니다.
스페인어로 이력서는 currículum vítae라고 하며, 짧게 줄여 CV라고 부릅니다.

단어

Vocabulario

- □ por fin 드디어
- □ encontrar v. 찾다, (우연히) 만나다
- □ celebrar v. 축하하다, 기념하다
- □ enhorabuena f. 축하인사
  interj. 축하합니다!

해석

Traducción

나 드디어 취직했어!

수진 다니엘, 나 드디어 취직했어!

다니엘 와 대단하다! 축하해!

수진 방금 전화 받았어.

다니엘 우리 축하하러 가자.

해설

Explicación

1 encontrado 찾다, (우연히) 만나다

'결과'를 강조하여, 본문은 '일을 찾았다'는 의미입니다. 반면, buscar (찾다) 동사는 **'행위'를 강조**합니다.

- Estaba buscando en toda partes pero no lo podía encontrar.
  나는 모든 곳을 다 찾아보았지만, 그것을 찾을 수가 없었다.
  (buscar는 모든 곳을 찾는 행위, encontrar는 없었다는 결과를 강조)

2 ¡Qué bien! 너무 좋다!, 잘됐다!

[¡Qué + 형용사 / 부사 / 명사 (+ 동사 + 주어)!] 구조로, qué는 말하는 것에 '강도'를 더하는 감탄사입니다. 무엇을 말하는지 아는 상황이라면 동사와 주어를 생략할 수 있습니다. 같은 의미로 중남미에서는 '¡Qué bueno!'라고 합니다.

3 Me acaban de llamar.
그들이 나에게 지금 막 전화를 했다.

[acabar de + 동사원형]의 동사구 표현입니다. 주어는 '그들'입니다.

4 vamos a ~ 우리 ~하자

[ir a + 동사원형]으로 제안, 결정, 계획 등을 말할 때 많이 사용합니다.

- Vamos a comer.
  밥 먹으러 가자.
- Vamos a tomar una cerveza.
  맥주 한잔하러 가자.

Diálogo 19-2.

MP3. 19-2

Estoy pensando en cambiar de trabajo.

Daniel Estoy [1]pensando en cambiar de trabajo.
다니엘 에스또이 뻰산도 엔 깜비아르 데 뜨라바호.

Sujin [2]¿Qué te pasa?
수진 께 떼 빠사?

Daniel Bueno, nada especial, [3]excepto el sueldo.
부에노, 나다 에스뻬씨알, 엑셉또 엘 쑤엘도.

Sujin [4]¿Por qué no hablas con tu jefe[4]?
뽀르 께 노 아블라쓰 꼰 뚜 헤페?

Daniel Ummm... Sí, gracias por tu consejo.
음... 씨, 그라씨아쓰 뽀르 뚜 꼰세호.

유익한 정보

Información útil

'일'의 일상 대화 표현

'일을 하다'라고 할 때 '일'은 스페인어로 trabajo입니다. 하지만 일상생활에서는 curro라는 단어를 아주 많이 사용합니다. 아래 둘 다 같은 표현이지만, curro는 대화상에만 쓰는 '구어체'입니다.

- **Tengo mucho trabajo.** 나는 일이 아주 많다.
  = **Tengo mucho curro.** (구어)

단어

Vocabulario

- □ cambiar v. 바꾸다
- □ trabajo m. 직장, 일
- □ sueldo m. 급료, 봉급
- □ jefe m. 사장; 상사
- □ consejo m. 충고
- □ lleno, na adj. 가득 찬
- □ dar una vuelta 드라이브하다; 산책하다

해석

Traducción

나는 이직을 생각 중이야.

다니엘 나는 이직을 생각 중이야.

수진 무슨 일이야?

다니엘 글쎄, 월급 빼고는 특별할 게 없어.

수진 상사랑 이야기해 보는 건 어때?

다니엘 음... 응, 조언 고마워.

해설

Explicación

1 pensando en ~ ~을 생각하다

pensar는 '생각하다'이며,
'~을 생각하다'라고 말할 때는
항상 전치사 en이 옵니다.

- Estoy pensando en ti.
  나는 너를 생각 중이야.

2 ¿Qué te pasa?

무슨 일이야?, 너에게 무슨 일이 일어났어?

아주 많이 쓰는 표현입니다. 행위보다 상대방에 더 관심이 있어, 간접 목적어 te를 사용했습니다.
te가 없는 '¿Qué pasa?'도 같은 의미로 많이 쓰지만, 어떤 상황인지가 더 궁금할 때의 표현입니다.

3 excepto ~을 제외하고

전치사이며, 동의어로는 salvo가 있습니다.

- Trabajo todos los días salvo los lunes.
  나는 매주 월요일을 제외하고 매일 일한다.

4 ¿Por qué ~? 왜 ~?

이유를 묻는 의문사이며, 단독으로 쓰거나 뒤에 문장이 옵니다. 대화상 '¿Por qué no ~?'는 이유를 묻기보다 조언, 제안하는 느낌입니다.
접속사 porque는 문장 중간에 위치해 '왜냐하면'이라는 뜻으로 쓰입니다.

- ¿Por qué? 왜요?
- ¿Por qué haces esto?
  (너) 왜 이러는 거야?
- ¿Por qué no salimos a dar una vuelta?
  우리 드라이브하러 나갈래?
- No quiero comer porque estoy lleno.
  나는 배가 불러서 먹고 싶지 않아요.
  (접속사, 왜냐하면)

Vocabulario fundamental

Trabajo 뜨라바호 직장

□ trabajo 뜨라바호 m. 직장, 일
  □ buscar trabajo 부스까르 뜨라바호 구직하다
  □ contrato de trabajo 꼰뜨라또 데 뜨라바호 고용 계약서
□ profesión 쁘로페시온 f. 직업
□ empresa 엠쁘레사 f. 회사
  □ sede 쎄데 f. 본사, 본부
□ empleo 엠쁠레오 m. 일자리
  □ oferta de empleo 오페르따 데 엠쁠레오 구인 광고
  □ empleado, da 엠쁠레아도, 엠쁠레아다 m. y f. 고용인
□ CV 씨비 m. 이력서
  = currículum vitae 꾸르리꿀룸 비따에
  □ experiencia laboral 엑쓰뻬리엔씨아 라보랄 경력
  □ formación académica 포르마씨온 아까데미까 학력
□ carta de presentación 까르따 데 쁘레센따씨온 자기 소개서
□ carta de motivación 까르따 데 모띠바씨온 지원 동기서
□ entrevista 엔뜨레비스따 f. 면접
□ ir a trabajar 이르 아 뜨라바하르 출근하다
□ salir del trabajo 쌀리르 델 뜨라바호 퇴근하다
□ hora punta 오라 뿐따 러시아워, 혼잡 시간
□ hora extra 오라 엑쓰뜨라 추가 근무 시간
□ atasco 아따스꼬 m. 교통 체증
□ tarea 따레아 f. 업무
□ oficina 오피씨나 f. 사무실
□ departamento 데빠르따멘또 m. 부서
□ equipo 에끼뽀 m. 팀
□ compañero, ra 꼼빠녜로, 꼼빠녜라 m. y f. 동료

□ jerarquía 헤라르끼아 f. 직급; 계급
□ líder, resa 리데르, 리데레사 m. y f. 지도자, 리더
□ jefe, fa 헤페, 헤파 m. y f. 사장; 상사
□ documento 도꾸멘또 m. 서류
□ presentación 쁘레센따씨온 f. 발표
□ proyecto 쁘로엑또 m. 프로젝트, 기획
□ reunión 레우니온 m. 회의
□ sala 쌀라 f. 회의실
□ promoción 쁘로모씨온 f. 승진, 진급
□ vacaciones 바까씨오네쓰 f. 휴가
□ salario 쌀라리오 m. 임금
□ sueldo 쑤엘도 m. 급료, 봉급
□ bonus 보누쓰 m. 보너스
□ incentivo 인쎈띠보 m. 수당, 인센티브
□ pensión 뻰시온 f. 연금
□ huelga 우엘가 f. 파업
□ despedir 데스뻬디르 v. 해고하다
□ retirarse 레띠라르세 v. 퇴직하다
□ jubilarse 후빌라르세 v. 정년 퇴직하다
□ paro 빠로 m. 실업자

Gramática

Unidad 1. 동사 + 전치사

일부 동사들은 원하는 바를 말하기 위해서 반드시 특정한 전치사가 필요합니다. [동사 + 전치사(verbos con preposiciones)]의 형태로, 많이 쓰는 전치사에는 a, con, de, en가 있습니다.

✔ 기본 형태

- 동사 + 전치사 + 동사원형 / 명사 / 대명사

- confiar 믿다 → confiar en ~을 믿다

1. 동사 + a

a는 움직임, 방향, 행동의 시작 등을 의미하는 전치사입니다.

acostumbrarse a ~에 길들다, ~에 익숙하다, enseñar a ~를 가르치다,
aprender a ~하는 것을 배우다, invitar a ~를 초대하다,
ayudar a ~를 돕다, llegar a ~(장소)에 도착하다, bajar a ~로 내려가다,
subir a ~에 오르다, dirigirse a ~로 향하다, parecerse a ~을 닮다,
empezar a ~을 시작하다, volver a ~로 돌아오다

- **Me** he **acostumbrado a** vivir en España.
  나는 스페인에 사는 것에 익숙해졌다.
- Estoy **aprendiendo a** bailar flamenco.
  나는 플라멩코 추는 것을 배우는 중이다.
- ¿Cómo **llegar a** Madrid?
  마드리드에 어떻게 가요? (도착해요?)
- **Me parezco a** mi padre.
  나는 아버지를 닮았다.

2. 동사 + con

con은 '~과 함께'라는 뜻으로, 관계, 도구, 방법 등을 의미하는 전치사입니다.

casarse con ~와 결혼하다, conectar con ~에 연결하다,
compararse con ~과 비교하다, confundir con ~과 혼동하다,
conformarse con ~으로 기뻐하다, contar con ~을 고려 사항에 넣다,
divertirse con ~으로 즐기다, llevarse con ~와 잘 지내다,
encontrarse con ~를 우연히 만나다, soñar con ~을 꿈에 보다,
enfadarse con ~에 화가 나다

- ¿**Te** quieres **casar conmigo**? 나와 결혼해 줄래?
- No **me compares con** otra persona.
  나를 다른 사람과 비교하지 마.
- **Cuentas conmigo**. 나도 포함시켜. (제안 받았을 때 참여하겠다는 뜻)
- **Me llevo** bien **con** todos. 나는 모두와 잘 지낸다.

3. 동사 + de

de는 이유, 출신, 행동의 끝 등을 의미하는 전치사입니다.

acordarse de ~을 기억하다, dejar de ~을 그만두다,
alegrarse de ~을 기뻐하다, hablar de ~에 대해 말하다,
arrepentirse de ~을 후회하다, morirse de ~때문에 죽을 지경이다,
cansarse de ~에 피곤해하다, olvidarse de ~을 잊다,
enamorarse de ~에 사랑에 빠지다, sospechar de ~을 의심하다,
desconfiar de ~을 믿지 않다, terminar de ~하는 것을 끝내다,
disfrutar de ~을 누리다, tratarse de ~에 대해 다루다,
divorciarse de ~와 이혼하다, quejarse de ~에 대해 불평하다,
dudar de ~을 의심하다

- ¿**Te acuerdas de** mí? 너 나를 기억해?
- ¡**Déjate de** tonterías! 바보 같은 짓 좀 그만둬!
- Estoy **enamorado de** ti. 나는 너에게 빠졌어.
- Tú siempre **hablas de** mi exnovio.
  너는 항상 내 전 남자친구에 대해 말하는구나.

4. 동사 + en

en은 장소, 시간, 방법, 상태, 목적 등을 의미하는 전치사입니다.

confiar en ~을 믿다, participar en ~에 참여하다, creer en ~을 믿다,
pensar en ~을 생각하다, divertirse en ~을 즐기다,
tardar en ~하는 데 시간이 너무 걸리다, fijarse en ~에 주목하다,
quedarse en ~에 잔류하다, insistir en ~을 강조하다

- **Confío en** ti. 나는 너를 믿어.
- **Creo en** Dios. 나는 신을 믿는다.
- Voy a **participar en** una competicion de videojuegos.
  나는 비디오 경기에 참여할 예정이다.

Unidad 2. 조건형

조건형(condicional)은 '~하리라'는 바람, 가능성 등을 표현하는 것으로,
단순 조건과 조건 완료가 있습니다.

✔ 단순 조건 (condicional simple)

1. 형태

- **-ar, -er, -ir 동사 모두** 동사원형 + -ía, -ías, -ía, -íamos, -íais, -ían

주어			단순 조건형
			trabaj**ar** 일하다
1인칭	단수	yo 나	trabajar**ía**
2인칭		tú 너	trabajar**ías**
3인칭		él, ella, usted(= ud.) 그, 그녀, 당신	trabajar**ía**
1인칭	복수	nosotros, nosotras 우리들	trabajar**íamos**
2인칭		vosotros, vosotras 너희들	trabajar**íais**
3인칭		ellos, ellas, ustedes(= uds.) 그들, 그녀들, 당신들	trabajar**ían**

2. 쓰임

① 바람을 말할 때

동사 gustar(좋아하다), encantar(매우 좋아하다), preferir(선호하다) 등과 주로 쓰입니다.

- Me **gustaría** vivir en España. 나는 스페인에 살았으면 좋겠어.
  Me gusta vivir en España. 나는 스페인에 사는 것이 좋다. (살고 있다)

② 정중하게 요청할 때

상대방에게 무언가를 요청하는 현재형과 조건형은 해석에는 큰 차이가 없지만 조건형이 조금 더 예의 바른 표현입니다.

- ¿Te **importaría** pasarme la sal? 나에게 소금 좀 건네주시겠어요?
  ¿Te importa pasarme la sal? 나에게 소금 좀 줄래요?
- ¿**Podrías** venir un segundo? 잠깐만 와 줄 수 있어요?

③ 조언을 할 때

- Yo se lo **diría** a tu jefe. 나라면 그걸 네 상사에게 말할 거예요.
- Yo no lo **haría** así. 나는 그렇게 하지 않을 거예요.

¡Atención! 이 쓰임은 '내가 너라면'이라는 표현 'yo en tu lugar', 'yo que tú', 'si fuera tú' 등과 쓸 수 있습니다. 명령보다는 정중하게 '조언'하는 표현입니다.

④ 과거 시점에서의 불확실성 혹은 의심을 말할 때

- Juan me dijo que **llegaría** sobre las 10.
  후안은 10시쯤에 도착할 거라고 말했다.

3. 불규칙 변화

단순 조건형의 불규칙 변화는 단순 미래의 '뿌리'가 변화된 불규칙 공식과 동일합니다. 아래의 뿌리에 -ía, -ías, -ía, -íamos, -íais, -ían만 붙이면 됩니다.

동사원형	뿌리 불규칙 변화
decir 말하다	**dir-**
haber ~이다	**habr-**
hacer 하다	**har-**
poder 할 수 있다	**podr-**
poner 놓다	**pondr-**
querer 원하다	**querr-**
saber 알다	**sabr-**
salir 나가다	**saldr-**
tener 가지다	**tendr-**
valer 가치가 있다	**valdr-**
venir 오다	**vendr-**

- decir 말하다 diría - dirías - diría - diríamos - diríais - dirían
- tener 가지다 tendría - tendrías - tendría - tendríamos - tendríais - tendrían
- deshacer 원상태로 돌리다 desharía - desharías - desharía - desharíamos - desharíais - desharían

✔ 조건 완료 (condicional compuesto)

1. 형태

- haber의 단순 조건형 + 과거분사

주어			조건 완료	
			단순 조건형	과거분사
			haber	
1인칭	단수	yo 나	habría	+ hablado (-ar 동사) 말하다 + comido (-er 동사) 먹다 + vivido (-ir 동사) 살다
2인칭	단수	tú 너	habrías	
3인칭	단수	él, ella, usted(= ud.) 그, 그녀, 당신	habría	
1인칭	복수	nosotros, nosotras 우리들	habríamos	
2인칭	복수	vosotros, vosotras 너희들	habríais	
3인칭	복수	ellos, ellas, ustedes(= uds.) 그들, 그녀들, 당신들	habrían	

2. 쓰임

① 과거에 더 과거의 일을 추측할 때

- A: ¿Ayer quedaste con Fernando? 너 어제 페르난도와 만났니?

  B: No, él no estaba en casa. 아니, 집에 없더라고.

  A: Entonces, ¿dónde estaba? 그럼, 어디 있었대?

  B: No sé. **Habría ido** a clase. 몰라. 수업 갔었겠지.

페르난도 수업 갔음 (추측)　　집을 방문 (과거)　　현재

② 이루지 못한 과거의 바람 혹은 하려고 했지만 못한 일

- **Me habría encantado** crecer más de 170 cm.
  내가 170cm보다 더 컸더라면 좋았을 텐데. (그렇게 크지 못함)
- Yo **habría ido** a verte, pero mi madre no me dejaba.
  너를 보러 가려고 했는데, 엄마가 허락하지 않았어. (너를 보러 가지 못함)

3. 대과거와 차이

과거의 과거라는 점은 대과거와 같지만, 대과거가 과거의 순간에 과거였던 '사실'을 말한다면, 조건 완료는 과거의 순간에 과거였던 것을 '추측'합니다.

- No estaba la cartera en el bolso.
  Se me **habría caido** en algún momento.
  가방에 지갑이 없었어요. 어느 순간 빠졌던 거 같아요. (조건 완료)
- No pude comprar nada porque **había perdido** la cartera.
  나는 지갑을 잃어버렸었기 때문에 아무것도 살 수가 없었어요. (대과거)

Ejercicios

1. 다음 단어를 알맞게 연결하세요.

(1) 이력서 •	• entrevista
(2) 일 •	• currículum vitae
(3) 자기 소개서 •	• vacaciones
(4) 면접 •	• trabajo
(5) 부서 •	• carta de presentación
(6) 휴가 •	• departamento

2. 다음 빈칸에 알맞은 전치사를 쓰세요.

(1) ¡Cómo me olvido ______________ ti!
내가 널 어떻게 잊어!

(2) Se lleva bien ______________ Marta.
걔는 마르타와 매우 잘 지내.

(3) Voy a empezar ______________ trabajar.
나는 일을 시작할 거야.

(4) ¿Te quedas ______________ casa?
너 집에 있을 거야?

3. 다음 빈칸에 주어진 동사의 알맞은 단순 조건형을 쓰세요.

(1) ¿Me ______________ ayudar? (poder)
나 좀 도와줄 수 있어?

(2) ______________ ir a dormir. (deber)
너 자러 가야지.

(3) ¿Te ______________ tomar algo? (gustar)
너 뭐 좀 마실래?

(4) Pensé que no ______________ en casa. (estar)
나는 네가 집에 없을 거라고 생각했지.

정답 1. (1) currículum vitae (2) trabajo (3) carta de presentación (4) entrevista (5) departamento (6) vacaciones
2. (1) de (2) con (3) a (4) en 3. (1) podrías (2) Deberías (3) gustaría (4) estarías

Cultura

크리스마스 복권, 엘 고르도

스페인 사람들은 복권 사는 것을 매우 좋아하는데, 가장 유명한 것이 크리스마스 복권 '엘 고르도 El Gordo'입니다. '뚱보'라는 뜻이며 한 장당 20유로로 비싸지만, 같은 번호로 여러 장 발행할 수 있어 친구들끼리 또는 회사에서 단체로 한 번호를 지정해서 사기도 합니다. 이는 스페인에서 아주 중요한 연말 문화 중 하나입니다.

엘 고르도 복권

1등 상금은 40만 유로(약 5억 5천만 원)이며, 같은 번호의 복권이 여러 개가 있어 스페인 전역에서 당첨이 되는 편입니다. 주요 도시 곳곳에 명당이 있어, 연말이 되면 이곳에서 복권을 사려는 사람들로 길게 줄을 서 있습니다.

스페인 복권

스페인 사람들이 복권에 당첨되면 가장 먼저 하고 싶은 일은 무엇일까요?
장기 주택 대출금 hipóteca을 갚는 데 쓰겠다는 사람들이 대부분입니다.

스페인 복권방

Capítulo 20.
연휴

¿Qué vas a hacer estas navidades?
크리스마스에 뭐 해?

학습 목표

Diálogo 20-1. ¿Qué vas a hacer estas navidades?
크리스마스에 뭐 해?
20-2. ¡Feliz Año Nuevo!
새해 복 많이 받아!

Gramática 1. 무인칭
2. 조건절

Diálogo 20-1.

MP3. 20-1

¿Qué vas a hacer estas navidades?

Daniel Sujin. ¿Qué vas a hacer estas [1]navidades?
다니엘 수진. 께 바쓰 아 아쎄르 에스따쓰 나비다데쓰?

Sujin Pues vendrá un amigo que conocí de viaje.
수진 뿌에쓰 벤드라 운 아미고 께 꼬노씨 데 비아헤.

Daniel Entonces, [2]¿te apetecería venir a nuestra casa con tu amigo?
엔똔쎄쓰, 떼 아뻬떼쎄리아 베니르 아 누에스뜨라 까사 꼰 뚜 아미고?

Os [3]presentaré a mi novia.
오쓰 쁘레센따레 아 미 노비아.

Sujin ¡Sí! ¿Qué día [4]quedamos?
씨! 께 디아 께다모쓰?

유익한 정보

Información útil

동방박사 오신 날

스페인은 크리스마스도 큰 명절이지만, '주현절'로 알려진 '동방박사 오신 날(Día de los Reyes Magos, 1월 6일)'을 더 크게 생각합니다. 보통 이날 가족, 친구, 연인끼리 선물을 주고받습니다. 각 도시에서는 화려한 퍼레이드(cabalgatas)를 하는데, 텔레비전 중계가 될 정도로 크고 웅장합니다. 많은 사람들이 길거리로 나와 이 퍼레이드를 관람합니다. 다음날 1월 7일부터는 대대적인 겨울 세일이 시작됩니다.

단어

Vocabulario

- □ esta adj. 이
- □ venir v. 오다
- □ viaje m. 여행
- □ nuestro, ra adj. 우리의
- □ casa f. 집
- □ cansado, da adj. 피곤한

해석

Traducción

크리스마스에 뭐 해?

다니엘 수진. 이번 크리스마스 즈음에 뭐 할거야?

수진 글쎄, 여행 때 알게 된 친구가 오기로 되어 있어.

다니엘 그러면, 네 친구랑 우리집에 같이 올래?
너희들에게 내 여자친구를 소개시켜 줄게.

수진 좋아! 며칠에 만날까?

해설

Explicación

1 navidades 크리스마스 즈음

Navidad(크리스마스)은 반드시 첫글자를 대문자로 씁니다. 하지만 크리스마스 날이 아닌, 그 '즈음'의 대략적인 기간을 말할 때는 대화처럼 navidades로 씁니다.

2 te apetecería 원하다

apetecer 동사 조건형으로, 현재형 te apetece보다 정중한 표현입니다. 역구조 동사로 뒤에 '(동사원형)하는 것'이 주어가 되어 3인칭으로 쓰였으며, te는 a ti로 간접 목적어입니다.

3 presentaré 소개하다

presentar 동사로, 대화에서는 '너희들에게(os = a vosotros) 소개하겠다'는 뜻입니다.
혼동하기 쉬운 동사 prestar는 '빌려주다'로 전혀 다른 뜻입니다.

4 quedamos 만나다

quedar가 동사원형이며, 재귀 동사 quedarse로 쓰면 '머무르다'가 됩니다.

- A: ¿Qué vas a hacer hoy?
  너 오늘 뭐 할 거야?

  B: Estoy cansado.
  Quiero quedarme en casa.
  나 피곤해. 집에 있고 싶어.

Diálogo 20-2. MP3. 20-2

¡Feliz Año Nuevo!

Daniel, Sara, Sujin, Rodrigo
다니엘, 싸라, 수진, 로드리고

[1] ¡Feliz Año Nuevo!
펠리쓰 아뇨 누에보!

Sujin

[2] Para mí, fue una [3] gran suerte conoceros.
빠라 미, 푸에 우나 그란 쑤에르떼 꼬노쎄로쓰.

Muchas gracias por todo.
무차쓰 그라씨아쓰 뽀르 또도.

Daniel

[4] Espero que nos [4] vaya bien a todos el próximo año.
에스뻬로 께 노쓰 바야 비엔 아 또도쓰 엘 쁘록씨모 아뇨.

유익한 정보

Información útil

새해를 맞이하며 포도를 먹는 습관

스페인 사람들은 새해를 맞이하면서 1월 1일 0시에 울리는 12번의 종소리에 맞춰 포도알을 먹습니다. 12번의 종소리 안에 포도를 모두 먹으면 한 해의 운이 좋을 거라 생각합니다. 개인에 따라 포도 대신 자신이 좋아하는 음식(새우, 하몬, 젤리 등) 12조각을 먹기도 합니다.

단어

Vocabulario

- □ suerte f. 행운
- □ conocer v. 알다
- □ próximo adj. 다음의
- □ año m. 년
- □ caja f. 상자

해석

Traducción

새해 복 많이 받아!

다니엘, 사라, 수진, 로드리고 새해 복 많이 받아!

수진 나에게는, 너희들을 알게 된 게 너무 큰 행운이었어. 너무 다 고마워.

다니엘 우리 모두 내년에는 더 잘 되길 바라.

해설

Explicación

1 ¡Feliz Año Nuevo!

새해 복 많이 받아!

feliz는 '기쁜'이라는 뜻도 있지만, '축하해'라는 표현도 됩니다.

- ¡Feliz cumpleaños!
  생일 축하해요!

2 para mí 나에게는

전치사 para와 por는 쓰임을 자주 혼동합니다. para mí(나에게는)는 '의견'을 말할 때, por mí(나 때문에)는 '원인'을 말할 때 사용합니다.

- Él vino por mí. 그는 나 때문에 왔다.

3 gran 커다란

gran은 grande와 같은 형용사이지만, 쓰임이 다릅니다.

① gran
항상 명사 앞에서만 사용, '중요하거나 뛰어나다'는 의미입니다.

- Jose es una gran persona.
  호세는 훌륭한 사람이다.

② grande
항상 명사 뒤에서만 사용, '(크기가) 크다'라는 뜻입니다.

- La caja es grande.
  그 상자는 크다.

4 espero que ~ vaya(접속법)

나는 ~하기를 바란다

소망, 바람 등을 말할 때 많이 쓰는 표현입니다. 접속법은 여러 의미가 있지만, 크게 '주어 의지로 할 수 있는 일인지 아닌지'를 보면 됩니다. 대화에서 우리가 잘 되는 것은 내 의지로 좌우하는 것이 아니므로 접속법을 씁니다.
접속법 동사 vaya가 3인칭 단수인 이유는 '어떤 일', '생활' 등 일반적인 것을 말하기 때문입니다. nos는 목적어입니다.

- Espero que tengas buen fin de semana.
  나는 네가 즐거운 주말을 보내길 바라.

Vocabulario fundamental

Día festivo 디아 페스띠보 공휴일

- □ día 디아 m. 일, 날
- □ fiesta 피에스따 f. 공휴일; 파티
- □ festivo, va 페스띠보, 페스띠바 adj. 공휴일의, 축제의
- □ anfitrión, na 암피뜨리온, 암피뜨리오나 m. y f. 주최자, 호스트
- □ invitado, da 임비따도, 임비따다 m. y f. 손님

Fiesta nacional 피에스따 나씨오날 법정 공휴일

- □ Año Nuevo 아뇨 누에보 새해(1월 1일)
- □ Epifanía del Señor (Día de Reyes) 에삐파니아 델 쎄뇨르 (디아 데 레예쓰) 주현절(동방박사 오신 날, 1월 6일)
- □ Cabalgata (de Reyes Magos) 까발가따 (데 레예쓰 마고쓰) f. 주현절 퍼레이드
  - □ Jueves Santo 후에베쓰 싼또 성주간 목요일(부활절 전주의 목요일)
  - □ Viernes Santo 비에르네쓰 싼또 성주간 금요일(부활절 전주의 금요일)
- □ Fiesta del trabajo 피에스따 델 뜨라바호 근로자의 날(5월 1일)
- □ Santiago Apóstol / San José 싼띠아고 아뽀스똘 / 싼 호세 산티아고 사도의 날 / 성인 호세의 날 (자치주별 선택)(7월 25일 / 3월 19일)
- □ Asunción de la Virgen 아순씨온 데 라 비르헨 성모 승천일(8월 15일)
- □ Fiesta Nacional de España 피에스따 나씨오날 데 에스빠냐 국경일(10월 12일)
- □ Día de todos los Santos 디아 데 또도쓰 로쓰 싼또쓰 모든 성인의 날(11월 1일)
- □ Día de la Constitución Española 디아 데 라 꼰스띠뚜씨온 에스빠뇰라 제헌절(12월 6일)
- □ Inmaculada Concepción 임마꿀라다 꼰셉씨온 성령수태일(12월 8일)
- □ Natividad del Señor 나띠비닫 델 쎄뇨르 크리스마스(12월 25일)
  - □ árbol de Navidad 아르볼 데 나비닫 크리스마스 트리
  - □ nochebuena 노체부에나 f. 크리스마스 이브

Dias especiales 디아쓰 에스뻬씨알레쓰 **특별한 날**

- □ cumpleaños 꿈쁠레아뇨쓰 **m. y f.** 생일
- □ Día de San Valentín 디아 데 싼 발렌띤 밸런타인데이
- □ Carnaval 까르나발 **m.** 카니발
- □ Semana Santa 쎄마나 싼타 **f.** 부활절(매년 춘분이 지난 첫 만월 직후의 일요일, 3~4월 중 매년 날짜가 변경)
- □ Día de la madre 디아 데 라 마드레 어머니의 날(5월 첫째주 일요일)
- □ Día del padre 디아 델 빠드레 아버지의 날(3월 19일)
- □ Día de los abuelos y abuelas 디아 데 로쓰 아부엘로쓰 이 아부엘라쓰 조부모님들의 날(7월 26일)
- □ Halloween 할로윈 **m.** 핼러윈(10월 31일)
- □ Nochevieja 노체비에하 **f.** 연말전야(12월 31일)

Unidad 1. 무인칭

주어란 어떤 행위의 주체가 되는 명사 혹은 명사구로 사람, 동물 혹은 사물 등을 말합니다. 무인칭(impersonales) 혹은 무주어란 말 그대로 주어가 없는 문장으로, 주어가 필요 없는 경우를 말합니다. 주로 일반적인 상황, 불특정 다수를 지칭할 때 사용하며, 누가 했다는 행위의 주체보다는 '무슨 일이 일어났다'는 행동에 더 관심이 있을 때 사용합니다.

✔ 종류와 쓰임

1. 날씨 혹은 자연현상과 관련된 동사

한국어로 '주어 + 동사' 표현의 '비가 오다', '눈이 오다'가 스페인어에서는 동사 자체에 그 의미가 모두 있습니다. 예를 들어, llover 동사 자체가 '비가 오다'로 주어가 필요 없습니다.

llover 비가 오다, nevar 눈이 오다, granizar 우박이 내리다,
tronar 천둥이 치다, amanecer 날이 밝다, anochecer 날이 어두워지다

- Llueve mucho. 비가 많이 온다. (무주어)
- El pasado invierno nevó poco. 지난 겨울에 눈이 조금 왔다. (무주어)

2. ser, estar, hacer + 날씨, 기후 혹은 시간의 흐름 (때)

'덥다', '춥다' 등 기후와 관련되거나 '빠르다', '늦다' 등 시간의 흐름을 말할 때는 ser, estar, hacer 동사의 3인칭 단수와 관련된 표현을 같이 쓰면 됩니다.

- Es verano. 여름이다.
  Es invierno. 겨울이다.
- Es tarde. 늦었다.
  Es pronto. 이르다.
- Es de día. 낮이다.
  Es de noche. 밤이다.
- Está despejado. (구름 한 점 없이) 맑다.
  Está soleado. (태양이 내려쬐어) 화창하다.
  Está nublado. 구름이 끼었다.

- Hace calor. 덥다.
  Hace frío. 춥다.
- Hace sol. 태양이 비친다.
  Hace fresco. 서늘하다.
  Hace viento. 바람이 분다.
- Hace buen tiempo. 날씨가 좋다.
  Hace mal tiempo. 날씨가 나쁘다.
- Hace mucho tiempo. 오래전이다.
  Hace poco tiempo. 조금 전이다.
  Hace una semana. 일주일 전이다.
- Hace calor. (날씨가) 더워요. (무인칭)
- (Yo) Tengo calor. 나는 더워요. (yo 주어)

3. haber 동사의 무주어

haber 3인칭 단수는 '~가 있다', '~이다'라는 뜻으로 주어 없이 쓸 수 있습니다. 그리고 'que + 동사원형'이 뒤에 오면, 불특정 다수의 의무를 말합니다.

- Hay, Había, Hubo... + 명사 : ~가 있다, ~이다
- Hay, Había, Hubo... + que + 동사원형 : ~해야만 한다
(불특정 다수의 의무)

- **Hay** un problema. 문제가 하나 있다. (무주어)
- **Hay que** estudiar más. 공부를 더 열심히 해야 한다. (무주어)
- Tienes que estudiar más. 너는 공부를 더 열심히 해야 한다. (tú 주어)

¡Atención! 만약 주어를 쓰고 싶다면 hay que대신 tener que를 사용합니다.

4. 무인칭 se + 3인칭 단수 동사

① 무인칭 se의 특징

3인칭 단수 동사만 가능하고, 타동사가 아니어도 사용할 수 있습니다. 사람이 필요한 타동사에서는 항상 뒤에 전치사 'a'가 와서, 사람을 목적어로 만드는 역할을 합니다. 재귀 수동태는 목적어를 주어로 사용해 전치사 a를 안 씁니다.

② 재귀 수동태 se와 구분

재귀 수동태는 '누구'인지가 안 중요하거나 문맥상 파악이 가능할 때 주어를 생략한 것으로, '동사의 목적어'가 주어 역할을 합니다. 그래서 타동사에만 쓰며, 3인칭 동사의 앞에 se를 놓고 주어 역할을 하는 대상의 수에 따라 동사를 단수 또는 복수로 씁니다. 기본적으로 무인칭 se는 주어가 없고, 재귀 수동태 se는 주어가 있습니다. 그리고 위 무인칭 se의 특징과 비교해 구분하면 됩니다.

- **Se habla** coreano en Corea.
  한국에서는 한국어를 말한다. (무인칭 se + 3인칭 단수 동사)

- **Se busca al** camarero.
  종업원을 구한다. (무인칭 se + 3인칭 단수 동사)

- Se busca camarero. 종업원은 구해진다.
  (종업원 구합니다, 재귀 수동태)

¡Atención! 능동태 vs 수동태 vs 재귀 수동태

말할 때, '행위 주체자(주어)'에 초점을 맞추면 능동태, 그 행위를 '받는 것(동사의 목적어)'에 초점을 맞추면 수동태입니다. 스페인어에서 수동태는 부자연스러워, 대신 '재귀 수동태'를 씁니다.

- Jose vende ordenadores. 호세는 컴퓨터를 판다.
  (능동태, 행위 주체자에 관심)
- Los ordenadores son vendidos por Jose. 컴퓨터는 호세에 의해 판매된다.
  (수동태, 목적어에 관심)
- Se venden ordenadores. 컴퓨터가 판매된다.
  (재귀 수동태, 행위자를 생략하고 컴퓨터가 주어처럼 사용되었으며 이에 따라 3인칭 복수 동사가 쓰임)

5. ser 동사의 3인칭 단수

누가 무언가를 하는 것이 아니라 일반적인 것, 상식 등을 설명할 때는 주어를 사용하지 않습니다.

- Es, Era, Fue... + 형용사 + 동사원형
- 동사원형 + es, era, fue... + 형용사

• Es difícil hacer dieta.
다이어트를 하는 것은 어렵다. (누가 어렵다가 아닌 일반적 내용)

= Hacer dieta es difícil.

6. 3인칭 복수 동사

누가 말했는지 알 수 없거나 중요하지 않을 때, 3인칭 복수 동사로 무주어를 표현할 수 있습니다.

• Dicen que va a llover.
비가 올 거래요. (누가 비가 올 거라고 했는지 모르는 상황)

= Se dice que va a llover. (무인칭 se + 3인칭 단수 동사)

Unidad 2. 조건절

조건절(oraciones condicionales)은 말 그대로 '~라면, ~할텐데'라는 바람을 말할 때 쓰며, 실현 가능성에 따라 세 가지로 구분됩니다.

✔ 현재나 미래에 실현 가능성이 아주 높은 경우

~한다면, ~하다

Si + 현재형,	현재형
	단순 미래
	명령형 / tener que / deber que

- Si vas a estudiar más, me quedo contigo.
  네가 공부를 더 할 거라면, 내가 너랑 같이 있어 줄게. (현재형)
- Si estudio más, aprobaré el examen.
  내가 공부를 더 한다면, 시험에 통과하겠죠. (단순 미래)
- Si no vas a estudiar, vete fuera.
  너 공부 안 할 거면, 밖에 나가라. (명령형)

✔ 실현 가능성이 낮은 경우

~한다면, ~할 것이다

Si + 불완료 접속법, 단순 조건

- Si me tocara la lotería, no trabajaría.
  내가 복권에 당첨된다면, 일을 안 할 것이다.
- Si tuviera dinero, te ayudaría.
  내가 돈이 있다면, 너를 도와줄 것이다.

✔ 이미 지나간 과거의 일로 실현 불가능한 경우

~했었더라면, ~했었을 텐데

Si + 대과거 접속법,	단순 조건 (결과가 현재와 연관이 있을 때)
	조건 완료 (결과가 과거와 연관이 있을 때)

- Si hubiera estudiado más, no me preocuparía.
  내가 공부를 더 했었더라면, 아마 지금쯤 걱정하지 않았을 텐데.
  (단순 조건, 공부 안 한 과거 상황은 돌이킬 수 없으며 지금까지 영향을 미침)
- Si no hubiera conocido a Juan, no me habría dolido tanto.
  내가 후안을 알지 못했더라면, 내가 이렇게 아프지 않았었을 텐데.
  (조건 완료, 후안이 이미 떠난 과거 상황이 내가 아프지 않았었을 수도 있는 과거에 영향을 미침)

¡Atención! 접속사 si(만일 ~이라면)는 **접속법 현재형과 절대 같이 사용할 수 없습니다.**

✔ 접속법 불완료 과거 (pretérito imperfecto del subjuntivo)

1. 형태

3인칭 복수 단순 과거형에서 'ron'을 제외한 뿌리에 인칭별 변화를 하면 됩니다. -ra 또는 -se 둘 다 사용할 수 있어, 아래의 경우 trabajara 또는 trabajase로 쓸 수 있습니다. 심화 수준의 문법입니다.

주어			접속법 불완료 과거	
			trabajar 일하다 → trabaja~~ron~~ (3인칭 복수 단순 과거형에서 ron이 탈락한 형태)	
1인칭	단수	yo 나	trabaja	-ra(또는 -se)
2인칭	단수	tú 너		-ras(-ses)
3인칭	단수	él, ella, usted(= ud.) 그, 그녀, 당신		-ra(-se)
1인칭	복수	nosotros, nosotras 우리들		-ramos(-semos)
2인칭	복수	vosotros, vosotras 너희들		-rais(-seis)
3인칭	복수	ellos, ellas, ustedes(= uds.) 그들, 그녀들, 당신들		-ran(-sen)

- hablar → habla~~ron~~

  hablara(또는 hablase) - hablaras(hablases) - hablara(hablase) - habláramos(hablásemos) - hablarais(hablaseis) - hablaran(hablasen)

- comer → comie~~ron~~

  comiera(또는 comiese) - comieras(comieses) - comiera(comiese) - comiéramos(comiésemos) - comierais(comieseis) - comieran(comiesen)

- vivir → vivie~~ron~~

  viviera(또는 viviese) - vivieras(vivieres) - viviera(viviese) - viviéramos(viviésemos) - vivierais(vivieseis) - vivieran(viviesen)

2. 쓰임

과거, 현재, 미래에 대한 가정 혹은 바람을 말할 때 씁니다.

이때, 현재에 대한 접속법 불완료 과거는 **상당히 정중한 표현**이 됩니다.

'직설법 → 단순조건 → 접속법 불완료 과거' 순으로 정중한 강도가 높아집니다.

- Cuando era niño, quería que viniera mi madre a buscarme al cole todos los días.
  내가 어릴 적에, 엄마가 학교에 매일 나를 찾으러 오기를 바랐었다. (과거 바람)
- Quisiera hablar con el presidente.
  대표자분과 말씀 좀 나누고 싶습니다. (현재 바람, 정중 표현)
- Ayer fui al médico y me dijo que hiciera más deporte.
  내가 어제 의사에게 갔었는데 나에게 더 많은 운동을 하라고 말했다. (미래 바람)

✔ 접속법 대과거 (pluscuamperfecto de subjuntivo)

1. 형태

심화 수준의 문법입니다.

- haber의 불완료 과거형 + 과거분사

주어			접속법 대과거	
			불완료 과거형	과거분사
			haber	
1인칭	단수	yo 나	hubiera (또는 -se)	+ hablado (-ar 동사) 말하다 + comido (-er 동사) 먹다 + vivido (-ir 동사) 살다
2인칭	단수	tú 너	hubieras (-ses)	
3인칭	단수	él, ella, usted(= ud.) 그, 그녀, 당신	hubiera (-se)	
1인칭	복수	nosotros, nosotras 우리들	hubiéramos (-semos)	
2인칭	복수	vosotros, vosotras 너희들	hubierais (-seis)	
3인칭	복수	ellos, ellas, ustedes(= uds.) 그들, 그녀들, 당신들	hubieran (-sen)	

2. 쓰임

과거보다 더 과거 시점의 회상, 과거의 가정으로 일어나지 않았던 과거 등에 사용합니다.

- Si hubiera nacido en España, hubiera hablado español.
  내가 스페인에서 태어났었더라면, 스페인어를 말했었겠지.

Ejercicios

1. 다음 빈칸에 알맞은 ser, estar, hacer 동사를 보기에서 골라 쓰세요.

〈보기〉 Es Está Hace

(1) ______________ buen tiempo. 날씨가 좋다.

(2) ______________ soleado. 화창하다.

(3) ______________ invierno. 겨울이다.

(4) ______________ una semana. 일주일 전이다.

2. 다음 빈칸에 주어진 동사를 현재나 미래에 실현 가능성이 높은 경우의 조건절로 알맞게 쓰세요.

(1) Si ______________ sueño, dormiré. (tener)
내가 졸리면 잘게.

(2) Si ______________, te lo compro. (querer)
네가 원하면 내가 그걸 사 줄게.

(3) Si ______________, te ayudaré. (poder)
내가 할 수 있으면 너 도와줄게.

(4) Si te ______________ mucho, vete al médico. (dolor)
너 많이 아프면 의사한테 가.

3. 다음 빈칸에 주어진 동사를 실현 가능성이 낮은 경우의 조건절로 알맞게 쓰세요.

(1) Si ______________ dinero, ______________ un ferrari. (tener, comprar)
내가 돈이 있다면, 페라리를 살 거야.

(2) Si yo ______________ famoso, ______________ en la tele. (ser, salir)
내가 유명하다면, TV에 나올 거야.

정답 1. (1) Hace (2) Está (3) Es (4) Hace 2. (1) tengo (2) quieres (3) puedo (4) duele
3. (1) tuviera 또는 tuviese / compraría (2) fuera 또는 fuese / saldría

Cultura

동방박사 오신 날, 주현절

스페인은 연말이 되면, 대부분 성탄절부터 1월 초까지 길게 휴가를 갖습니다. 1월 6일이 동방박사 오신 날, 즉 '주현절'이기 때문입니다.

한국에서는 낯설지만, 가톨릭 문화의 유럽에서는 성탄절만큼 중요하고 의미 있는 날입니다. 1월 5일 저녁, 주요 도시에서는 퍼레이드를 하는데 마드리드 행사는 TV 중계도 합니다. 여러 모양의 큰 인형들이 차를 타고 거리 행진을 하는데, 이 행사의 절정은 동방박사 3명이 지나가는 순간으로 사람들에게 사탕을 던져 줍니다.

아이들은 성탄절이나 주현절에 선물을 받는데, 어른들의 경우는 대부분 주현절에만 선물을 주고받습니다. 주현절 직후(1월 7일)에는 '겨울 대바겐세일'이 시작되기도 합니다.

주현절 풍경 1

주현절 풍경 2

주현절 퍼레이드 1

주현절 퍼레이드 2

Conjugaciones verbales

1. 규칙 동사

hablar 말하다	**현재분사** hablando	**과거분사** hablado			
	직설법				
주어	**현재**	**현재완료**	**불완료 과거**	**단순 과거**	**대과거**
yo	hablo	he habido	hablaba	hablé	había hablado
tú	hablas	has habido	hablabas	hablaste	habías hablado
él, ella, Ud.	habla	ha habido	hablaba	habló	había hablado
nosotros	hablamos	hemos habido	hablábamos	hablamos	habíamos hablado
vosotros	habláis	habéis habido	hablabais	hablasteis	habíais hablado
ellos, ellas, Uds.	hablan	han habido	hablaban	hablaron	habían hablado
주어	**단순 미래**	**미래완료**			
yo	hablaré	habré hablado			
tú	hablarás	habrás hablado			
él, ella, Ud.	hablará	habrá hablado			
nosotros	hablaremos	habremos hablado			
vosotros	hablaréis	habréis hablado			
ellos, ellas, Uds.	hablarán	habrán hablado			
주어	**조건**	**조건 완료**			
yo	hablaría	habría hablado			
tú	hablarías	habrías hablado			
él, ella, Ud.	hablaría	habría hablado			
nosotros	hablaríamos	habríamos hablado			
vosotros	hablaríais	habríais hablado			
ellos, ellas, Uds.	hablarían	habrían hablado			
	접속법				
주어	**현재**	**현재완료**	**불완료 과거**		**대과거**
yo	hable	haya hablado	hablara o hablase		hubiera o hubiese hablado
tú	hables	hayas hablado	hablaras o hablases		hubieras o hubieses hablado
él, ella, Ud.	hable	haya hablado	hablara o hablase		hubiera o hubiese hablado
nosotros	hablemos	hayamos hablado	habláramos o hablásemos		hubiéramos o hubiésemos hablado
vosotros	habléis	hayáis hablado	hablarais o hablaseis		hubierais o hubieseis hablado
ellos, ellas, Uds.	hablen	hayan hablado	hablaran o hablasen		hubieran o hubiesen hablado
	명령법				
주어	**긍정 명령**	**부정 명령**			
tú	habla	no hables			
él, ella, Ud.	hable	no hable			
vosotros	hablad	no habléis			
ellos, ellas, Uds.	hablen	no hablen			

comer 먹다	현재분사 comiendo	과거분사 comido			
	직설법				
주어	현재	현재완료	불완료 과거	단순 과거	대과거
yo	como	he comido	comía	comí	había comido
tú	comes	has comido	comías	comiste	habías comido
él, ella, Ud.	come	ha comido	comía	comió	había comido
nosotros	comemos	hemos comido	comíamos	comimos	habíamos comido
vosotros	coméis	habéis comido	comíais	comisteis	habíais comido
ellos, ellas, Uds.	comen	han comido	comían	comieron	habían comido
주어	단순 미래	미래완료			
yo	comeré	habré comido			
tú	comerás	habrás comido			
él, ella, Ud.	comerá	habrá comido			
nosotros	comeremos	habremos comido			
vosotros	comeréis	habréis comido			
ellos, ellas, Uds.	comerán	habrán comido			
주어	조건	조건 완료			
yo	comería	habría comido			
tú	comerías	habrías comido			
él, ella, Ud.	comería	habría comido			
nosotros	comeríamos	habríamos comido			
vosotros	comeríais	habríais comido			
ellos, ellas, Uds.	comerían	habrían comido			
	접속법				
주어	현재	현재완료	불완료 과거		대과거
yo	coma	haya comido	comiera o comiese		hubiera o hubiese comido
tú	comas	hayas comido	comieras o comieses		hubieras o hubieses comido
él, ella, Ud.	coma	haya comido	comiera o comiese		hubiera o hubiese comido
nosotros	comamos	hayamos comido	comiéramos o comiésemos		hubiéramos o hubiésemos comido
vosotros	comáis	hayáis comido	comierais o comieseis		hubierais o hubieseis comido
ellos, ellas, Uds.	coman	hayan comido	comieran o comiesen		hubieran o hubiesen comido
	명령법				
주어	긍정 명령	부정 명령			
tú	come	no comas			
él, ella, Ud.	coma	no coma			
vosotros	comed	no comáis			
ellos, ellas, Uds.	coman	no coman			

vivir 살다	현재분사 viviendo	과거분사 vivido			
	직설법				
주어	현재	현재완료	불완료 과거	단순 과거	대과거
yo	vivo	he vivido	vivía	viví	había vivido
tú	vives	has vivido	vivías	viviste	habías vivido
él, ella, Ud.	vive	ha vivido	vivía	vivió	había vivido
nosotros	vivimos	hemos vivido	vivíamos	vivimos	habíamos vivido
vosotros	vivís	habéis vivido	vivíais	vivisteis	habíais vivido
ellos, ellas, Uds.	viven	han vivido	vivían	vivieron	habían vivido
주어	단순 미래	미래완료			
yo	viviré	habré vivido			
tú	vivirás	habrás vivido			
él, ella, Ud.	vivirá	habrá vivido			
nosotros	viviremos	habremos vivido			
vosotros	viviréis	habréis vivido			
ellos, ellas, Uds.	vivirán	habrán vivido			
주어	조건	조건 완료			
yo	viviría	habría vivido			
tú	vivirías	habrías vivido			
él, ella, Ud.	viviría	habría vivido			
nosotros	viviríamos	habríamos vivido			
vosotros	viviríais	habríais vivido			
ellos, ellas, Uds.	vivirían	habrían vivido			
	접속법				
주어	현재	현재완료	불완료 과거		대과거
yo	viva	haya vivido	viviera o viviese		hubiera o hubiese vivido
tú	vivas	hayas vivido	vivieras o vivieses		hubieras o hubieses vivido
él, ella, Ud.	viva	haya vivido	viviera o viviese		hubiera o hubiese vivido
nosotros	vivamos	hayamos vivido	viviéramos o viviésemos		hubiéramos o hubiésemos vivido
vosotros	viváis	hayáis vivido	vivierais o vivieseis		hubierais o hubieseis vivido
ellos, ellas, Uds.	vivan	hayan vivido	vivieran o viviesen		hubieran o hubiesen vivido
	명령법				
주어	긍정 명령	부정 명령			
tú	vive	no vivas			
él, ella, Ud.	viva	no viva			
vosotros	vivid	no viváis			
ellos, ellas, Uds.	vivan	no vivan			

2. 불규칙 동사

conducir 운전하다	**현재분사** conduciendo	**과거분사** conducido	* introducir, producir, reducir, traducir 동일한 규칙 변화		
	직설법				
주어	**현재**	**현재완료**	**불완료 과거**	**단순 과거**	**대과거**
yo	conduzco	he conducido	conducía	conduje	había conducido
tú	conduces	has conducido	conducías	condujiste	habías conducido
él, ella, Ud.	conduce	ha conducido	conducía	condujo	había conducido
nosotros	conducimos	hemos conducido	conducíamos	condujimos	habíamos conducido
vosotros	conducís	habéis conducido	conducíais	condujisteis	habíais conducido
ellos, ellas, Uds.	conducen	han conducido	conducían	condujeron	habían conducido
주어	**단순 미래**	**미래완료**			
yo	conduciré	habré conducido			
tú	conducirás	habrás conducido			
él, ella, Ud.	conducirá	habrá conducido			
nosotros	conduciremos	habremos conducido			
vosotros	conduciréis	habréis conducido			
ellos, ellas, Uds.	conducirán	habrán conducido			
주어	**조건**	**조건 완료**			
yo	conduciría	habría conducido			
tú	conducirías	habrías conducido			
él, ella, Ud.	conduciría	habría conducido			
nosotros	conduciríamos	habríamos conducido			
vosotros	conduciríais	habríais conducido			
ellos, ellas, Uds.	conducirían	habrían conducido			
	접속법				
주어	**현재**	**현재완료**	**불완료 과거**		**대과거**
yo	conduzca	haya conducido	condujera o condujese		hubiera o hubiese conducido
tú	conduzcas	hayas conducido	condujeras o condujeses		hubieras o hubieses conducido
él, ella, Ud.	conduzca	haya conducido	condujera o condujese		hubiera o hubiese conducido
nosotros	conduzcamos	hayamos conducido	condujéramos o condujésemos		hubiéramos o hubiésemos conducido
vosotros	conduzcáis	hayáis conducido	condujerais o condujeseis		hubierais o hubieseis conducido
ellos, ellas, Uds.	conduzcan	hayan conducido	condujeran o condujesen		hubieran o hubiesen conducido
	명령법				
주어	**긍정 명령**	**부정 명령**			
tú	conduce	no conduzcas			
él, ella, Ud.	conduzca	no conduzca			
vosotros	conducid	no conduzcáis			
ellos, ellas, Uds.	conduzcan	no conduzcan			

dar 주다	현재분사 dando	과거분사 dado			
	직설법				
주어	현재	현재완료	불완료 과거	단순 과거	대과거
yo	doy	he dado	daba	di	había dado
tú	das	has dado	dabas	diste	habías dado
él, ella, Ud.	da	ha dado	daba	dio	había dado
nosotros	damos	hemos dado	dábamos	dimos	habíamos dado
vosotros	dais	habéis dado	dabais	disteis	habíais dado
ellos, ellas, Uds.	dan	han dado	daban	dieron	habían dado
주어	단순 미래	미래완료			
yo	daré	habré dado			
tú	darás	habrás dado			
él, ella, Ud.	dará	habrá dado			
nosotros	daremos	habremos dado			
vosotros	daréis	habréis dado			
ellos, ellas, Uds.	darán	habrán dado			
주어	조건	조건 완료			
yo	daría	habría dado			
tú	darías	habrías dado			
él, ella, Ud.	daría	habría dado			
nosotros	daríamos	habríamos dado			
vosotros	daríais	habríais dado			
ellos, ellas, Uds.	darían	habrían dado			
	접속법				
주어	현재	현재완료	불완료 과거		대과거
yo	dé	haya dado	diera o diese		hubiera o hubiese dado
tú	des	hayas dado	dieras o dieses		hubieras o hubieses dado
él, ella, Ud.	dé	haya dado	diera o diese		hubiera o hubiese dado
nosotros	demos	hayamos dado	diéramos o diésemos		hubiéramos o hubiésemos dado
vosotros	deis	hayáis dado	dierais o dieseis		hubierais o hubieseis dado
ellos, ellas, Uds.	den	hayan dado	dieran o diesen		hubieran o hubiesen dado
	명령법				
주어	긍정 명령	부정 명령			
tú	da	no des			
él, ella, Ud.	dé	no dé			
vosotros	dad	no deis			
ellos, ellas, Uds.	den	no den			

decir 말하다	**현재분사** diciendo	**과거분사** dicho	* contradecir, predecir 동일한 규칙 변화		
	직설법				
주어	**현재**	**현재완료**	**불완료 과거**	**단순 과거**	**대과거**
yo	digo	he dicho	decía	dije	había dicho
tú	dices	has dicho	decías	dijiste	habías dicho
él, ella, Ud.	dice	ha dicho	decía	dijo	había dicho
nosotros	decimos	hemos dicho	decíamos	dijimos	habíamos dicho
vosotros	decís	habéis dicho	decíais	dijisteis	habíais dicho
ellos, ellas, Uds.	dicen	han dicho	decían	dijeron	habían dicho
주어	**단순 미래**	**미래완료**			
yo	diré	habré dicho			
tú	dirás	habrás dicho			
él, ella, Ud.	dirá	habrá dicho			
nosotros	diremos	habremos dicho			
vosotros	diréis	habréis dicho			
ellos, ellas, Uds.	dirán	habrán dicho			
주어	**조건**	**조건 완료**			
yo	diría	habría dicho			
tú	dirías	habrías dicho			
él, ella, Ud.	diría	habría dicho			
nosotros	diríamos	habríamos dicho			
vosotros	diríais	habríais dicho			
ellos, ellas, Uds.	dirían	habrían dicho			
	접속법				
주어	**현재**	**현재완료**	**불완료 과거**		**대과거**
yo	diga	haya dicho	dijera o dijese		hubiera o hubiese dicho
tú	digas	hayas dicho	dijeras o dijeses		hubieras o hubieses dicho
él, ella, Ud.	diga	haya dicho	dijera o dijese		hubiera o hubiese dicho
nosotros	digamos	hayamos dicho	dijéramos o dijésemos		hubiéramos o hubiésemos dicho
vosotros	digáis	hayáis dicho	dijerais o dijeseis		hubierais o hubieseis dicho
ellos, ellas, Uds.	digan	hayan dicho	dijeran o dijesen		hubieran o hubiesen dicho
	명령법				
주어	**긍정 명령**	**부정 명령**			
tú	di	no digas			
él, ella, Ud.	diga	no diga			
vosotros	decid	no digáis			
ellos, ellas, Uds.	digan	no digan			

estar ~이다	현재분사 estando	과거분사 estado			
	직설법				
주어	현재	현재완료	불완료 과거	단순 과거	대과거
yo	estoy	he estado	estaba	estuve	había estado
tú	estás	has estado	estabas	estuviste	habías estado
él, ella, Ud.	está	ha estado	estaba	estuvo	había estado
nosotros	estamos	hemos estado	estábamos	estuvimos	habíamos estado
vosotros	estáis	habéis estado	estabais	estuvisteis	habíais estado
ellos, ellas, Uds.	están	han estado	estaban	estuvieron	habían estado
주어	단순 미래	미래완료			
yo	estaré	habré estado			
tú	estarás	habrás estado			
él, ella, Ud.	estará	habrá estado			
nosotros	estaremos	habremos estado			
vosotros	estaréis	habréis estado			
ellos, ellas, Uds.	estarán	habrán estado			
주어	조건	조건 완료			
yo	estaría	habría estado			
tú	estarías	habrías estado			
él, ella, Ud.	estaría	habría estado			
nosotros	estaríamos	habríamos estado			
vosotros	estaríais	habríais estado			
ellos, ellas, Uds.	estarían	habrían estado			
	접속법				
주어	현재	현재완료	불완료 과거		대과거
yo	esté	haya estado	estuviera o estuviese		hubiera o hubiese estado
tú	estés	hayas estado	estuvieras o estuvieses		hubieras o hubieses estado
él, ella, Ud.	esté	haya estado	estuviera o estuviese		hubiera o hubiese estado
nosotros	estemos	hayamos estado	estuviéramos o estuviésemos		hubiéramos o hubiésemos estado
vosotros	estéis	hayáis estado	estuvierais o estuvieseis		hubierais o hubieseis estado
ellos, ellas, Uds.	estén	hayan estado	estuvieran o estuviesen		hubieran o hubiesen estado
	명령법				
주어	긍정 명령	부정 명령			
tú	está	no estés			
él, ella, Ud.	esté	no esté			
vosotros	estad	no estéis			
ellos, ellas, Uds.	estén	no estén			

ir 가다	**현재분사** yendo	**과거분사** ido			
	직설법				
주어	**현재**	**현재완료**	**불완료 과거**	**단순 과거**	**대과거**
yo	voy	he ido	iba	fui	había ido
tú	vas	has ido	ibas	fuiste	habías ido
él, ella, Ud.	va	ha ido	iba	fue	había ido
nosotros	vamos	hemos ido	íbamos	fuimos	habíamos ido
vosotros	vais	habéis ido	ibais	fuisteis	habíais ido
ellos, ellas, Uds.	van	han ido	iban	fueron	habían ido
주어	**단순 미래**	**미래완료**			
yo	iré	habré dicho			
tú	irás	habrás dicho			
él, ella, Ud.	irá	habrá dicho			
nosotros	iremos	habremos dicho			
vosotros	iréis	habréis dicho			
ellos, ellas, Uds.	irán	habrán dicho			
주어	**조건**	**조건 완료**			
yo	iría	habría dicho			
tú	irías	habrías dicho			
él, ella, Ud.	iría	habría dicho			
nosotros	iríamos	habríamos dicho			
vosotros	iríais	habríais dicho			
ellos, ellas, Uds.	irían	habrían dicho			
	접속법				
주어	**현재**	**현재완료**	**불완료 과거**		**대과거**
yo	vaya	haya ido	fuera o fuese		hubiera o hubiese ido
tú	vayas	hayas ido	fueras o fueses		hubieras o hubieses ido
él, ella, Ud.	vaya	haya ido	fuera o fuese		hubiera o hubiese ido
nosotros	vayamos	hayamos ido	fuéramos o fuésemos		hubiéramos o hubiésemos ido
vosotros	vayáis	hayáis ido	fuerais o fueseis		hubierais o hubieseis ido
ellos, ellas, Uds.	vayan	hayan ido	fueran o fuesen		hubieran o hubiesen ido
	명령법				
주어	**긍정 명령**	**부정 명령**			
tú	ve	no vayas			
él, ella, Ud.	vaya	no vaya			
vosotros	id	no vayáis			
ellos, ellas, Uds.	vayan	no vayan			

jugar 놀다	현재분사 jugando	과거분사 jugado			
	직설법				
주어	현재	현재완료	불완료 과거	단순 과거	대과거
yo	juego	he jugado	jugaba	jugué	había jugado
tú	juegas	has jugado	jugabas	jugaste	habías jugado
él, ella, Ud.	juega	ha jugado	jugaba	jugó	había jugado
nosotros	jugamos	hemos jugado	jugábamos	jugamos	habíamos jugado
vosotros	jugáis	habéis jugado	jugabais	jugasteis	habíais jugado
ellos, ellas, Uds.	juegan	han jugado	jugaban	jugaron	habían jugado
주어	단순 미래	미래완료			
yo	jugaré	habré jugado			
tú	jugarás	habrás jugado			
él, ella, Ud.	jugará	habrá jugado			
nosotros	jugaremos	habremos jugado			
vosotros	jugaréis	habréis jugado			
ellos, ellas, Uds.	jugarán	habrán jugado			
주어	조건	조건 완료			
yo	jugaría	habría jugado			
tú	jugarías	habrías jugado			
él, ella, Ud.	jugaría	habría jugado			
nosotros	jugaríamos	habríamos jugado			
vosotros	jugaríais	habríais jugado			
ellos, ellas, Uds.	jugarían	habrían jugado			
	접속법				
주어	현재	현재완료	불완료 과거		대과거
yo	juegue	haya jugado	jugara o jugase		hubiera o hubiese jugado
tú	juegues	hayas jugado	jugaras o jugases		hubieras o hubieses jugado
él, ella, Ud.	juegue	haya jugado	jugara o jugase		hubiera o hubiese jugado
nosotros	juguemos	hayamos jugado	jugáramos o jugásemos		hubiéramos o hubiésemos jugado
vosotros	juguéis	hayáis jugado	jugarais o jugaseis		hubierais o hubieseis jugado
ellos, ellas, Uds.	jueguen	hayan jugado	jugaran o jugasen		hubieran o hubiesen jugado
	명령법				
주어	긍정 명령	부정 명령			
tú	juega	no juegues			
él, ella, Ud.	juegue	no juegue			
vosotros	jugad	no juguéis			
ellos, ellas, Uds.	jueguen	no jueguen			

pedir 부탁하다, 요청하다	현재분사 pidiendo	과거분사 pedido	* corregir, elegir, reír, repetir, seguir 동일한 규칙 변화		
	직설법				
주어	현재	현재완료	불완료 과거	단순 과거	대과거
yo	pido	he pedido	pedía	pedí	había pedido
tú	pides	has pedido	pedías	pediste	habías pedido
él, ella, Ud.	pide	ha pedido	pedía	pidió	había pedido
nosotros	pedimos	hemos pedido	pedíamos	pedimos	habíamos pedido
vosotros	pedís	habéis pedido	pedíais	pedisteis	habíais pedido
ellos, ellas, Uds.	piden	han pedido	pedían	pidieron	habían pedido
주어	단순 미래	미래완료			
yo	pediré	habré pedido			
tú	pedirás	habrás pedido			
él, ella, Ud.	pedirá	habrá pedido			
nosotros	pediremos	habremos pedido			
vosotros	pediréis	habréis pedido			
ellos, ellas, Uds.	pedirán	habrán pedido			
주어	조건	조건 완료			
yo	pediría	habría pedido			
tú	pedirías	habrías pedido			
él, ella, Ud.	pediría	habría pedido			
nosotros	pediríamos	habríamos pedido			
vosotros	pediríais	habríais pedido			
ellos, ellas, Uds.	pedirían	habrían pedido			
	접속법				
주어	현재	현재완료	불완료 과거		대과거
yo	pida	haya pedido	pidiera o pidiese		hubiera o hubiese pedido
tú	pidas	hayas pedido	pidieras o pidieses		hubieras o hubieses pedido
él, ella, Ud.	pida	haya pedido	pidiera o pidiese		hubiera o hubiese pedido
nosotros	pidamos	hayamos pedido	pidiéramos o pidiésemos		hubiéramos o hubiésemos pedido
vosotros	pidáis	hayáis pedido	pidierais o pidieseis		hubierais o hubieseis pedido
ellos, ellas, Uds.	pidan	hayan pedido	pidieran o pidiesen		hubieran o hubiesen pedido
	명령법				
주어	긍정 명령	부정 명령			
tú	pide	no pidas			
él, ella, Ud.	pida	no pida			
vosotros	pedid	no pidáis			
ellos, ellas, Uds.	pidan	no pidan			

poder ~할 수 있다	현재분사 pudiendo	과거분사 podido			
	직설법				
주어	현재	현재완료	불완료 과거	단순 과거	대과거
yo	puedo	he podido	podía	pude	había podido
tú	puedes	has podido	podías	pudiste	habías podido
él, ella, Ud.	puede	ha podido	podía	pudo	había podido
nosotros	podemos	hemos podido	podíamos	pudimos	habíamos podido
vosotros	podéis	habéis podido	podíais	pudisteis	habíais podido
ellos, ellas, Uds.	pueden	han podido	podían	pudieron	habían podido
주어	단순 미래	미래완료			
yo	podré	habré podido			
tú	podrás	habrás podido			
él, ella, Ud.	podrá	habrá podido			
nosotros	podremos	habremos podido			
vosotros	podréis	habréis podido			
ellos, ellas, Uds.	podrán	habrán podido			
주어	조건	조건 완료			
yo	podría	habría podido			
tú	podrías	habrías podido			
él, ella, Ud.	podría	habría podido			
nosotros	podríamos	habríamos podido			
vosotros	podríais	habríais podido			
ellos, ellas, Uds.	podrían	habrían podido			
	접속법				
주어	현재	현재완료	불완료 과거		대과거
yo	pueda	haya podido	pudiera o pudiese		hubiera o hubiese podido
tú	puedas	hayas podido	pudieras o pudieses		hubieras o hubieses podido
él, ella, Ud.	pueda	haya podido	pudiera o pudiese		hubiera o hubiese podido
nosotros	podamos	hayamos podido	pudiéramos o pudiésemos		hubiéramos o hubiésemos podido
vosotros	podáis	hayáis podido	pudierais o pudieseis		hubierais o hubieseis podido
ellos, ellas, Uds.	puedan	hayan podido	pudieran o pudiesen		hubieran o hubiesen podido
	명령법				
주어	긍정 명령	부정 명령			
tú	puede	no puedas			
él, ella, Ud.	pueda	no pueda			
vosotros	poded	no podáis			
ellos, ellas, Uds.	puedan	no puedan			

querer 원하다	현재분사 queriendo	과거분사 querido			
	직설법				
주어	현재	현재완료	불완료 과거	단순 과거	대과거
yo	quiero	he querido	quería	quise	había querido
tú	quieres	has querido	querías	quisiste	habías querido
él, ella, Ud.	quiere	ha querido	quería	quiso	había querido
nosotros	queremos	hemos querido	queríamos	quisimos	habíamos querido
vosotros	queréis	habéis querido	queríais	quisisteis	habíais querido
ellos, ellas, Uds.	quieren	han querido	querían	quisieron	habían querido
주어	단순 미래	미래완료			
yo	querré	habré querido			
tú	querrás	habrás querido			
él, ella, Ud.	querrá	habrá querido			
nosotros	querremos	habremos querido			
vosotros	querréis	habréis querido			
ellos, ellas, Uds.	querrán	habrán querido			
주어	조건	조건 완료			
yo	querría	habría querido			
tú	querrías	habrías querido			
él, ella, Ud.	querría	habría querido			
nosotros	querríamos	habríamos querido			
vosotros	querríais	habríais querido			
ellos, ellas, Uds.	querrían	habrían querido			
	접속법				
주어	현재	현재완료	불완료 과거		대과거
yo	quiera	haya querido	quisiera o quisiese		hubiera o hubiese querido
tú	quieras	hayas querido	quisieras o quisieses		hubieras o hubieses querido
él, ella, Ud.	quiera	haya querido	quisiera o quisiese		hubiera o hubiese querido
nosotros	queramos	hayamos querido	quisiéramos o quisiésemos		hubiéramos o hubiésemos querido
vosotros	queráis	hayáis querido	quisierais o quisieseis		hubierais o hubieseis querido
ellos, ellas, Uds.	quieran	hayan querido	quisieran o quisiesen		hubieran o hubiesen querido
	명령법				
주어	긍정 명령	부정 명령			
tú	quiere	no quieras			
él, ella, Ud.	quiera	no quiera			
vosotros	quered	no queráis			
ellos, ellas, Uds.	quieran	no quieran			

ser ~이다	현재분사	과거분사			
	siendo	sido			
	직설법				
주어	**현재**	**현재완료**	**불완료 과거**	**단순 과거**	**대과거**
yo	soy	he sido	era	fui	había sido
tú	eres	has sido	eras	fuiste	habías sido
él, ella, Ud.	es	ha sido	era	fue	había sido
nosotros	somos	hemos sido	éramos	fuimos	habíamos sido
vosotros	sois	habéis sido	erais	fuisteis	habíais sido
ellos, ellas, Uds.	son	han sido	eran	fueron	habían sido
주어	**단순 미래**	**미래완료**			
yo	seré	habré sido			
tú	serás	habrás sido			
él, ella, Ud.	será	habrá sido			
nosotros	seremos	habremos sido			
vosotros	seréis	habréis sido			
ellos, ellas, Uds.	serán	habrán sido			
주어	**조건**	**조건 완료**			
yo	sería	habría sido			
tú	serías	habrías sido			
él, ella, Ud.	sería	habría sido			
nosotros	seríamos	habríamos sido			
vosotros	seríais	habríais sido			
ellos, ellas, Uds.	serían	habrían sido			
	접속법				
주어	**현재**	**현재완료**	**불완료 과거**		**대과거**
yo	sea	haya sido	fuera o fuese		hubiera o hubiese sido
tú	seas	hayas sido	fueras o fueses		hubieras o hubieses sido
él, ella, Ud.	sea	haya sido	fuera o fuese		hubiera o hubiese sido
nosotros	seamos	hayamos sido	fuéramos o fuésemos		hubiéramos o hubiésemos sido
vosotros	seáis	hayáis sido	fuerais o fueseis		hubierais o hubieseis sido
ellos, ellas, Uds.	sean	hayan sido	fueran o fuesen		hubieran o hubiesen sido
	명령법				
주어	**긍정 명령**	**부정 명령**			
tú	sé	no seas			
él, ella, Ud.	sea	no sea			
vosotros	sed	no seáis			
ellos, ellas, Uds.	sean	no sean			

tener	현재분사	과거분사	
가지다	teniendo	tenido	* contener, mantener, obtener 동일한 규칙 변화

직설법

주어	현재	현재완료	불완료 과거	단순 과거	대과거
yo	tengo	he tenido	tenía	tuve	había tenido
tú	tienes	has tenido	tenías	tuviste	habías tenido
él, ella, Ud.	tiene	ha tenido	tenía	tuvo	había tenido
nosotros	tenemos	hemos tenido	teníamos	tuvimos	habíamos tenido
vosotros	tenéis	habéis tenido	teníais	tuvisteis	habíais tenido
ellos, ellas, Uds.	tienen	han tenido	tenían	tuvieron	habían tenido

주어	단순 미래	미래완료
yo	tendré	habré tenido
tú	tendrás	habrás tenido
él, ella, Ud.	tendrá	habrá tenido
nosotros	tendremos	habremos tenido
vosotros	tendréis	habréis tenido
ellos, ellas, Uds.	tendrán	habrán tenido

주어	조건	조건 완료
yo	tendría	habría tenido
tú	tendrías	habrías tenido
él, ella, Ud.	tendría	habría tenido
nosotros	tendríamos	habríamos tenido
vosotros	tendríais	habríais tenido
ellos, ellas, Uds.	tendrían	habrían tenido

접속법

주어	현재	현재완료	불완료 과거	대과거
yo	tenga	haya tenido	tuviera o tuviese	hubiera o hubiese tenido
tú	tengas	hayas tenido	tuvieras o tuvieses	hubieras o hubieses tenido
él, ella, Ud.	tenga	haya tenido	tuviera o tuviese	hubiera o hubiese tenido
nosotros	tengamos	hayamos tenido	tuviéramos o tuviésemos	hubiéramos o hubiésemos tenido
vosotros	tengáis	hayáis tenido	tuvierais o tuvieseis	hubierais o hubieseis tenido
ellos, ellas, Uds.	tengan	hayan tenido	tuvieran o tuviesen	hubieran o hubiesen tenido

명령법

주어	긍정 명령	부정 명령
tú	ten	no tengas
él, ella, Ud.	tenga	no tenga
vosotros	tened	no tengáis
ellos, ellas, Uds.	tengan	no tengan